AF435168

El Giro de la Mirada

Diseño de tapa:
JUAN PABLO OLIVIERI

Imagen de portada:
PABLO ULLOA

Rafael Echeverría

El Giro de la Mirada

Superando nuestra obsolescencia ontológica

GRANICA ENSAYOS

ARGENTINA
Ediciones Granica S.A.
Lavalle 1634 3º G / C1048AAN Buenos Aires, Argentina
granica.ar@granicaeditor.com
atencionaempresas@granicaeditor.com
Tel.: +54 (11) 4374-1456 (☏) 1158549690

MÉXICO
Ediciones Granica México S.A. de C.V.
Calle Industria N° 82 - Colonia Nextengo - Delegación Azcapotzalco
Ciudad de México - C.P. 02070 México
granica.mx@granicaeditor.com
Tel.: +52 (55) 5360-1010 (☏) 5537315932

URUGUAY
granica.uy@granicaeditor.com
Tel: +59 (82) 413-6195 - Fax: +59 (82) 413-3042

ESPAÑA
granica.es@granicaeditor.com
Tel.: +34 (93) 635 4120

www.granicaeditor.com

Echeverría, Rafael
   El giro de la mirada : superando nuestra obsolescencia ontológica /
   Rafael Echeverría. - 1a. edición especial - Ciudad Autónoma de
   Buenos Aires : Granica, 2022.
   328 p. ; 22 x 15 cm.

   ISBN 978-987-8935-42-3

   1. Ensayo. I. Título.
   CDD 111

*Para Alicia,
que está en todas y cada una de estas páginas.*

Índice

Prólogo

Mis últimos libros de alcance teórico fueron escritos hace ya más de diez años, en un período muy vertiginoso de mi vida en el que producía un libro detrás de otro. Desde entonces entré en una etapa en la que consideré necesario detenerme y, más bien, reflexionar y evaluar lo que ya había realizado. En lugar de seguir escribiendo, sentí la necesidad de tomar una cierta distancia, revisar mucho de lo que había sostenido y, sobre todo, concentrarme en la lectura o relectura de aquellos autores que habían atravesado aguas equivalentes, se habían dirigido en una dirección similar a la que yo había tomado o incluso en direcciones muy distintas, muchas veces opuestas. Sabía que lo que hasta entonces había acometido no era sino una lectura particular, una determinada interpretación de desafíos que podían ser abordados desde perspectivas diferentes de las que yo había escogido.

Todo esto me hizo entrar en un período distinto. Ya mi trayecto era más lento, quizás más profundo, y mi emocionalidad, más apacible. Sin embargo, sentía que los resultados adquirían un valor y una gravitación que me satisfacían. Entretanto, seguía enseñando y haciendo consultoría, todo lo cual también alimentaba el proceso reflexivo en el que me encontraba. Las preguntas que muchas veces recibía de mis alumnos me llevaban a lugares que antes no había visitado.

Los problemas que enfrentaba en las intervenciones que acometía se convertían en importantes oportunidades de aprendizaje. Muy pronto hube de reconocer que estos procesos tenían el efecto de reconfigurar y otorgarle formas diferentes a lo que había realizado.

Lo anterior me ha conducido a procurar dar cuenta de estos resultados y hacerlos públicos. Hago presente que ha sido una tarea compleja. Escribir, como he dicho en otras oportunidades, no significa poner por escrito lo que ya está pensado. La escritura no es algo que esté fuera del propio proceso del pensar. Para mí es la fase superior del pensamiento, pues nos obliga a evaluar y articular ideas que, mientras no estén escritas, exhiben muchos vacíos y debilidades que no siempre se perciben si no se someten a la escritura. Y utilizo el término "muchos" pues soy consciente de que, independientemente de su articulación escrita, los vacíos y las debilidades son inherentes a todo pensamiento, se exprese este oralmente o por escrito, y no hay manera de eliminarlos por completo. Este es precisamente uno de los factores que contribuyen al desarrollo del pensamiento.

Pronto cumpliré ochenta años. La tarea que me propongo me encuentra con una energía diferente de la que exhibía hace doce años. Mi proyecto actual, por lo demás, no se agota con la publicación de este libro. Quisiera al menos poder escribir otro, sobre temas que he ido desarrollando durante estos años y que, personalmente, considero fascinantes. Y es posible que eso pueda dar lugar a un libro posterior. No quiero, sin embargo, prometer nada pues sé que, a estas alturas de la vida, eso no depende solo de mí, sino también del destino que me espera. Y a ese destino lo observo con gran respeto. Mi situación actual, no obstante, me provee algo que considero valioso. Me otorga la oportunidad de cerrar en mejor forma mi ciclo vital. La idea de participar en la clausura de mi existencia me motiva y siento que es una gran suerte disponer de la posibilidad de hacerlo.

A mi edad, el lugar que el futuro ocupa en mi horizonte vital se reduce progresivamente. En cambio, me veo atraído por las llamadas que recibo del pasado. Por preguntas sobre de dónde vengo, sobre lo que me hizo llegar a donde hoy me encuentro, sobre las experiencias que cincelaron mi actual forma de ser, sobre las cuestiones que he dejado abiertas y que sería conveniente cerrar. Eso mismo no solo se hace presente en torno de mi vida, sino también alrededor de lo que considero, con humildad, aquellas obras que he dejado en el camino. Mientras estemos vivos —reiterando una de las premisas que estuvo en el centro de la filosofía de mi padre— siempre disponemos de la posibilidad de ejecutar acciones que modifiquen el tipo de persona que hemos llegado a ser.

Menciono lo anterior no porque tenga un interés especial en hablar de mi vida sino por cuanto esto aplica también al carácter de las obras producidas. Entre ellas, rescato de manera especial la propuesta que he realizado en la articulación de un discurso que bautizara con el nombre de "ontología del lenguaje". Es por ese discurso que me pregunto acerca de los factores que me condujeron a él y del proceso que lo gestara. Tengo claro que ese proceso no apunta solo a mí. De múltiples maneras, yo no he sido sino el "soporte" de desarrollos que me trascienden y que remiten a distintas filiaciones. Personalmente, tiendo a agruparlas en tres "genealogías": a la primera la llamo la "genealogía personal"; la segunda apunta a "genealogía de las ideas"; y, por último, la que denomino "genealogía de las condiciones históricas concretas", propias de la época en que me ha correspondido vivir. Me referiré a cada una de ellas por separado.

Por "genealogía personal" entiendo las experiencias que condujeron al autor a pensar lo que termina por escribir. Más allá del proceso mismo del pensamiento, hay experiencias que lo orientan en uno u otro sentido. Estas incluyen, por ejemplo, determinados encuentros personales, lecturas puntuales, crisis existenciales o eventos que inciden en el camino reflexivo que uno adopta. Entre todas esas experiencias personales hay algunas más profundas, que juegan un papel determinante en orientarnos en ciertas direcciones. Es importante separar estas experiencias de lo que en nuestra vida reviste un carácter fundamentalmente anecdótico y que nos conducen a un listado infinito de circunstancias.

En mi caso particular, debo mencionar, dentro de esta última categoría, la experiencia política que se inició en mis años de universidad, durante los cuales me correspondió ejercer como dirigente estudiantil en el proceso de transformación que llevamos a cabo en la Universidad Católica, que siguió con los años del gobierno de la Unidad Popular en Chile, gobierno que culminó con el golpe de Estado de 1973 y que se proyectó en la trágica experiencia de la dictadura militar. Este período tuvo una duración de alrededor de veinticinco años.[1]

Cuando aconteció el golpe de Estado, me desempeñaba como docente de la Universidad Católica y era uno de los representantes de los docentes de izquierda en su Consejo Superior. Con el golpe vino de inmediato mi expulsión de la Universidad, lo que me condujo al exilio en Gran Bretaña y me permitió dedicarme a obtener un doctorado. Mi tema de investigación fue el de la invocación efectuada por Karl Marx, del presunto carácter científico de su contribución. Durante esos años yo me definía como marxista y mi proyecto de doctorado apuntaba a fortalecer mi formación en aquel pensamiento.

El exilio me llevó no solo a reflexionar sobre el carácter del marxismo y a constatar que su invocación de cientificidad estuvo lejos de concretarse —de lo que el propio Marx era consciente—, sino a comprender cómo, muchas veces, el comportamiento de quienes nos inspirábamos en Marx nos conducía a considerar que "poseíamos una verdad a la que los demás no accedían". No podía desconocer que ese había sido uno de los factores que contribuyeron a la radical polarización política en Chile, la que condujo a la dramática experiencia del

---

1   Sobre lo que para mí representaran los años de activismo en la Universidad Católica, lo he relatado en una presentación que hiciera en un evento de la propia Universidad, con motivo de cumplirse los cincuenta años de la toma de la Universidad por los estudiantes. Ver Rafael Echeverría, "A 50 años de la Toma de la Universidad", en Ediciones UC, Santiago de Chile, 2018.

golpe de Estado, a los años posteriores de dictadura y a la violación sistemática de los derechos humanos que entonces tuviera lugar.[2]

Sin que ello le reste responsabilidad a quienes llevaron a cabo el golpe y cometieron o silenciaron los crímenes de la dictadura, constataba que había aspectos del pensamiento de la izquierda, y particularmente de mí mismo, que debían ser corregidos. El marxismo se me revelaba como lo que posteriormente calificara como "una fase superior de la ontología metafísica". Gran parte de lo que he realizado desde entonces ha apuntado a la búsqueda de una forma de hacer sentido que evitara lo anterior y contribuyera a crear condiciones más armónicas, justas y equitativas de convivencia.

Por "genealogía de las ideas" me refiero a un aspecto que ocupa la mayor parte de este libro. La propuesta global que aquí se expone remite a más de veinticinco siglos de historia del pensamiento y, en especial, del pensamiento filosófico. Y para que esta propuesta pueda ser cabalmente comprendida, me ha parecido indispensable trazar esa historia, identificar los autores más destacados que conducen a ella, estableciendo las relaciones que mantuvieron entre sí. Se trata de una historia en la que vemos cómo se cruzan influencias, cómo determinadas premisas son transmitidas de una generación a otra, cómo fueron progresivamente transformadas. Pero también se trata de una historia que incluye importantes rupturas que creo necesario identificar. De esas rupturas nació lo que he denominado "ontología emergente", una manera radicalmente distinta de comprender la realidad.

Trazar esta historia de las ideas me ha acercado a corrientes de pensamiento y a pensadores individuales, en cuyas obras he debido sumergirme para luego salir encandilado por el brillo de sus mentes y sus destacadas contribuciones. Ellos representan lo que podríamos calificar como parte de lo mejor del pensamiento occidental. Ha sido un

---

2 A este respecto, ver Rafael Echeverría, "Prólogo", en *La ciencia presunta de Marx*, J. C. Sáez Editor, Santiago de Chile, 2011.

privilegio acercarse a ellos. Si bien sostenemos la necesidad de superar muchas de sus ideas, no dejamos de admirarlos y de descubrir, incluso, que, a pesar de la necesidad de romper con ellos, nos siguen iluminando en áreas muchas veces inesperadas. Todos y cada uno, de una u otra forma, ya sea impulsándonos o haciéndonos tropezar, representan eslabones que nos conducen adonde este libro intenta arribar. No diré más, pues espero que el texto permita a cada lector sacar sus propias conclusiones.

Pero donde procuro calar más profundamente es en la tercera de nuestras genealogías: aquella que remite a las condiciones históricas concretas" que acompañan el desarrollo de las ideas. El primer capítulo de este libro se concentra en demostrar que son las actuales condiciones históricas las que, en rigor, nos convocan a acometer un giro radical de nuestra mirada. No pongo en cuestión que las ideas precedentes inciden en la gestación de nuevas ideas. Estas no solo generan determinadas soluciones a los problemas que plantean sus autores, sino que, además, inspiran nuevos interrogantes que, a su vez, exigen soluciones diferentes.

Sin embargo, más allá de la influencia que las ideas ejercen sobre las ideas, no es menos cierto que estas remiten a la vez a las condiciones concretas de su época. Toda concepción es hija de su tiempo, de sus propias condiciones históricas. Esta es, entre otras, una de las contribuciones que el marxismo nos ha legado, al advertirnos sobre la importancia de conectar el desarrollo de las ideas, tanto con ellas mismas como también con las condiciones concretas que a los seres humanos nos corresponde vivir. Las ideas remiten a estos desafíos que los diferentes períodos históricos imponen. Los problemas que plantea nuestra época presionan al pensamiento para que se haga cargo de ellos y desarrolle posibles soluciones. Este libro no pierde de vista este vínculo con nuestro presente histórico: de manera explícita, busca contribuir a crear las condiciones para ayudar a solucionar los principales, graves y urgentes problemas que hoy enfrentamos.

Al entregarlo al público, procuro evitar la soberbia y la arrogancia. No pretendo ofrecer "la" solución a los desafíos que encaramos. Lo que este libro muestra es solo un camino que considero que nos permitiría hacernos cargo de ellos. Tengo claro que lo que expongo es apenas una interpretación dentro de un horizonte de infinitas interpretaciones posibles. El futuro dirá si lo que aquí desarrollo logra o no traducirse en una contribución significativa.

Aventura, 30 de agosto de 2022

I

Obsolescencia ontológica:
la crisis que subyace
bajo muchas otras crisis

Las crisis fundamentales que enfrenta la humanidad

Vivimos en un mundo desgarrado por grandes contradicciones. Vemos, por un lado, los innumerables frutos del progreso. Hay señales de él por todos lados. Lo percibimos en los avances del conocimiento, en el desarrollo productivo, en la disminución de la pobreza que se registra en muchos países, en la erradicación de muchas enfermedades, en la expansión de las condiciones de bienestar de la gran mayoría de la población, en fin, la lista puede seguir.

Hay también, sin embargo, otras señales, incluso sólidas evidencias, de que tras estos avances nos acechan grandes peligros que tienen visos de constituirse en verdaderas catástrofes. Mencionemos tan solo tres de ellos.

El más serio guarda relación con la profunda crisis que afecta nuestra interrelación con el entorno natural y que se expresa en la crisis ecológica. De seguir en la senda actual, es altamente probable que en un futuro muy cercano veamos desaparecer las condiciones naturales que los seres humanos requerimos para sobrevivir. En nuestro afán por crecer y por satisfacer necesidades y deseos, hemos comprometido el futuro, a tal punto que hoy, a menos que tomemos drásticas medidas, estamos avanzando en un proceso que amenaza con la extinción de nuestra especie. Las evidencias están sobre la mesa, pero, sin embargo, todavía no logramos revertir este proceso. ¿Qué impide que veamos lo que ya está frente a nuestros ojos y que tomemos, mientras todavía es posible, las acciones rectificadoras?

Detrás de esta gran crisis se revela una importante contradicción que condiciona el proceso evolutivo de las especies y que, en el caso de los seres humanos, adquiere proporciones críticas. La supervivencia de los individuos de una especie depende de las condiciones que aseguran su continuidad. Por lo tanto, si las condiciones para que una especie pueda sobrevivir se ven comprometidas, ello, por definición, compromete la supervivencia de sus miembros. El problema surge por el hecho de que la especie no es un *agente de comportamiento*. La especie no puede, por sí misma, hacerse cargo de sus propias condiciones de supervivencia. Como concepto, la especie humana solo designa a un conjunto de entes vivos que comparten determinados atributos, a rasgos y condiciones existenciales comunes.

Dicho de otra forma, la especie como tal no es un ente con capacidad de comportamiento propio. A esto apuntamos cuando señalamos que no es un agente. Son los individuos, los miembros de una especie, los que exhiben una capacidad de acción que incide en sus condiciones de bienestar y de supervivencia.

Esto representa una contradicción inherente a toda especie. Pero en el caso de los seres humanos, esta contradicción habilita determinaciones que otras especies no pueden alcanzar. Debido al nivel diferencial de conciencia que exhiben, ellos pueden hacer dos cosas que los diferencian de otras especies. En primer lugar, tomar conciencia de esta contradicción y evaluar si sus comportamientos, de manera concreta, están efectivamente comprometiendo la continuidad de la especie. En segundo lugar —y de ser este el caso— pueden modificar sus comportamientos individuales, de modo que no solo respondan a sus condiciones de bienestar y supervivencia como individuos, sino que simultáneamente garanticen la continuidad de la especie.

Esta solución, como vemos, descansa en la particular capacidad de conciencia de los seres humanos y representa, en definitiva, una opción ética que nos conduce a autolimitarnos, a asumir sacrificios en beneficio de la especie. La pregunta clave, por lo tanto, es: ¿qué está impidiendo que asumamos tanto nuestros propios deseos e intereses como también los intereses de nuestra especie? ¿Qué impide que hagamos, como especie, este giro a una ética diferente de comportamiento? Disponiendo de las evidencias que obran frente a nosotros, ¿qué nos frena?

Una segunda crisis se despliega, tanto a nivel de nuestras relaciones personales como en las modalidades de convivencia social en las que nos desenvolvemos. Junto con los avances logrados en este plano, también se ha producido una expansión de nuestra conciencia ética y se han expandido nuestras expectativas y aspiraciones. Esto se traduce en el hecho de que, para amplios sectores de la población, las condiciones actuales de vida y el tipo de relaciones sociales que mantenemos, aunque puedan representar avances al compararlas con el pasado —en el que incluso las aceptábamos—, hoy nos resulten crecientemente intolerables, a pesar de los progresos materiales alcanzados. Por sí mismos, ellos son insuficientes, pues no se adecuan a los nuevos estándares éticos las expectativas y aspiraciones de vida que hoy hemos desarrollado y que consideramos legítimas.

Por lo tanto, las condiciones vigentes de pobreza, de desigualdad social, de discriminación y, en general, la falta de respeto por lo que actualmente consideramos los derechos de todo ser humano amenazan con desgarrar las condiciones básicas de nuestra convivencia. Nuevamente, ¿qué nos impide resolver adecuadamente esta crisis y subordinar nuestros intereses individuales a los nuevos estándares que en el presente requieren nuestros sistemas sociales, nuestras comunidades?

Sin embargo, hay una tercera crisis no menos importante. Esta pertenece al dominio de la relación que cada individuo mantiene, no con su entorno natural ni con los demás, sino con su propia vida. Los seres humanos somos un tipo particular de ser vivo. Para lograr sobrevivir, no nos basta con reproducir las condiciones materiales que requerimos para tal fin. Nos referimos a lo que Humberto Maturana y Francisco Varela denominaron *autopoiesis*,[3] término que apunta a la capacidad de autorreproducción y de autorregulación biológica que define y caracteriza a todo ser vivo. Los seres humanos necesitamos algo más: conferirle sentido a nuestra vida. Son dos, por lo tanto, los procesos que deben activarse para garantizar nuestra supervivencia: el proceso biológico de la *autopoiesis*, pero también el ciclo de regeneración del sentido de la vida.

Dicho de otra forma, necesitamos reproducir un determinado juicio, el cual se expresa en la frase "Mi vida tiene sentido". Sin este juicio, sentimos que el futuro se nos cierra y que el presente nos desgarra. Perdemos la esperanza, aquel elemento que Zeus incluyó en el fondo de la caja que le regalara a Pandora, la esposa de Epimeteo ("aquel que solo mira hacia atrás"), por haber este ayudado a su hermano Prometeo ("aquel que solo mira hacia adelante"), que había robado el fuego a los dioses para entregárselo a los seres humanos. Como sabemos, la caja de Pandora contenía todos los males imaginables. Sin embargo, en el fondo de la caja se encontraba también Elpis, la Esperanza, que permitía seguir creyendo en el futuro y con ello aseguraba que, más allá de los males, nos mantuviéramos vivos.

Una vida sin sentido compromete la esperanza y termina por comprometerse a sí misma. Son muchas las ocasiones en las que perdemos el sentido de la vida y nos aferramos a la esperanza, apostamos

---

3   Ver al respecto Humberto Maturana y Francisco Varela, *El árbol del conocimiento*, Editorial Universitaria, Santiago de Chile, 1994. Para un alcance crítico del término, ver Rafael Echeverría, *Ontología del lenguaje y biología del amor*, J. C. Sáez Editor, Santiago de Chile, 2016.

por ella, hasta que logramos recuperarlo. Esta es una experiencia por la que todos hemos pasado. Sin embargo, en esta última fase de la modernidad ha habido un cambio fundamental en nuestras condiciones de existencia. Se acrecentaron las dificultades para recuperar nuestro sentido de vida. Estamos perdiendo la apuesta por la esperanza, lo que confiere a nuestra existencia una particularidad que en otras épocas no se registraba. A pesar de los múltiples progresos, en los hechos, nos está resultando cada vez más difícil vivir.

Uno de los grandes méritos de Friedrich Nietzsche fue haber advertido esta situación con una claridad inédita hasta entonces. Hay múltiples aspectos en su obra que apuntan en esta dirección. Lo vemos, por ejemplo, en su análisis del nihilismo, término que viene del latín *nihil*, que significa "nada". Con él, Nietzsche procura dar cuenta de este fenómeno de pérdida de sentido que caracteriza a nuestra época. Hoy tenemos la sensación de que el ser que somos dejó de sostenernos y que nos enfrentamos crecientemente al abismo de la nada. Ese ser que era fuente de luz y de sentido ahora pareciera haber perdido su eficacia y nos vuelve la espalda. Se trata de un fenómeno que, en su opinión, nos obliga a comprender sus causas para poder encararlo y para recuperar nuestra capacidad de conferir sentido a la vida.

El mismo tema está presente en el pronunciamiento de Nietzsche de que "Dios ha muerto" y de que "somos nosotros quienes lo hemos matado". Dios, el Ser supremo, había sido por mucho tiempo el depositario de nuestro sentido de vida y nos garantizaba que, a pesar de los sufrimientos, había otra vida, luminosa, que nos esperaba en el más allá, y que el sentido de esta vida consistía en hacer méritos para ganar el derecho de acceder a aquella. Esta creencia nos conducía a concebir esta vida como un mero sacrificio para conocer la vida verdadera. Aunque reforzábamos el desprecio por esta existencia, lográbamos vislumbrar una luz al final del túnel de la existencia.

Se nos enseñaba que Dios nos brindaba compañía, que nos protegía a pesar de nuestras aflicciones. Que podíamos conversar con Él, hacerle llegar nuestras plegarias, nuestras súplicas y que, de una u otra forma, nos respondía, aunque no siempre entendiéramos sus respuestas. Que, a pesar de nuestros sufrimientos, nos amaba y cuidaba de nosotros.

Sin embargo, hoy tenemos la sensación de que Dios dejó de respondernos. Que cuando golpeamos a su puerta, no hay nadie que conteste. Que pareciera haberse marchado. Que quizás ya no esté. Este es un problema que, según Nietzsche, tenemos que resolver. ¿Qué pasó? ¿Por qué Dios pareciera habernos dado la espalda?

Es importante reconocer que la idea de Dios sigue convocando a un número significativo de personas, para quienes "la muerte de Dios" no les habla de su propia experiencia. Eso está a la vista. Lo que nos preocupa es el número creciente de individuos que, habiendo sido creyentes, hoy viven sin aquel amparo. Esta es una situación empírica, un hecho que podemos reconocer, independientemente de nuestras creencias.

Pero Nietzsche hace otra observación al respecto. Al inicio de su obra *Aurora* (traducida también como *Amanecer*), nos señala que la humanidad transitó desde una larga fase marcada por el hecho de que la vida nos enfrentaba a múltiples problemas, a otra fase muy diferente, en la que la vida misma se convirtió en nuestro principal problema.

Es necesario reiterar que el escenario al que estamos aludiendo no se configura solamente como la expresión de determinadas ideas, posiciones u opiniones, sino que apunta a experiencias concretas. Uno podrá discrepar de muchas de las ideas de Nietzsche, pero no podemos dejar de reconocer que busca interpretar situaciones que nos resultan familiares y merecen toda nuestra atención.

Repitamos lo dicho: el ser humano no puede vivir sin encontrar sentido a su vida, sin ser capaz de reproducir ese juicio de sentido que con frecuencia se le escurre de las manos. Este es un tema al que volveremos, no solo al hablar de Nietzsche, también al abordar la filosofía existencial de Martin Heidegger, posiblemente la contribución filosófica más importante del siglo xx. Se trata, por lo demás, de una cuestión central, sugerida por uno de los filósofos más tempranos de la modernidad. Nos referimos a Blas Pascal, que, al percibir las primeras manifestaciones de este sinsentido, señala que los seres humanos suelen responder negándolo, optando por una vida centrada en la diversión, en la distracción. El espectáculo en todas sus manifestaciones es la expresión más cabal de esta forma de enfrentar el sinsentido del cual nos habla Pascal.

Más allá del espectáculo, hay múltiples formas de evasión, de tomar atajos, de darles la espalda a los desgarramientos de la vida. Una estrategia diferente guarda relación con la búsqueda compulsiva de satisfacción de deseos. A ella corresponden, por ejemplo, la búsqueda incesante de satisfacción sexual y el consumismo obsesivo. Pero bien sabemos que el placer sensual es efímero y no conduce por sí mismo a la felicidad, al bienestar y a dotar de sentido a la vida. El placer es sin duda un factor importante y necesario de la existencia. De lo que se trata es de evaluar hasta qué punto nos refugiamos en el placer como una estrategia evasiva, como una forma de soslayar los desafíos que plantea la vida.

Como dijimos, las estrategias de evasión son múltiples. No es nuestro propósito abarcarlas todas y profundizar en ellas. Somos conscientes de que hay muchas más de las que mencionamos. Cabe considerar, por ejemplo, la estrategia de las "postas terapéuticas", cuando se acude a un terapeuta tras otro, buscando alivio o respuestas que nosotros somos incapaces de proveer. O bien aquello que caracterizamos como "viajes de turismo espiritual", en los que buscamos distintas propuestas, anhelando soluciones que las fuentes espirituales tradicionales dejaron de proporcionarnos.

Sin embargo, existen algunas de ellas que, por sus efectos, no podemos dejar de citar. Nos referimos, en primer lugar, a aquellas que lindan con lo que podríamos calificar como patologías, por sus posibles consecuencias. Entre ellas cabe mencionar las adicciones que desarrollamos en relación con el consumo de drogas y estimulantes, de medicamentos antidepresivos (no ajenos a la categoría de drogas) y de alcohol. Todos ellos son caminos para lidiar con la experiencia del vacío existencial, muchas veces resultante de situaciones en las que sentimos haber estado al borde del abismo, en las que experimentamos no tener los soportes que nos hacían falta o el hombro necesario para reconfortarnos. Se trata, en última instancia, de manifestaciones de esa "muerte de Dios". Al respecto, el poeta Arthur Rimbaud, en su poema *Délires I*, nos habla de esos períodos de la vida en los que sentimos que

> *La vraie vie est absente.*
> *Nous ne sommes pas au monde.*
> ("La verdadera vida está ausente.
> No nos encontramos en el mundo").

Períodos en los que, en efecto, nos embarga la sensación de que el sentido de una vida verdadera está ausente y pareciera que nos estamos hundiendo, como si realmente no estuviéramos en el mundo.

Por último, no podemos evitar hablar de la "solución final". Nos referimos al suicidio. Albert Camus exploró en su literatura ese estado de pérdida de sentido en el que nos sentimos extranjeros del mundo que habitamos y de nuestra propia existencia. Períodos en los que los demás devienen irrelevantes, en los que muy a menudo la alternativa del suicidio se asoma en nuestro horizonte pues nos sentimos cautivos del sinsentido. Entender el suicidio es hoy una exigencia fundamental para interpretar adecuadamente la vida humana.

Tanto las adicciones como el suicidio conforman lo que en medicina muchos llaman "las muertes por desesperación" y estas ya representan, directa o indirectamente, el porcentaje mayoritario de causas de fallecimiento en varias sociedades. ¿Cómo hacernos cargo de esto? ¿Hay acaso alguna solución? De haberla, ¿qué nos impide acceder a ella?

Ligado a lo anterior, sin embargo, se presentan causas muy diferentes que inciden en el cuadro que acabamos de describir y que agravan estos resultados. Estas causas remiten a las condiciones estructurales concretas que hoy enfrentan los sistemas sociales de los que participamos.

El nuevo escenario que plantea la modernidad

Vivimos un tiempo sin precedentes. Son múltiples los abordajes que podrían atestiguarlo. El mundo que se caracterizaba por su diversidad y segmentación terminó por globalizarse y tiende cada vez a hacerse más homogéneo. Esta globalización, si bien plantea múltiples problemas, no se disolverá. Difícilmente volvamos al mundo marcado por el tipo de diversidad y por la segmentación de antaño.

Este es también un mundo que generó un incremento insólito de la libertad individual. Nunca el individuo se había sentido tan autónomo, tan dependiente de sí mismo. Muchos de los lazos que ataban y restringían nuestra capacidad de acción, sin desaparecer del todo, parecieran ceder. La subordinación a una tierra, a una comunidad particular, a una determinada cultura, se hace cada vez más débil. Lo vemos en los distintos procesos migratorios, tanto hacia el interior de cada territorio como entre países.

Ese mismo individualismo nos permite decidir el tipo de vida que deseamos llevar. La vida, para muchos, dejó de tener un *único* camino o tan solo unos pocos. Por el contrario, estos devinieron prácticamente infinitos. Esta certeza, además de hacerse presente en nuestras opciones laborales, se extiende a prácticamente todos los dominios de nuestra existencia, incluidas las relaciones personales, creencias, inclinaciones políticas, orientaciones sexuales, etcétera.

Esa creciente individuación plantea sin duda muchos problemas, pero, a la vez, nos confiere un sentido de libertad inédito hasta ahora. Ligado a lo anterior, como dijimos, se produjo un notable incremento de la competencia, que afecta al conjunto de nuestro mundo globalizado y que sigue siendo un factor constante de estímulo a la innovación y al emprendimiento.

Como consecuencia de lo anterior, el mundo actual enfrenta olas crecientes y cada vez más aceleradas de transformación. Estas transformaciones, por su parte, crean olas de obsolescencia que serán mucho mayores en el futuro. Lo que antes funcionaba hoy deja de hacerlo y sabemos que las nuevas formas de operar serán, en lapsos cada vez más breves, sustituidas por otras que no siempre seremos capaces de anticipar. Esto se traduce en la sensación de que el tiempo incrementa su velocidad.

En el pasado, las condiciones históricas se sustentaban en un marco de relativa estabilidad. Naturalmente, existían cambios y desafíos que nos veíamos obligados a sortear. Pero operaban sobre un trasfondo de estabilidad en el que solíamos guarecernos para responder a ellos. Los cambios se desarrollaban en un contexto que nos daba la impresión de que lo que se conservaba era siempre mayor que aquello que se transformaba.

Hoy en día ese trasfondo desapareció. La balanza entre la estabilidad y la transformación, entre el cambio y la conservación, terminó por inclinarse hacia la transformación. La estabilidad, por el contrario, tendió a alejarse progresivamente de nuestro horizonte existencial.

La noción de conectividad social

¿Cuáles son los factores que presiden este escenario? ¿Qué es lo que genera estas profundas olas de transformaciones y sus consecuentes olas de obsolescencia? Sostenemos que estos factores remiten, por lo general, a un mismo fenómeno que podemos identificar con la noción de *conectividad social*. Es preciso, sin embargo, hacer una advertencia. Esta noción no alude solamente a la expansión de las posibilidades de comunicación que hoy detectamos, por ejemplo, como consecuencia de la expansión de las redes sociales. Esto último es, sin duda, expresión de la conectividad, pero representa su acepción más "débil", en la que un importante elemento suele estar ausente. No basta con la expansión de la comunicación. Es también crucial evaluar el tipo de resultados asociado a ella.

Desde nuestra perspectiva, la conectividad social remite a la amplitud y a la frecuencia de las interacciones entre los miembros de un determinado sistema social, pero también, y de manera muy importante, a los efectos que esas interacciones suscitan, tanto en los individuos involucrados como en los sistemas a los que pertenecen. De lo que se trata es de determinar si tales interacciones, más allá de su amplitud y frecuencia, son capaces de generar transformaciones en ambos niveles.

En su acepción "fuerte", por lo tanto, la conectividad social da cuenta de la capacidad de transformación mutua que exhiben los miembros de un sistema social en su dinámica de interacciones. En otras palabras, se trata de la capacidad de afectación recíproca que resulta de tal dinámica. Cuando esto es recurrente y se mantiene en el tiempo se produce, además de transformaciones puntuales, un proceso en espiral de transformaciones crecientes que afecta de manera cada vez más rápida y profunda, tanto a quienes participan directamente en él como al sistema que conforman.

Por lo tanto, mientras la acepción "débil" de la conectividad se restringe a los efectos de transmisión de información, de activación de respuestas y de aprendizajes acotados a las prácticas y los conocimientos del agente iniciador, la acepción "fuerte" enfatiza además el efecto de transformación de los comportamientos de los agentes involucrados y, sobre todo, presupone innovación.[4]

---

4   Estamos apuntando al hecho de que el comportamiento de un determinado miembro de un sistema social no solo activa el comportamiento de otros miembros, sino que puede desencadenar procesos expansivos de innovación. Esto es lo importante. Si Sofía dice o hace algo, eso puede producir que Nicolás se vea impulsado a alterar su comportamiento habitual, haciendo algo nuevo, afectado por ese hacer de Sofía. Ese "algo nuevo" de Nicolás no es necesariamente lo mismo hecho por Sofía. Se trata de un comportamiento efectuado por Nicolás a partir de un procesamiento que él realiza, gatillado por lo hecho por Sofía, de lo que resultan acciones que no son ni aquellas que Nicolás previamente realizaba, ni tampoco las mismas acciones ejecutadas por Sofía. Se trata de acciones nuevas, diferentes. Pero, al hacer eso nuevo, Nicolás suscita en Amaya respuestas equivalentes pero de contenido distinto, que producen esta vez alteraciones en el actuar de Victoria, las que, a su vez, transforman el comportamiento inicial de Sofía, en un proceso en espiral.

Si nos situamos a escala de las sociedades en su conjunto, constatamos que el nivel de conectividad social que, en su acepción "fuerte", desarrollan (y por lo tanto su capacidad de innovación y de transformación), se halla condicionado por varios otros factores. El primero apunta a las tecnologías de información y de comunicación, a través de las cuales se canalizan las dinámicas de interacción de los miembros del sistema social. Pero no podemos dejar a un lado los cambios a nivel de los medios de transporte, del desarrollo del comercio y del sistema financiero que lo sostiene.

Si, en cambio, nos situamos a escala de sistemas sociales más restringidos –como, por ejemplo, un equipo de trabajo, la sala de clase en la escuela, la familia o incluso la pareja, por mencionar solo algunos–, el nivel de conectividad está asociado al desarrollo de determinadas competencias conversacionales que no solo inciden en ellos mismos, sino que generan efectos no despreciables en los sistemas en los que estas unidades mencionadas están contenidas. La identificación de estas competencias conversacionales y la enseñanza que proponen han constituido uno de los ejes de los procesos formativos que, por nuestra parte, hemos desarrollado.

Lo mismo ha estado presente en el trabajo que hemos realizado con distintos sistemas sociales, se trate de empresas, organismos públicos, entidades educativas, etc., y con los subsistemas que existen en su interior. En estos casos, nuestro objetivo ha sido incrementar el desempeño de estos sistemas o subsistemas, de manera de mejorar sus resultados, así como las condiciones internas de convivencia y bienes-

---

Lo que acabamos de decir está articulado, sin embargo, en una secuencia lineal en la que Sofía afecta a Nicolás, luego Nicolás afecta a Amaya y enseguida Amaya afecta a Victoria, para entonces volver a afectar a Sofía. Pero, por lo general, las cosas no funcionan como acabamos de describirlas. Las dinámicas de interacciones en un sistema se realizan en simultaneidad. El comportamiento de Sofía afecta simultáneamente a Nicolás, a Amaya y a Victoria, y las respuestas de cada uno de ellos los vuelve a afectar a cada uno como también a múltiples otros miembros del sistema, generando cambios incesantes y en espiral, tanto a nivel del conjunto de los miembros involucrados como del propio sistema.

tar. Nuevamente, nuestro énfasis ha estado puesto en desarrollar en sus miembros aquellas competencias conversacionales necesarias para incrementar su conectividad social. Muchos de los problemas que afectan estos sistemas sociales atañen precisamente a las deficiencias que sus miembros exhiben para incrementar su capacidad de conectividad social, tanto a nivel individual como a nivel de la dinámica de interacciones del respectivo sistema.

La crisis que nos confronta

Disponiendo de la noción de conectividad social en su acepción "fuerte", volvamos la mirada a la situación actual, buscando entender las causas y los factores que la constituyen. Vivimos lo que llamaría "la cuarta gran revolución" en el dominio de las tecnologías de información y comunicación. Las tres primeras fueron la invención de la escritura, del alfabeto y de la imprenta, con sus respectivos efectos colaterales. Hoy encaramos la cuarta: la revolución digital.

A partir de un proceso que se inicia en la década de 1940, con el diseño de tecnologías capaces de descifrar los mensajes militares secretos que se utilizaban en la Segunda Guerra Mundial, se llega, a fines de la década de 1980, a la invención de Internet, que masifica los desarrollos previos, acelera desarrollos nuevos y alcanza en pocas décadas prácticamente al conjunto de la población del mundo. Esto no solo produce redes de comunicación mundial, sino también grandes bases de datos de acceso generalizado, tanto de información como de conocimientos, lo que se traduce en una conectividad inédita entre personas y organizaciones, que luego se amplía en forma sostenida entre máquinas; luego entre la biología de los individuos y las máquinas, en un proceso cada vez más acelerado de innovaciones que, a la fecha, apenas está en ciernes.

Simultáneamente, y muchas veces estimulados por lo anterior, se expanden los medios de transporte, el comercio y el sistema financiero, que devienen, además, en un factor determinante para promover una espiral creciente de emprendimientos e innovaciones. Nuestro propósito no es el de profundizar en las múltiples dimensiones asociadas a estos nuevos escenarios. Nos interesa tan solo reconocer sus impactos en los cambios que estas producen y en las transformaciones que estimulan. Como vimos, esto es inherente a la conectividad social. No en vano las tecnologías de información y de comunicación han sido las *tecnologías del cambio*. Ellas no solo generan alteraciones concretas en prácticamente todas las áreas: su efecto más notable es el de estimular el propio cambio en su interior. No es de extrañar que las transformaciones se acentúen en un grado todavía mayor y cada vez más acelerado en el dominio de las mismas tecnologías de información y de comunicación.

Esto es lo que, a nuestro modo de ver, está detrás de las grandes olas de transformación y de obsolescencia a las que hacíamos referencia. Vivimos en una época signada por los cambios, los cuales producen otros cambios cada vez más profundos y se generan de manera cada vez más acelerada. Eso implica que la realidad se transforma día a día ante nuestros propios ojos, por lo que nos resulta muy difícil anticipar cómo será dentro de una década. Los ciclos de transformación se acortan a diario. Digámoslo a la inversa: el tiempo se aceleró, corre y correrá cada vez más rápido. Lo que está aconteciendo desafía nuestra capacidad de imaginación.

Hace un par de décadas se acuñó una ingeniosa frase para dar cuenta de esta situación. Se señalaba que "hoy, lo único constante es el cambio". Si nos detenemos en esa frase, descubriremos que también quedó obsoleta. El cambio al que alude dejó de ser constante. *El cambio cambió*. Luego de haber sido lineal y acumulativo, devino exponencial, masivo y sistemático. Previamente, reconocíamos algunos momentos en la historia en los que se producían grandes saltos cualitativos. Esos momentos especiales eran llamados "revoluciones". Actualmente vivimos en una revolución permanente que afecta muy diversos dominios de nuestra existencia.

El principal problema detrás de la crisis: nuestra capacidad de respuesta

Lo anterior genera problemas en todos los dominios de nuestra existencia. Cada vez tenemos más dificultades para responder a todos estos desafíos de manera mínimamente eficaz. Y sabemos que esto no tiene visos de mejorar, sino que, por el contrario, será cada vez más problemático. Por lo general logramos, no sin obstáculos, afirmarnos en algunas áreas, pero simultáneamente vemos cómo se degradan otras. Sentimos que la vigencia de nuestras competencias se acorta peligrosamente.

Nuestra primera reacción suele ser la de situar los problemas en el entorno en el que nos desenvolvemos. Pero no es allí donde reside el problema. Un problema que no puede resolverse no es un problema. Muchas veces es un llamado a reformularlo; una advertencia de que, quizás, lo estamos planteando mal. Una señal de que, tal vez, parte de él reside en su formulación.

La hipótesis anterior permitió grandes revoluciones en la historia del pensamiento. Sucedió por ejemplo con Copérnico cuando, percibiendo los múltiples inconvenientes con los que se enfrentaba la concepción geocéntrica —que suponía que la Tierra era el centro del universo—, comprendió que podían resolverse sustituyendo tal supuesto por una concepción heliocéntrica, que postula que nuestro planeta gira alrededor del Sol.

Lo vemos también en el campo de la filosofía, en la solución que Immanuel Kant brindó a las dificultades con las que David Hume se enfrentaba para dar cuenta del proceso de conocimiento. Hume las encaraba a partir del supuesto de que la mente juega un rol *pasivo* y que se configura a partir del efecto que producen las impresiones asociadas a nuestras experiencias. Siguiendo este argumento, Hume debió terminar reconociendo que no lograba dar explicación a fenómenos clave de nuestra capacidad de conocimiento.

No vamos a profundizar en la filosofía de Hume.[5] Lo que nos interesa es captar la "forma" que asumían las dificultades de su filosofía y que él mismo se vio obligado a reconocer.

Kant procuró resolver el mismo problema y lo hizo postulando que la mente no juega un rol pasivo sino un *rol activo* en la formación del conocimiento, pues es ella la que le confiere orden y estructura. Y lo hizo a través de lo que llamaba las categorías *a priori* del entendimiento[6] y de las dimensiones del tiempo y del espacio. Sin abundar en esto, bástenos con decir que estas categorías no provienen directamente de las impresiones, sino de la capacidad articuladora de la mente. No en vano Kant caracterizaba su contribución como un "giro copernicano". El recurso que utilizaron Copérnico y Kant es, en efecto, equivalente.

Volviendo a lo que sosteníamos, es importante aceptar que muchos de los cambios que hoy nos desafían, no pueden ser alterados ni evitados. Se han convertido en "datos" de nuestra existencia y, como tales, solo nos cabe registrarlos, asumirlos y encararlos. Para hacerlo quizás debamos buscar soluciones en lugares distintos de donde acostumbrábamos a hacerlo. Lo que hoy nos sucede es equivalente al caso de quien perdió la llave de su casa en la calle y se limita a buscarla en el lugar iluminado por el farol y no en el rincón oscuro donde probablemente se encuentre.

Es fundamental, por lo tanto, resituar el problema. Muchos de los desafíos que encaramos en la actualidad no provienen únicamente de nuestro entorno, sino de nosotros mismos. El principal de todos ellos reside en *nuestra incapacidad* para responder adecuadamente a los desafíos que plantean estos entornos. Hacer este giro hacia nosotros mismos es algo que creemos fundamental. De lo contrario estaremos luchando contra fantasmas que no alcanzamos a tocar. El problema re-

---

5   Al respecto, ver Rafael Echeverría, *El búho de Minerva: introducción a la filosofía moderna*, J. C. Sáez Editor, Santiago de Chile, 1991, pp. 71-78.

6   *A priori* simplemente por cuanto anteceden a las impresiones que recibimos de la experiencia y son independientes. Ellas pertenecen a la mente y no a las impresiones.

side en nuestra capacidad de readaptarnos a una realidad en permanente transformación, desafío que se expresa en una ecuación en la que la única variable modificable somos nosotros mismos.

Digámoslo de otra forma. A las transformaciones y obsolescencias no basta con responderles a través de intervenciones dirigidas hacia el mundo. Por el contrario, se vuelve necesario realizar en nosotros transformaciones de una profundidad equivalente a aquellas que tienen lugar en el mundo.

Pero así dicho, es todavía insuficiente. Tenemos que tomar conciencia de que los cambios van a ser constantes y que, por lo tanto, tampoco podremos detener los procesos de cambio en nosotros mismos. Lo que está en juego, entonces, no consiste en generar en nosotros cambios particulares a la medida de los desafíos que encaramos, sino en generar procesos de transformación cada vez que sea necesario. Se trata de acometer una transformación personal que nos provea de una capacidad de respuesta y de transformación permanente.

Hoy estamos muy lejos de poder responder a ese desafío. Por el contrario, una de nuestras primeras reacciones se expresa en la sensación de que los cambios nos abruman y que, siendo como somos, simplemente "no damos la marca". Y es precisamente en ese "siendo como somos" donde, según creemos, podemos encontrar un camino de resolución.

Examinemos por un momento esa expresión, que describe perfectamente lo que estamos enfrentando. En efecto, siendo como somos, no podemos. No puede decirse de mejor manera. Tenemos la clara sensación de que la más importante de todas las obsolescencias que enfrentamos reside en nuestra propia forma de ser.

Para muchos, sin embargo, llegar a esa formulación resulta algo tan desalentador que los lleva a sentir que están en un callejón sin salida. Si de lo que se trata se resolviera modificando nuestra forma de actuar, posiblemente sería más fácil. Pero si lo que está en juego es nuestra forma de ser, entonces nuestras posibilidades se desvanecen. Pareciera que no está en nuestro poder modificar el tipo de persona que somos. Si las restricciones nos confrontan con los límites de nuestro ser, no hay nada que podamos hacer, salvo caer en una profunda resignación. El problema, supuestamente, no tendría solución.

No obstante, si hemos avanzado hasta ese punto, no es este el momento de retroceder. En rigor, no estamos frente a un muro infranqueable. Nos hallamos en el umbral de la solución, solo que no lo estamos viendo.

Si siendo como somos no podemos resolver los problemas que la realidad nos plantea, el camino que debemos tomar no es otro que el de transformar la manera en que nos concebimos y los límites que asociamos a la interpretación acerca de cómo somos. Quizás, al rectificar la manera en que nos concebimos, encontremos una puerta que nos conduzca por la senda de la disolución de los límites que nos autoasignamos. La puerta que se nos abre nos conduce por la senda de la superación. La pregunta que debemos plantearnos, por lo tanto, es: ¿qué nos impide ver la puerta que se nos presenta como un muro?

Los límites aparentemente infranqueables del ser que somos

Son muchos, quizás demasiados, los que enfrentados a la solución que sugerimos la desecharán por inviable, tildándonos de ingenuos. Muchos nos responderán que tal senda no existe. Que lo que hay es efectivamente un muro y no una puerta. Que una vez que alcanzamos los límites del ser que somos no hay nada que podamos hacer. Que estamos atrapados en el ser que el destino nos impuso. Hagámonos, entonces, cargo de ello.

Exploremos empero el fundamento de esa objeción. ¿En qué se sustenta? Comencemos explorando en el dominio de las ciencias y, en particular, de la biología. Consideramos que en la actualidad toda reflexión sobre los seres vivos debe hacerse de la mano de la biología. Y una de las enseñanzas de la biología es que todo ser vivo está determinado por su estructura biológica. En otras palabras, que solo puede hacer lo que su biología le permite. De aquí se deduce, entonces, que es muy importante examinar los límites que la biología nos impone.

Desde fines del siglo xx, la neurobiología devino la rama más importante de la biología. Antes lo habían sido la genética y la biología evolutiva, cuyos avances ya están plenamente asentados en el pensamiento biológico. Pues bien, uno de los conceptos centrales de la neurobiología es el de la plasticidad neuronal o sináptica, la cual reconoce que nuestro sistema nervioso es recurrentemente transformado por las experiencias que vivimos y que tales transformaciones son conservadas para, desde allí, generar otras, nuevas. La plasticidad neuronal, por lo tanto, es un atributo de nuestra estructura biológica.

El concepto de plasticidad se diferencia del de elasticidad por cuanto este último involucra cambios que preservan la tendencia a retornar al estado original. El rasgo principal de la plasticidad es el de la conservación de las transformaciones registradas.[7]

Si algo nos enseña la biología, por lo tanto, es que habilita procesos de importantes transformaciones, lo cual supone también algunas restricciones. Nuestra plasticidad tiende a reducirse con la edad, pero no desaparece. Esto determina que ciertos aprendizajes logren realizarse con gran facilidad en la edad temprana pero no, en general, en la edad tardía. Sin embargo, nuestra voluntad de transformación incide para limitar esas reducciones. Así pues, aunque es cierto que estamos determinados por nuestra estructura biológica, no lo es menos que podemos intervenir en esa misma estructura y, al hacerlo, modificar las condiciones previas de determinación. Eso no descarta que para habilitar determinadas posibilidades sea necesario implementar, no una acción determinada sino un proceso de acciones.

---

7   Esta noción, por lo tanto, representa un gran avance en la investigación de las bases biológicas del aprendizaje, tal como se deduce, por ejemplo, de las investigaciones de Eric Kandel, premio Nobel de Medicina del año 2000.

Lo que logramos alterar en todo proceso de transformación es siempre parcial, y lo que se conserva es mucho mayor. No obstante, esta relación tampoco descarta que aquello que transformamos muchas veces corresponda a lo que en el enfoque sistémico se denomina "puntos de palanca" (*leverage points*) que, debido a la conectividad que mantienen con otros aspectos de nuestra estructura, son capaces de cambios cualitativos, cambios que otras transformaciones de esa misma estructura no logran generar.

No todos los cambios producen los mismos efectos. Algunos logran expandirse por el conjunto del sistema afectado con una amplitud mayor que otros. Hay otros que poseen tal profundidad en sus resultados que afectan en mayor grado el carácter del sistema y de su operar. Saber escoger lo que requiere ser transformado para alcanzar los resultados buscados, por lo tanto, resulta determinante. De acuerdo con a donde dirijamos la transformación, los resultados serán radicalmente distintos.

En todo presente, no solamente somos de una determinada forma: somos también un conjunto de aspiraciones con respecto al futuro, un proyecto que resulta de aquellos proyectos que fuimos en el pasado. Somos también la expresión de carencias a las que respondemos con una determinada conciencia de lo que nos falta, de lo que quisiéramos tener y no tenemos, de lo que quisiéramos ser y no somos. Esto define determinados caminos de transformación y excluye otros. El futuro nos proporciona la posibilidad de llegar a ser lo que hasta ahora no fuimos, así como también de dejar de ser de aquella manera que no nos satisface.

Todo lo anterior nos lleva a reconocer que, si bien la biología y el tipo de ser que fuimos y somos imponen límites a nuestras posibilidades de transformación, nada indica que estos límites impidan cambios cualitativos. Es más, la propia biología atestigua, como sucede en el caso de los llamados trastornos mentales, que tales transformaciones son posibles. Y así como ellas se manifiestan en determinadas patologías, bien podemos hacer uso de esta capacidad de transformación para impulsar alteraciones que, en vez de limitar, expandan nuestra existencia.

Sin embargo, a pesar de lo anterior, son muchos los que creen que cambiar no es posible. ¿De dónde proviene esta creencia? ¿Cuál es entonces su causa? ¿Qué nos conduce a pensar en esta imposibilidad?

La noción de *obsolescencia ontológica*

Si los múltiples problemas planteados hoy por las transformaciones del mundo generan profundas obsolescencias en nuestra existencia, hasta llevarnos a pensar que el tipo de ser que somos devino obsoleto, ¿qué camino disponemos para superar esta situación? Si, en último término, el problema reside en nuestra capacidad de respuesta, ¿cómo podemos esgrimir una respuesta válida? Si vivimos la experiencia de estar frente a un muro aparentemente infranqueable, ¿cómo lograr ver en él una puerta que nos habilite a atravesarlo? Si la biología no nos impide acometer cambios cualitativos en nuestra forma de ser, ¿qué nos lleva a pensar que no podemos hacerlo?

Sostenemos que, para encontrar las respuestas, debemos seguir el camino que, en su momento, emprendieron Kant y, más tarde, a pesar de sus diferencias con este; Nietzsche, Heidegger y Ludwig Wittgenstein. Reiteremos lo señalado: el problema no reside en el mundo sino en nosotros mismos. Pero tampoco en nuestra biología, más bien en el modo como conferimos sentido al mundo, a la vida y a nosotros mismos. En definitiva, en *el tipo de observador* que somos. Este observador ordena el mundo generando interpretaciones que remiten, más bien, a su propio carácter antes que a una realidad exterior a él.

Esa realidad exterior, en rigor, nos está vedada. No estamos señalando que no exista una realidad exterior, sino simplemente que no tenemos acceso a ella. Nuestras interpretaciones se sustentan en otras interpretaciones que, a su vez, se sustentan en otras interpretaciones y así sucesivamente. Nuestro mundo resulta de una construcción lingüística y, como tal, debemos diferenciarlo de la noción de la realidad exterior. Mundo y realidad exterior son conceptos diferentes.

¿Significa esto que, en la medida en que nuestras interpretaciones no dan cuenta de la realidad tal cual es, toda interpretación es igualmente válida? De ninguna forma. De acuerdo con las interpretaciones que adoptemos, generamos resultados diferentes y, como lo plantea el pragmatismo filosófico, estas diferencias interpretativas hacen una diferencia en los resultados obtenidos.

Nuestras interpretaciones no son indiferentes. No dan lo mismo. De esta premisa se deduce que la validez de nuestras interpretaciones no se establece en una supuesta correspondencia con la "realidad" sino, en el dominio de la práctica, en los resultados que generan. Dicho en términos de Nietzsche, su validez reside en el poder que nos proporcionan, en lo que podamos hacer con ellas. En su obra publicada en forma póstuma bajo el título *Voluntad de Poder*, Nietzsche escribe:

"Todo está sujeto a interpretación; lo que hace que una determinada interpretación prevalezca en un momento determinado es función de su poder y no de su verdad".

Eso es, por lo demás, lo que valida el quehacer científico. La ciencia no tiene cómo demostrar que sus conclusiones "dan cuenta" de la realidad. No puede evidenciar la tantas veces invocada "correspondencia" con la realidad. Si examinamos estrictamente lo que la ciencia hace y cómo opera, nada permite llegar a esa conclusión. La validez del quehacer científico se expresa en la capacidad que este nos proporciona para anticipar o evitar determinados acontecimientos y, sobre todo, para generar los fenómenos estudiados. A ello se refiere Nietzsche cuando nos habla del poder de nuestras interpretaciones. Richard Feynman, uno de los físicos más destacados del siglo xx, apunta en la misma dirección cuando nos señala: "Lo que no puedo crear, no lo entiendo".

Vivimos en mundos interpretativos. En interpretaciones sustentadas en interpretaciones, siendo estas últimas muchas veces implícitas, absorbidas como parte de procesos de transmisión cultural. Aquellas interpretaciones, de las que directamente nos servimos y de las que estamos conscientes, con el tiempo suelen perder sus vínculos con aquellas otras que las generaron. Operamos con las primeras a partir de su lugar dominante y hegemónico en nuestro sentido común, validándolas por el hecho de ser "comunes", consensuadas, como también por la inercia de nuestros hábitos interpretativos. Cuando esto sucede, dejamos de preguntarnos por los supuestos en los que nuestras interpretaciones conscientes se sustentan y por la validez de tales supuestos.

Nuestros mundos interpretativos permiten ser vistos, por lo tanto, con la mirada del geólogo. La gran mayoría de los individuos solo registra —y parcialmente— las interpretaciones que se hallan en la superficie, que les resultan directamente visibles. Pero bajo esa superficie hay capas y más capas de otras interpretaciones que se fueron perdiendo, pero soportan aquellas que están en la superficie.

Para resolver los problemas que actualmente enfrentamos y las preguntas que nos hacíamos en el inicio de este apartado, tenemos que excavar en la profundidad geológica de nuestras interpretaciones hasta dar con una de esas capas, en la que encontraremos aquello que causa la obsolescencia del tipo de ser que somos y que hoy nos aqueja. Una vez que demos con ella descubriremos lo que es necesario cambiar para avanzar hacia formas cualitativamente distintas de ser, que nos permitan responder de manera satisfactoria a muchos de los actuales desafíos.

Tal como venimos diciendo, el principal problema que enfrentamos reside en una de esas capas interpretativas subterráneas que conforman el tipo de observador que somos. En ella encontramos lo que llamamos nuestra *interpretación ontológica*. Allí se articula nuestra preconcepción acerca del carácter de la realidad y de nosotros en cuanto seres humanos. Todos operamos a partir de una interpretación ontológica, aunque no tengamos conciencia de ello. Pero, aunque esta suele resultarnos inaccesible, determina no obstante nuestra forma de *hacer* sentido, de relacionarnos con nuestro entorno, con los demás y con nosotros mismos, y a partir de ella actuamos. Se trata, por lo tanto, de una interpretación que no juega un rol pasivo, sino que, por el contrario, gobierna nuestra existencia y participa en definir el tipo de ser que somos.

No tenemos acceso directo a la realidad exterior. Nuestros mundos son construcciones interpretativas. A partir de las señales que recibimos a través de nuestras experiencias con la realidad exterior vamos adecuando nuestras interpretaciones en torno de ella. Pero, como Hume lo descubriera, muy a su pesar, esas señales son insuficientes para dar cuenta de las interpretaciones, de los conocimientos que construimos sobre el mundo. En estas interpretaciones intervienen, al menos, dos factores importantes.

El primero remite a nuestra forma de ser como seres humanos y al tipo de existencia que nos corresponde vivir. Para decirlo en breve: "No vemos las cosas como son, sino como somos".

Esta no es una idea nueva. Ya en la Antigüedad, Protágoras, como volveremos a señalar más adelante, advertía:

"El hombre es la medida de todas las cosas".

Nietzsche, por su parte, sostiene:

"¿Por qué no ve el hombre las cosas? Se interpone a sí mismo: tapa las cosas".

Es a partir de nuestra forma particular de estar en el mundo, del tipo de existencia que nos caracteriza, que construimos esas interpretaciones. La contribución filosófica de Heidegger se dirige a explicitar esta matriz existencial que está presente en nuestra mirada sobre el mundo.

El segundo de estos factores remite al dominio de la cultura y, de manera particular, a las formas en que hemos considerado culturalmente la realidad. Este último factor opera, por supuesto, entre los márgenes habilitados por el primero, pero posee una especificidad propia y participa en los lineamientos básicos que siguen nuestras interpretaciones. La contribución filosófica de Nietzsche apunta en esta dirección.

Nuestra interpretación ontológica, en consecuencia, remite a estos dos factores. Ambos dan cuenta del "tipo de mirada" que desplegamos y que incide en lo que vemos y en lo que no vemos, en los problemas, posibilidades y soluciones que se nos plantean, como así también en nuestra capacidad para resolver adecuadamente los desafíos que se nos presentan.

En un determinado nivel, nuestra capacidad de intervención sobre los primeros factores –que guardan relación con el tipo de existencia que llevamos los seres humanos– es limitada. Estamos inevitablemente acotados por nuestra forma genérica de existencia. Pero en la medida en que sobre ella solo pesan interpretaciones, siempre nos es posible alterarlas, corregirlas o mejorarlas. Podemos, por lo tanto, cambiar los supuestos que gobiernan el resto de nuestras interpretaciones y, a partir de allí, desarrollar miradas radicalmente distintas.

Cuando sentimos que nuestra forma de ser devino obsoleta, el problema, en rigor, no está en nosotros sino en esa capa interpretativa que gobierna el resto de nuestras interpretaciones y define nuestra capacidad de acción y el tipo de resultados que nos es posible alcanzar. Cuando constatamos que no somos capaces de dar respuestas adecuadas a los desafíos que nos plantea el mundo, nuevamente, es esa misma capa interpretativa la que debiéramos poner en cuestión. Cuando tenemos la impresión de que no logramos rediseñar nuestras modalidades de adaptación para poder conciliar una existencia satisfactoria, es allí, otra vez, donde debemos concentrar nuestra mirada. Cuando nos enfrentamos con la experiencia de que el sentido de nuestra vida se nos escurre de las manos, cuando pareciera que lo perdemos y no logramos recuperarlo, es allí, también, donde debemos volcarnos. Cuando nos vemos impedidos para preservar relaciones armónicas de convivencia con los demás, para aceptar sus cambios y para diseñar formas complementarias de cambios en nosotros mismos, es esta capa interpretativa la que debiéramos evaluar y en la que es preciso intervenir.

Por último, las dificultades que encontramos para sumar voluntades en el desafío de transformar nuestra relación con el entorno natural y garantizar la supervivencia de nuestra especie constituyen también una oportunidad para preguntarnos por los factores que nos lo impiden, varios de los cuales residen precisamente en las interpretaciones que estamos refiriendo.

Tome en cuenta el lector lo que acabamos de hacer. Acabamos de hilvanar todos los problemas que fuimos mencionando a lo largo de este texto, solo que lo hicimos en sentido inverso al que seguimos al plantearlos. Es como si tuviéramos en la mano una aguja con la que los recogimos, cada uno a su vez, para integrarlos en una misma secuencia y poder ahora tirar del hilo y arrastrarlos todos juntos hacia una eventual solución.

Sostenemos que el factor principal instalado detrás de lo expuesto es lo que llamamos nuestra *obsolescencia ontológica*. Esta consiste en que estamos cautivos en una "mirada ontológica", en una forma de concebir la realidad y entendernos a nosotros mismos que ya ha dejado de resultarnos útil y que se encuentra en contradicción con las demandas planteadas por la realidad actual. Esta mirada y los presupuestos a partir de los cuales se construye, y desde los que seguimos elaborando nuestras interpretaciones, fueron sin duda útiles en el pasado, pero hoy son inoperantes en relación con el mundo en que vivimos.

Digámoslo de otra forma. Estamos operando a partir de un sentido común que, en vez de ayudarnos a vivir mejor, genera problemas crecientes a nuestra existencia, a la vez que nos bloquea la posibilidad de visualizar e implementar las soluciones que hacen falta. Este sentido común se sostiene en un sustrato ontológico caduco, del que estamos obligados a liberarnos y que debemos sustituir por otro, radicalmente distinto.

No se trata tan solo de identificarlo y de tirarlo por la borda. No podemos prescindir de un determinado sustrato ontológico. El desafío no consiste solo en socavarlo y demolerlo, sino también en construir uno diferente. Hoy tenemos a disposición todos los elementos necesarios para hacerlo. Son muchos los que se apoyan en estos elementos para reencauzar sus existencias, con grados variables de eficacia. Pero es preciso integrar todos estos elementos en una mirada ontológica renovada y coherente, para poder así transformar cualitativamente el sentido común que heredamos y todavía compartimos. Muchos de los problemas que enfrentamos nos comprometen a todos y requerimos una nueva mirada en común.

Para avanzar en esta dirección es necesario identificar con claridad aquello de lo que estamos cautivos. Es preciso, entonces, disponer de un término adecuado que lo designe. No solo vemos con nuestros ojos. Vemos también con nuestras palabras. Aquello que no podemos nombrar, aunque reconozcamos su silueta, resulta imposible de identificar. Es tan solo algo indeterminado que se resiste a ser objetivado y que impide que podamos intervenir en él.

Creemos importante situar bien el *locus* de lo que llamamos *obsolescencia ontológica*. Esta representa, por un lado, una dimensión inherente a nuestra mirada personal que remite, como ya señalamos, a capas subterráneas de nuestra conciencia o, dicho de otra forma, a las interpretaciones subyacentes sobre las que fundamos nuestras interpretaciones conscientes. Por otro lado, como acabamos de señalar, estas interpretaciones no conscientes desde las cuales conferimos sentido y actuamos no provienen de nosotros sino de la cultura a la que pertenecemos y, específicamente, del sentido común que compartimos con gran parte de los miembros de nuestro sistema social. Es este último su *locus* originario.

Lo anterior resulta importante pues nos permite entender un fenómeno aparentemente contradictorio. La ontología metafísica, que es el factor que produce la obsolescencia de nuestro sentido común, sufrió un proceso de repliegue iniciado gradualmente en los principios de la modernidad y que se aceleró en los últimos ciento cincuenta años. Esto se traduce en el hecho de que hoy, dentro del campo filosófico, esa ontología metafísica dejó de ocupar una posición hegemónica. Es más, si examinamos las propuestas de los filósofos que actualmente ejercen mayor influencia nos será difícil encontrar alguna que defienda las premisas básicas de la ontología metafísica.

Sin embargo, esos mismos filósofos, muchas veces a pesar de sus posiciones académicas antimetafísicas, siguen exhibiendo un sentido común deudor de las mismas premisas que suelen criticar. Se suele producir, por lo tanto, una disociación entre sus posiciones académicas y la manera como conducen sus vidas, como se relacionan con los demás y se proyectan hacia el futuro. Lo que predomina a nivel de sus ideas no se traduce necesariamente en sus comportamientos.

Lo antedicho es relevante pues nos ayuda a situar el campo en el que es necesario intervenir para superar nuestra *obsolescencia ontológica*. No basta con situarnos en el dominio de las ideas, aun cuando este es un terreno en el que, sin duda, esta intervención no puede dejar de realizarse, particularmente cuando los desafíos del mundo chocan con ellas y estas contribuyen a nuestra incapacidad para encararlos. Pero no es suficiente.

La *obsolescencia ontológica* no es un fenómeno que comprometa solo nuestras ideas. Compromete, sobre todo, nuestras vidas, nuestra forma de estar en el mundo y, en último término, nuestra convivencia con los demás y el propio sentido de vida que requerimos para seguir viviendo. El dominio decisivo en el que tenemos que erradicar la ontología metafísica no es solamente el de las ideas sino el de nuestra existencia concreta.

Lo anterior define lo que ya por varios años venimos haciendo junto con el equipo que nos acompaña. Por un lado, articulamos un discurso particular, situado expresa y directamente en el dominio ontológico, discurso que en su momento bautizamos como "ontología del lenguaje". En él procuramos desarrollar una propuesta ontológica alternativa a la ontología metafísica, apoyándonos en aquellos desarrollos filosóficos que aportan elementos básicos para una mirada ontológica alternativa. Este discurso se dirige al ámbito de la vida cotidiana, donde combate contra la hegemonía que todavía ejerce la ontología metafísica. Creemos que los tiempos están suficientemente maduros para que nuevas ideas ontológicas se abran camino. Estamos convencidos del inmenso poder que pueden proporcionarnos estas ideas, en la medida en que logren exhibir su capacidad de traducirse en resultados palpables y concretos.

Por otro lado, procuramos llevar también estas ideas al terreno de las condiciones concretas de nuestra existencia, a nuestra capacidad de acción, con el propósito de desarrollar la capacidad de transformación personal y poder superar el cuadro que se nos presenta como una obsolescencia del tipo de ser que somos.

Este es un camino que la ontología metafísica niega y desconoce. Frente a la posibilidad de ser distintos, fija límites y levanta un muro. Desde una ontología diferente, por el contrario, esta posibilidad se abre y ese muro se deja atravesar. Pero para hacerlo es necesario apoyarnos en las ideas que acompañan la nueva mirada ontológica desplegada por el discurso, a fin de avanzar hacia modalidades de vida generadoras de sentido y de mayor bienestar, lo cual, por supuesto, nos obliga a bajar las ideas a la práctica.

¿Qué es ontología?

Como puede apreciarse, lo central de nuestra argumentación descansa en un término que no hemos examinado aún en detalle. Se trata del término *ontología*. Este apareció varias veces en nuestra exposición y cada vez que acudimos a él efectuamos algunas aproximaciones al significado que le atribuimos. Creemos, sin embargo, que tales alcances son insuficientes, dada la importancia que le asignamos a este concepto, lo que nos inclina a examinarlo por sí mismo, a fin de asegurar que aquello a lo que estamos apuntando se entienda bien.

En la actualidad son muchos los que hablan de ontología, pero creemos que son pocos los que pueden explicar de qué están hablando cuando se refieren a ella. Y entre los que están en condiciones de explicarlo, descubrimos que le otorgan significados muchas veces contradictorios. Parte del problema reside en el hecho de que no es un término ordinario, sino que se trata de un concepto filosófico, el cual, incluso dentro de la filosofía, acepta distintas connotaciones. De allí que nos parezca necesario dar cuenta de nuestra interpretación de lo que llamamos *ontológico*.

Nos parece necesaria una advertencia. Si alguien quiere indagar en lo que significa este término, le sugerimos que no acuda al diccionario. De hacerlo, es muy probable que la definición académica lo oriente por un camino que bien podría confundirlo, pues para llegar al sentido que nosotros le damos, apoyándonos en desarrollos posteriores registrados en la filosofía, es preciso hacer algunas aclaraciones que muy posiblemente no consten en el diccionario.

Lo que acabamos de decir puede suscitar una importante objeción. Nos referimos a la expresión "el sentido que nosotros le conferimos". Algunos podrían objetar que tal significado bien pudiera no corresponder con aquel que es inherente al término. Pero no existe tal cosa como el significado inherente a los términos que utilizamos. Todo significado es siempre conferido y, en consecuencia, parcial y relativo.

Tal como señala Ludwig Wittgenstein, el sentido de las palabras reside en su uso y ese sentido pareciera fortalecerse cuando su uso es generalizado. Pero nada impide que puedan desarrollarse otros significados del mismo término que, en la práctica, demuestren ser mucho más poderosos, tanto por lo que nos permiten comprender como por las posibilidades de acción que ellos habilitan. Sentidos muchas veces nuevos y, por lo tanto, de uso todavía no generalizado. Esta es, por lo demás, una de las formas como se desarrolla históricamente el conocimiento: corrigiendo y alterando el sentido tradicional de algunos términos.

Comencemos, entonces, por preguntarnos por el término *ontología*. Se trata de una palabra no demasiado antigua. Surge a inicios del siglo XVII, utilizado por dos filósofos alemanes relativamente menores. En primer lugar, en la obra de Rudolf Göckel, *Lexicum Philosophicum*, de 1606. En seguida, en la obra de Jacob Lorhard, *Theatrum Philosophicum*, de 1613. En ambas se entiende por ontología la preocupación de la filosofía por dar cuenta de "lo que es". *Ontos*, en griego, significa "ser" y *logos*, estudio o teoría. Ontología, por lo tanto, apunta a la teoría del ser desarrollada por la filosofía. Es importante reconocer, pues, que, aunque genera la impresión de ser un término acuñado en la antigua Grecia, en rigor no lo es.

Nos parece indispensable, sin embargo, ir más allá de este primer significado. Para hacerlo, tenemos que hacernos cargo de cuatro problemas diferentes.

El primer problema apunta al hecho de que la referencia al "ser" que aparece en el sentido originario del término "ontología" es la manera como debemos responder a una pregunta implícita: la pregunta por cómo las cosas son. Dicho de otra forma, se presupone que cuando nos preguntamos por cómo las cosas son, lo que hay que hacer es dar cuenta de su "ser".

Si ponemos atención a lo que acabamos de señalar, constataremos que la noción de "ser" nace de un vicio argumental. La presunción de que la pregunta por cómo son las cosas nos conduce a su "ser" no hace más que tomar el verbo utilizado en la pregunta (el verbo "ser" en su conjugación "son"), remitirlo a su expresión en infinitivo, convertirla en un sustantivo, en una determinada entidad (el "ser") y ofrecerla ahora como respuesta. Se trata, por lo tanto, de una tautología, de un vicio especular entre la pregunta y la respuesta. Damos la impresión de contestar sin ir más allá de la pregunta.

La respuesta no hace sino sustancializar el verbo utilizado en la pregunta (o, si se quiere, cosificarlo). Es como si a la pregunta "¿Qué está comiendo?", respondiéramos "comida". Pero con una diferencia: en este caso, tanto el verbo "comer" como el sustantivo "comida" son expresiones validadas por el lenguaje ordinario. El sustantivo "ser", por el contrario, es una creación artificial de la filosofía que solo expresa, como lo consideramos hoy día, una dificultad para responder a la pregunta inicial.

De ello no se deduce que estemos objetando el uso del término "ser", pues las cosas son de una determinada manera. Del término "ser", como verbo, no podemos prescindir pues nos permite promover el conocimiento. El problema reside en el hecho de convertir el verbo en sustantivo. Todos somos de una o de otra manera. Pero al convertir el verbo en sustantivo, queda simultáneamente convertido en sustancia, en una entidad, el ser, que está detrás de todas las cosas. De ese modo hemos caído en una trampa del lenguaje.

Nos parece fundamental volver a la inquietud inicial que abre el camino de la reflexión ontológica sin que esta quede contaminada por haber avanzado, sin reconocerlo, en el camino de una respuesta acudiendo al sustantivo "ser". De allí que, al menos en un primer momento, optemos por evitar aludir a la noción de "ser".

Esto nos parece importante. Como se verá más adelante, no rehuiremos hablar de "ser". Pero nos demoraremos un poco y lo haremos luego de asegurarnos de no haberle fijado un camino predeterminado a la respuesta, pues ello equivale a iniciar la carrera y alterar la pista por la que debemos desplazarnos, antes de que se imparta la orden de partida.

Quedémonos, por lo tanto, unos minutos con la pregunta inicial sobre "cómo las cosas son". ¿De qué se trata? ¿A qué apunta? Advirtamos que cuando nos preguntamos por "cómo las cosas son" no estamos hablando de nada concreto y específico. Estamos apuntando al conjunto de las cosas, sean estas lo que fueren, sin especificación alguna.

Apuntamos a las cosas en general. O, dicho en otras palabras, nos estamos preguntando por las cosas en su sentido genérico, más allá de sus particularidades. Esto nos lleva a concluir que la pregunta por "cómo las cosas son", que definiría el significado del término *ontología*, alude al carácter genérico de la realidad. Reiteremos que estamos "suspendiendo", al menos provisoriamente, el supuesto de que esa preocupación por el carácter genérico de la realidad y la noción de "ser" son equivalentes. La sustitución de la noción de "ser" por el "carácter genérico de la realidad" le confiere una mayor neutralidad a la inquietud inicial, desde la cual está hecha la pregunta original.

Por consiguiente, de lo anterior podemos inferir que el término *ontología* significa, para nosotros, responder a la pregunta por el carácter genérico de la realidad. Este es el sentido que, de ahora en adelante, le atribuiremos al término "ser", incluso cuando lo utilicemos respecto de entidades particulares. Cada vez que lo utilicemos llevará consigo una connotación de pregunta o de un término que requiere ser dilucidado y que, por sí mismo, nunca responde a la pregunta inicial.

El segundo problema reside en el hecho de que la reflexión sobre el carácter genérico de la realidad —lo que hoy entendemos por ontología— se desarrolló mucho antes de que el término "ontología" fuera acuñado, a inicios del siglo XVII. En rigor, este tipo de reflexión remite a la antigua Grecia, solo que en ese entonces fue llamado metafísica. Por lo tanto, esto nos permite referirnos a la metafísica como "ontología metafísica".

Un tercer problema surge del hecho de que la metafísica, al acudir a la noción de "ser" para dar cuenta de la realidad, entendía que su respuesta era la única verdadera y definitiva. Durante más de dos milenios, la respuesta ofrecida por la metafísica fue, en efecto, considerada como verdadera y definitiva. Sin embargo, una vez que entramos en la Modernidad, esta respuesta fue generando crecientes insatisfacciones, que finalmente condujeron a un punto de ruptura en el terreno de la filosofía. Sobre este punto abundaremos más adelante. Lo importante es destacar que, una vez avanzada la Modernidad, surgen respuestas distintas sobre el carácter de la realidad, de aquellas que ofrecía la metafísica. A partir de entonces, la ontología metafísica devino tan solo una de las posibles respuestas a la pregunta ontológica, poniéndose en cuestión su invocación de ser verdadera y definitiva.

Consideramos que existe un cuarto y último problema. En su afán por comprender el carácter genérico de la realidad, los filósofos antiguos, los metafísicos, desplegaron un determinado camino de respuesta, un particular acercamiento al tema que sería cuestionado por los filósofos modernos. Para los antiguos era posible pensar el carácter genérico de la realidad reflexionando directamente sobre ella, sin necesidad de intermediación, lo cual implicaría que la realidad se nos presenta directamente y que para comprenderla basta con profundizar en ella. Esto ha sido llamado la "metafísica de la presencia".

Así como los metafísicos antiguos sostenían que pensar sobre el carácter genérico de la realidad equivalía a reflexionar sobre el "ser", Aristóteles, a partir del cual se acuña el término "metafísica", sostiene que esta última es "la respuesta a la pregunta sobre el ser en cuanto ser". Vale decir, la respuesta sobre el carácter del "ser" en general, en su expresión genérica, ese "ser" que está presente en todo lo que "es", en todas las cosas que "son", independientemente de sus particularidades y atributos; en todas aquellas cosas que, como tal, conforman la realidad.

Para los modernos, el acercamiento de los antiguos griegos peca de ingenuidad. Ellos, tal como lo hemos planteado, consideran que los seres humanos no observamos la realidad tal cual es, sino de acuerdo con cómo somos. Ello pone en cuestión la metafísica de la presencia, lo que implica, por lo tanto, que la pregunta sobre el carácter genérico de la realidad como tal requiere ser antecedida por la pregunta sobre el carácter genérico del ser humano. Será solo a partir de la respuesta que demos a este primer interrogante que podremos preguntarnos por el carácter que la realidad posee para nosotros. La filosofía contemporánea sostiene, tal como dijimos, que la realidad es independiente de nosotros y, como tal, resulta inaccesible.

De esto se deduce que la reflexión ontológica que se lleva a cabo en la modernidad –y nos referimos particularmente a Heidegger– reconoce en rigor dos momentos. Un primer momento, el más importante, dedicado a reflexionar sobre cómo somos genéricamente los seres humanos, y un segundo momento, en el que a partir de la reflexión anterior podemos explorar de qué manera configuramos la realidad o, dicho de otra forma, la manera genérica que desplegamos al concebir la realidad: el conjunto del mundo que habitamos, el entorno natural en el que vivimos, el entorno social al que pertenecemos, los demás y, en especial, aquellos con los que nos relacionamos, y, por último, nosotros mismos.

Como podemos apreciar, el segundo momento es tributario del primero, lo que lleva a algunos a sostener que la reflexión ontológica moderna se circunscribe tan solo a ese primer momento. Se limitaría entonces a responder la pregunta por el carácter genérico del ser humano. Desde nuestra perspectiva, ampliamos el horizonte ontológico y sostenemos que ese primer interrogante sobre cómo somos genéricamente los seres humanos se proyecta luego en una determinada forma de concebir el conjunto de la realidad. Pero este segundo momento se sustenta en el primero, dirigido hacia el ser humano.

A partir de lo señalado, ahora entendemos que cuando Heidegger responde a la pregunta sobre qué es ontología lo haga de una manera muy distinta de la que ofreciera Aristóteles al responder sobre qué es la metafísica. Heidegger sostiene que ontología "es la respuesta que damos a la pregunta por el ser que se pregunta por el Ser".

¿Qué nos está diciendo? ¿Qué hay detrás de lo que pareciera ser una suerte de jerigonza filosófica? Heidegger señala que a la "pregunta por el Ser" que se hacían los antiguos es preciso anteponer una pregunta por aquel ser que formula esa pregunta. Pues bien, ese "ser que se pregunta por el Ser" no es otro que el ser humano. No conocemos otro ser, que no sea el humano, capaz de preguntarse por el carácter de la realidad. Respondiendo primero a la pregunta por el ser humano, podremos luego responder a la pregunta sobre la realidad que a este se le presenta.

Sin embargo, la reflexión ontológica que, a partir de Heidegger, desarrolla la modernidad no termina necesariamente allí. Una vez concluidos estos dos momentos iniciales —vale decir, una vez que hemos respondido a las preguntas por el ser humano y sobre cómo configuramos genéricamente la realidad, nuestra realidad, independientemente de sus particularidades— es posible avanzar hacia lo que llamamos *procesos reflexivos de reconstrucción ontológica de dominios particulares de la realidad que los seres humanos habitamos.*

Esto, desde nuestra perspectiva, es muy importante. No basta con quedarse en los dos primeros estadios. No basta con profundizar en cómo somos y en cómo es el tipo de realidad que construimos. Apoyándonos en lo anterior, podemos proceder ahora a comprender ontológicamente diversos dominios de nuestra existencia. Nos resultaría posible, por ejemplo, desplegar una mirada ontológica sobre nuestras relaciones personales, sobre la familia y la crianza de los hijos, la educación, la política, el quehacer empresarial, la tecnología, los distintos dominios de la creación cultural y el dominio de la espiritualidad, por mencionar tan solo algunos.

Al hacerlo, podríamos rearticular ontológicamente los problemas que enfrentamos en cada una de estas áreas. De esta forma seríamos capaces de observar aspectos que antes muy posiblemente no veíamos y reformularlos, a fin de tomar decisiones impensadas hasta ahora. Pero, por sobre todo lo anterior, nos habilitaría a alcanzar un tipo de existencia distinta, más plena de sentido, y un tipo de convivencia que redundaría en beneficio de todos.

De lo que se trata, en definitiva, es de acometer y completar un giro radical de nuestra mirada sobre la realidad, un *cambio cualitativo del tipo de observador que hemos sido hasta ahora.* El filósofo rumano-francés Lucien Goldmann, concordando con la premisa de que nos resulta imposible acceder a una conciencia de cómo realmente es el mundo, y aceptando que toda forma de conciencia es siempre parcial y relativa, acuña un término que nos parece revelador. Se trata de la noción de *límites de conciencia posible*.

Basándonos en esta noción, podemos señalar que cada tipo de observador posee sus propios límites de conciencia posible. En algunos observadores estos límites serán más estrechos; en otros, más amplios. Pues bien, de acuerdo con los límites de conciencia posible del tipo de observador que seamos —en otras palabras, de acuerdo con el tipo de ontología que haga de sustrato de nuestro sentido común—, nuestros umbrales de conciencia para identificar posibilidades serán también diferentes.

Por lo tanto, este giro en el tipo de observador que somos nos permitirá apreciar aspectos de nuestra realidad que antes no veíamos y emprender acciones que antes nos estaban vedadas. A partir de lo anterior nos será posible reformular los problemas y desafíos que enfrentamos actualmente y que no somos capaces de resolver. Al efectuar este *giro ontológico*, no solo podremos hacernos cargo de aquella sensación de obsolescencia, sino que podremos avanzar en una profunda transformación del tipo de ser humano que hoy somos y del sentido que le conferimos a la existencia. Una transformación que se traduce en una *superación*, en un *trascender* la forma de ser que hasta ahora nos ha acompañado. Esta posibilidad está en nuestras manos.

Una observación final. No deja de resultar extraño que en un mundo como el actual, marcado por el desarrollo de las ciencias y de la tecnología, quizás sea la filosofía, en tantos sentidos subestimada y muchas veces considerada inútil, la que sea capaz de ayudarnos a resolver las mayores crisis que enfrentamos.

Todo lo que a continuación desarrollaremos se dirige a mostrar un camino que nos conduce a la superación de esa *obsolescencia ontológica* a la que hemos apuntado en este capítulo. Para lograrlo, debemos aceptar que el recorrido será largo, dado que la propia historia de la ontología metafísica ha sido muy extensa y es importante examinar cómo y cuándo nació, y cuál fue su desarrollo. Tenemos que entender también en qué consiste exactamente, pues, de no hacerlo, no lograremos identificar aquello que requiere ser superado.

Una vez que lleguemos al final de este camino, esperamos que lo expuesto resulte lo suficientemente convincente como para demostrar que su realización no solo es posible, sino también necesaria. Pero hay algo más importante. Confiamos en que, una vez concluida la lectura, el lector se vea interpelado y compelido a generar transformaciones en sus propias condiciones de existencia, incluidas sus relaciones personales y de trabajo.

Invitamos, pues, al lector a participar de esta aventura.

II

Gestación de la ontología metafísica[8]

Para entender el nacimiento de la ontología metafísica es necesario remontarse a la Grecia antigua y a los efectos que genera la invención del alfabeto, que tiene lugar entre los años 800 y 700 a. C. Estamos en un período histórico de especial singularidad. La Edad de Hierro comenzaba a desplazar a la Edad de Bronce y con ello se introducían cambios importantes en la producción de armas y de herramientas, particularmente las utilizadas en la agricultura, lo que incrementó su productividad y permitió el desarrollo de otras actividades, como el comercio. Mientras los fenicios inventaban el primer alfabeto, en Lidia se introducían las monedas, elementos de valor abstracto sustentado en convenciones sociales, pero que tenían la virtud de agilizar y expandir el intercambio comercial, superando el intercambio directo de bienes por medio del trueque. Muchos de estos cambios se concentraban en el

---

8   Esta sección es una versión corregida del texto "El nacimiento de la filosofía en Grecia", publicado en Rafael Echeverría, *Raíces de sentido: sobre egipcios, griegos, judíos y cristianos*, J. C. Sáez Editor, Santiago de Chile, 2008, pp. 211-277.

extremo oriente del Mediterráneo y muy especialmente en las ciudades de Jonia y de Fenicia.

Los griegos introdujeron en el alfabeto fenicio una pequeña pero fundamental innovación: establecieron signos de escritura para las vocales, lo que expandió exponencialmente su uso y versatilidad. Tómese en cuenta que el alfabeto hebreo, desarrollado no muy lejos de Jonia y de Fenicia, tampoco tiene signos escritos para las vocales. En pocos años, las ciudades griegas se convirtieron en comunidades de letrados en las cuales las competencias de leer y de escribir se masificaban. Esta gran revolución en el modo de comunicarse pronto afectó la manera como los seres humanos comenzaban a pensar y a convivir. Prácticamente no hubo esfera de la actividad humana que no se viera afectada por el impacto del alfabeto.

Uno de los rasgos más notables de esta invención es el salto cualitativo que se produjo en la conectividad social y, por tanto, en la capacidad de influencia que comenzaron a exhibir los habitantes de las ciudades que conformaban el mundo griego desplegado alrededor del Mediterráneo. El carácter sobresaliente de la cultura griega es, en gran medida, función del efecto en la conectividad social que generó el alfabeto. Esta conectividad social no solo transformó las formas de integración en el interior de la *polis* griega, sino que simultáneamente le confirió un mayor nivel de autonomía al individuo, estimulándolo a pensar y a comportarse con grados de libertad que antes no existían. Tanto la invención del alfabeto como el desarrollo del comercio son factores que incidieron en ello.

Los filósofos naturalistas

Tales de Mileto y la pregunta por el arjé

Entre los múltiples efectos que produce el alfabeto griego está la emergencia de una corriente de pensadores que se conocen bajo el nombre de "filósofos naturalistas" o "físicos" (del griego *physis*, que significa "naturaleza"). El primero de entre ellos es Tales, nacido en la ciudad de Mileto, en la Grecia jónica, en Asia Menor. Mileto era un punto de importancia en la ruta comercial de la época, lo que la vinculaba a las culturas más antiguas de Egipto, Babilonia, Lidia y Fenicia.

Se ha indicado que el nacimiento de Tales pudo haber tenido lugar durante la Olimpíada 35, alrededor del año 640 a. C. Otros señalan como su fecha de nacimiento el año 625 a. C., lo que es más probable. Plutarco nos indica que Tales habría desarrollado negocios en Egipto. La influencia egipcia en los filósofos jónicos es innegable. Los resabios de la cultura egipcia se detectan no solo en Tales sino también, más adelante, en Anaximandro y en Pitágoras. Egipto era entonces uno de los centros culturales más destacados de su tiempo y su cultura irradiaba hacia toda Asia Menor. Sus ciudades más importantes convocaban a extranjeros de diversos países; por ejemplo, los fenicios, que habitaban al sur de las ciudades jónicas de Asia Menor, obtenían su formación en Egipto. Se ha mencionado, asimismo, que Tales habría visitado también Babilonia, posiblemente con el propósito de desarrollar actividades comerciales. Tanto en Egipto como en Babilonia, habría tomado contacto con los sacerdotes —casta que en la Antigüedad solía manejar el conocimiento—, y obtuvo de ellos importantes aprendizajes.

Se cuenta que Tales impresionó a los egipcios al determinar la altura de las pirámides, utilizando para ello los triángulos que formaban sus sombras. En su retorno a Mileto, Tales llevó consigo un amplio conocimiento de la astronomía de Babilonia y de la geometría de Egipto. Sus conocimientos astronómicos le permitieron predecir el eclipse solar que tuvo lugar el 28 de mayo de 585 a. C., lo que causó gran impresión en toda Jonia. Tales adquirió la reputación de ser uno de los sabios más grandes de su época.

Sin embargo, su contribución más importante no reside tanto en el contenido de lo que sostuvo como en haber formulado una pregunta que, siguiendo su ejemplo, muchos otros procuraron responder luego de él. Esta es la pregunta por lo que los griegos llamaban el *arjé*, la raíz de todos los fenómenos de la naturaleza. Tal como la formulaba

Tales, esta pregunta no tenía precedentes en la historia de la humanidad. Podemos traducir la palabra griega *arjé* con el término "principio" (del latín *principium*). De igual modo que el término romano, el vocablo griego apunta al menos en cuatro direcciones: al origen, al fundamento, al gobierno y a la medida.

En su acepción de origen, el *arjé* busca las raíces de los fenómenos naturales en el tiempo y remite a su nacimiento, comienzo o inicio, tal como está presente en nuestro término de "principio". El *arjé*, en este particular sentido, guarda relación con lo arcaico (del vocablo griego *arjaios*, que significa "antiguo").

En su acepción de fundamento, el tiempo ya no es necesario y la raíz es entendida como sustrato o elemento constituyente de un fenómeno examinado en su presente. Esta acepción está también recogida por el término "principio", en el sentido del principio que da lugar a un determinado fenómeno.

En tercer lugar, en su acepción de "gobierno", el término *arjé* apunta a aquello que "conduce", que "gobierna" o que "rige" a un determinado fenómeno en su trayectoria o movimiento. Aquí, el *arjé* se relaciona con el término griego *arjein*, que significa "comandar" y que preservamos en la raíz de los términos "monarca" y "monarquía", que contienen en su expresión la noción de *arjé* en las sílabas "arca" y "arquía" —de la misma manera como la raíz del término latino *principium* aparece en los vocablos "príncipe" y "principado"—. Ligado a la noción de gobierno, el *arjé* se relaciona también con las leyes naturales que rigen el comportamiento de las entidades de la naturaleza.

Por último, el término *arjé* está asociado a la noción de medida, a la tarea de fijar una determinada armonía en las cosas, tal como lo veremos más adelante en los pitagóricos, en los sofistas y en Platón. Esta cuarta acepción se relaciona con los principios reguladores del comportamiento de los seres humanos, con las leyes (*nomos*) que estos se confieren o con las convenciones que siguen. Las leyes o normas que "regulan" el comportamiento humano son de naturaleza distinta de aquellas que "gobiernan" el comportamiento físico. Estos cuatro sentidos se revelaron, como se verá más adelante, con mayor o menor fuerza en los distintos filósofos naturalistas.

Uno de los rasgos más interesantes de los filósofos naturalistas, partiendo de Tales, es el hecho de que la pregunta por el *arjé* generó un dominio de indagación en el que se ofrecía un tipo de respuesta que no tenía precedentes. La mayor contribución de Tales no reside tanto en su respuesta a esa pregunta, que de alguna forma estaba presente en el pensamiento mitológico, sino en haber respondido a ella de una manera diferente.[9]

El pensamiento mitológico, como dijimos, se caracterizaba por sus referencias a personajes ficticios que participaban de eventos o gestas, de cuyas consecuencias era posible extraer enseñanzas sobre lo que había que hacer y lo que no. Lo que llevaban a cabo los filósofos naturalistas era diferente. Sus respuestas se apoyaban en ideas, conceptos y argumentos de los que se deducían conclusiones. Esto implica un paso entre dos maneras de responder: un tránsito del *mythos* al *logos*, que inaugura una forma diferente de pensar.

Según Aristóteles, Tales habría sostenido que el principio o fundamento de todos los fenómenos naturales es el agua. El término griego *hydor* (agua) designaba no solo lo que hoy entendemos por tal, sino toda materia acuosa, líquida, como, por ejem-plo, la savia de los árboles, el rocío, la lava que luego se convierte en roca. Cabe preguntarse hasta

---

9   Es importante advertir, sin embargo, que la pregunta por el *arjé* implica un supuesto que, con excepción de Anaximandro y de Heráclito, va a prefigurar las respuestas entregadas por los filósofos griegos posteriores hasta Platón y Aristóteles. Dicho supuesto tendrá importantes consecuencias para el desarrollo posterior de la filosofía e, incluso, de la mirada occidental. La pregunta por el *arjé* se dirigía a encontrar "aquello" a lo que remite (sea como inicio, fundamento, gobierno o medida), todo cuanto conforma la naturaleza. Ese "aquello" fue desde muy temprano concebido como un "algo", como una "cosa", en rigor, como una "sustancia". Esto le conferirá al pensamiento filosófico posterior un rasgo fundamental. Nos referimos a su *sustancialismo*, que asumirá más adelante distintas expresiones. Se hablará, por ejemplo, de naturaleza, de esencia, etc., términos que conllevarán esta dimensión sustancialista que minimiza la importancia del tiempo, y que colaborará para dar sustento a uno de los principales atributos de la mirada metafísica: la inmutabilidad.

qué punto la propuesta de Tales puede haber estado influida por la mitología egipcia, que afirmaba que lo que existía antes de la creación era precisamente una masa acuosa e informe.

Se cuenta que cuando se le preguntó a Tales qué era lo más difícil, su respuesta fue: "Conocerse a sí mismo". Y cuando se le indagó por qué era lo más fácil, respondió "Dar consejos". A la pregunta de qué es Dios contestó: "Aquello que no tiene principio ni fin". Y acerca de cómo los seres humanos podrían vivir virtuosa y justamente, señaló: "No haciendo nunca aquello de lo que culpamos a los demás". Todas estas respuestas tuvieron una fuerte influencia en el desarrollo filosófico posterior.

Pero, aunque la pregunta de Tales por el *arjé* tuvo un impacto determinante, el carácter de su respuesta no dejaba de ser fundamental y tuvo una influencia no menos decisiva en la tradición de pensamiento posterior. Friedrich Nietzsche sostiene que la respuesta ofrecida por Tales a la pregunta por el *arjé* contiene tres elementos importantes que considerar.[10] Al preguntarse por el origen de lo existente, Tales se sitúa en el dominio ocupado tradicionalmente por la religión. Sin embargo, su respuesta, a la vez, se aleja de las respuestas religiosas. El segundo elemento es el hecho de que Tales no busca un origen basado en la voluntad de personajes míticos. Al responder que el origen es el agua, apunta a un elemento concreto, al interior del dominio de los propios fenómenos naturales. Con ello, nos dice Nietzsche, Tales inaugura el pensamiento científico. Pero su respuesta va más allá. Hay un tercer elemento en juego. En la búsqueda del *arjé*, Tales se plantea encontrar la unidad dentro de la diversidad de los fenómenos naturales y, de este modo, inaugura el pensamiento filosófico.

Tales de Mileto inició sus actividades en el comercio y cabe suponer que desarrolló competencias en el arte de la negociación. Como extranjero, visitó los centros culturales más importantes de su época: Egipto y Babilonia. En ellos tomó contacto con quienes entonces ma-

---

10   Ver Friedrich Nietzsche, *The Pre-Platonic Philosophers*, University of Illinois Press, Champaign, Illinois, 2006.

nejaban los conocimientos más desarrollados. A partir de este vínculo, Tales genera una práctica de pensamiento que devendrá en el sello quizás más destacado del mundo occidental posterior: la capacidad de reflexión crítica, sustentada en la aptitud para cuestionar, para conferirle a la duda un lugar destacado en el pensamiento, que hace de la pregunta y de la indagación las herramientas para generar nuevos pensamientos.

Por lo tanto, Tales inaugura lo que será posiblemente el primer germen de un razonamiento escéptico, de una razón crítica. La manera como genera sus propios conocimientos no es por vía de la fe, de la autoridad o de la tradición –formas predominantes de transmisión de conocimiento hasta entonces–; las condiciones a las que él mismo se ve expuesto lo conducen a aceptar la discusión crítica, la deducción rigurosa y la necesidad de evidencias para alcanzar lo que considera como verdadero.

En esta búsqueda del *arjé*, los griegos producen lo que Nietzsche llama una *filosofía arquetípica* (nótese que en el término "arquetípico" están las sílabas "arque", que apuntan precisamente al *arjé*). Se trata de una reflexión que explora diversos caminos, sentando las bases para diferentes orientaciones sobre las que la filosofía posterior volverá varias veces y, por lo tanto, sirviendo de modelo para su desarrollo.

La contribución de Tales tendrá un fuerte impacto en el pensamiento griego posterior. La pregunta por el *arjé* será retomada por muchos otros. Años más tarde, Anaxímenes sostendrá que el elemento originario y constitutivo de todo lo existente es el aire. Más adelante, Empédocles señalará que no hay un solo elemento básico sino cuatro: el agua, el aire, el fuego y la tierra.

Para Anaxágoras, conocedor de la filosofía de Parménides y apreciado posteriormente por Platón, el principio de todas las cosas es el *nous*, término griego que da cuenta de la mente o de la inteligencia. Se sostiene que, durante su estadía en Atenas, Anaxágoras habría sido maestro de Pericles y de Protágoras. Algunos señalan que también habría tenido influencia sobre Sócrates.

Anaximandro, el orden como transgresión

Nuevamente en la ciudad jónica de Mileto, surge otro filósofo naturalista. Se trata de Anaximandro, que fue contemporáneo de Tales, aunque era algo más joven que él. Su respuesta a la pregunta por el *arjé* es diferente. Anaximandro sostiene que el origen y fundamento de todo lo que existe es lo que llama el *apeiron*. Podemos traducirlo como "lo ilimitado", "lo indefinido", "lo indeterminado", "lo informe". La descripción del *apeiron* nos recuerda la que los egipcios hacían del dios Nun, expresión del caos antes del momento de la creación. Para Anaximandro, todo nace y vuelve necesariamente al *apeiron*. El *apeiron* sustenta todo lo que existe. El *apeiron* es inmortal e indestructible.

Del pensamiento de Anaximandro disponemos solo de un breve fragmento:

> "Allí donde las cosas se generan, allí tienen necesariamente que destruirse, pues pagan culpa y retribución por su transgresión, conforme al orden del tiempo".

Se trata de un fragmento que nos habla del lugar (allí) en el que las cosas se generan. Pero ese lugar remite al momento de la creación, en el que se transita de la esfera del *apeiron*, de lo indefinido, indeterminado e informe, a la de lo que se muestra determinado y provisto de forma. Se trata, por lo tanto, del tránsito del caos originario al orden. Pero ese tránsito hacia ese orden es concebido como un acto sacrificial, como una transgresión, un acto sacrílego, una suerte de pecado original que acompaña a todo lo creado, que este —lo creado— lleva consigo y por lo que, tarde o temprano, debe pagar y purgar su culpa para retornar al caos originario del *apeiron*.

Así concebido, podemos deducir que ese caos original no es solo un antecedente de la creación, una esfera que queda relegada a una fase anterior a ella, sino que simultáneamente la acompaña, está presente durante el despliegue que exhibe lo creado a la espera del momento en que este pague por su atrevimiento y retorne al *apeiron*. Uno siente la fuerza narrativa de los mitos detrás de las palabras de Anaximandro.

Es más, uno puede escuchar en el fondo la tensión que, en la mitología egipcia, existía entre Maat, la diosa del orden, de la justicia y la verdad, e Isfet, el dios del caos, así como también la que los egipcios postulaban entre el dios Ra —aquel que todo lo gobierna— y Apofis, la serpiente, que todas las noches lleva a cabo una lucha con Ra con el propósito de destruir el orden para siempre. Ello se traducía en la creencia egipcia de que el orden tenía una duración de solo un día, pues todas las noches, si Apofis ganaba la lucha, ese orden podía desaparecer.

Pero Anaximandro lleva la reflexión filosófica varios pasos adelante. Por un lado, inaugura un lenguaje propiamente filosófico. El *apeiron* no es una palabra que apunta, como acontecía con el agua de Tales, a algo concreto o directamente perceptible. Tampoco se trata de un término propiamente mitológico. El *apeiron* es una categoría filosófica.

Sin embargo, hay algo más. Detengámonos un momento más en la palabra *apeiron*, que se inicia con la letra griega *alpha*, la cual era frecuentemente usada con una función especial llamada *alpha* privativa, que implica un prefijo de negación. La letra *alpha*, por tanto, implica un no. No es extraño, entonces, que cuando buscamos su traducción al castellano tengamos que recurrir a términos que empiezan con "i" ("ilimitado", "indefinido", "informe", "inmortal", "inmoral", etcétera), prefijo que cumple precisamente esa misma función, la de negar.

Anaximandro insinúa que el *arjé* es algo de lo que no se puede hablar afirmativamente. Solamente podemos apuntar a él en cuanto negación de lo que conocemos. Este es un rasgo importante de la propuesta de Anaximandro, pues implica que, más allá de inaugurar un lenguaje propiamente filosófico, está simultáneamente inaugurando una forma particular de pensar: un pensar filosófico desde la negación.

Los griegos van a distinguir, más adelante, dos formas de razonamiento. A la primera la llamarán *cataphasis*, que implica un razonamiento positivo y afirmativo a través del cual se procura dar cuenta de entidades o de sus propiedades o atributos. Bajo este lenguaje subyace la idea de que el lenguaje tiene la capacidad de dar cuenta de lo que existe. Pero hay una segunda forma de razonamiento, que los griegos llamarán *apophasis*. Esta implica un tipo de razonamiento negativo, en el que se presume que existen cuestiones de las cuales no se puede hablar afirmativamente y sobre las cuales solo podemos apuntar por la vía de la negación. Lo que este tipo de razonamiento reconoce es lo que nos es inherentemente misterioso. Estamos en el mundo de lo inefable, de lo inexpresable, de aquello que trasciende los límites del lenguaje, e incluso los límites del conocimiento positivo.

Esta segunda forma de razonamiento, la *apophasis*, tendrá un desarrollo posterior importante, no solo como una forma particular del pensar filosófico sino como modalidad del pensar teológico. En distintos momentos de la historia de las ideas florecerán corrientes de teología negativa que acudirán a la *apophasis* como modalidad de reflexión sobre el misterio de Dios, la experiencia religiosa e incluso el propio sentido de la vida. Esta será una modalidad de reflexión frecuente en el pensamiento de los místicos.

Anaximandro nos insinúa, por lo tanto, que si deseamos pensar en un mundo que trasciende el mundo físico –como lo es el mundo originario del *apeiron*– la manera de introducirnos en él y en su misterio es la negación. Para Anaximandro, el mundo que conocemos, el mundo físico, es uno marcado por la separación, por entidades que exhiben límites, formas, orden, estructura –todos estos términos son hoy familiares, y les conferimos un sentido que, evidentemente, nos distancia de Anaximandro–. Pero este mundo físico, nos dice Anaximandro, se sostiene en una entidad diferente, su *arjé*, entidad sin límites en que todo surge y a lo que todo vuelve.

La noción del *apeiron* propuesta por Anaximandro se sitúa principalmente en el plano espacial. La idea de la ausencia de límites nos lleva a relaciones espaciales, de separación en el espacio (o de ausencia de separación) entre algo y su entorno. El concepto de *apeiron* nos habla de la inexistencia de esta separación en el espacio. De allí que, para el ojo acostumbrado a observar el mundo físico, el *apeiron* se presente como caos.

Al apuntar al *apeiron*, Anaximandro está simultáneamente inaugurando la idea de que existe un mundo más allá del mundo físico que conocemos, un mundo del cual este es tributario y al cual, irremisiblemente —como pagando una deuda—, se dirige. La noción de tiempo no está ausente en Anaximandro (él se refiere incluso al "orden del tiempo"), pero se trata de un tiempo en el cual se inserta la noción del *apeiron*, de raíz espacial.

Al distinguir estos dos mundos, estas dos esferas, Anaximandro coloca el germen de lo que devendrá, más adelante en la reflexión metafísica, que se caracteriza precisamente por concebir la existencia de un mundo que trasciende el mundo físico. Sin embargo, el germen metafísico de Anaximandro es diferente de la reflexión metafísica posterior pues se trata —como ya señalamos— de una metafísica razonada negativamente. La metafísica posterior será fundamentalmente afirmativa.

Al concebir la existencia de dos mundos, la propuesta de Anaximandro se caracteriza por su dualismo. Esta distingue entre el mundo de lo existente —el mundo físico del acontecer— y el *apeiron*, su sustrato constituyente. La filosofía de Anaximandro, por lo tanto, reconoce dos esferas en permanente tensión. Este dualismo representará un problema para algunos de los filósofos posteriores, quienes buscarán diversas maneras de disolverlo.

Si Tales tuvo el mérito de trascender el lenguaje mitológico, Anaximandro tiene el de haber inaugurado el lenguaje propiamente filosófico. Su propuesta tendrá una influencia determinante en las contribuciones posteriores y particularmente en los pensamientos de Parménides y de Heráclito. Su concepto de *apeiron* puede ser considerado como un antecedente del concepto de Ser que nos propondrá Parménides. Pero también puede ser visto como un antecedente, en negativo, de la noción ya insinuada por Heráclito de que lo que existe, en cuanto existente, posee un orden. La idea de orden se nos presenta como el referente opuesto, pero necesario, del *apeiron* propuesto por Anaximandro.[11]

Pitágoras y el secreto de los números y las formas

Una figura importante entre los pensadores que siguen a Tales es Pitágoras. Su imagen adquiere muchas veces proporciones místicas. Se lo reconoce por parte de muchos como un gran matemático, pero en su época tenía también una reputación diferente: algunos lo consideraban un maestro sabio; otros, un charlatán, un profeta religioso, un agitador político, un santo o incluso un mago. Cuando examinamos su historia, entendemos por qué.

Pitágoras nace en la isla griega de Samos, en la costa occidental de Asia Menor, alrededor de 580 a. C. Se piensa que, siendo muy joven, puede haber estudiado con Tales, luego de lo cual, siguiendo el camino de su maestro, viaja por treinta años a Egipto, Babilonia, Fenicia, Siria, y llega posiblemente tan lejos como hasta Persia y la India. La influencia de estos viajes será considerable en su pensamiento y su vida posterior. En su transcurso, no solo adquiere conocimientos básicos de astronomía y matemáticas, sino que se familiariza también con el misticismo que aflora en esas culturas. A su retorno a la tierra natal de Samos, teniendo ya alrededor de cincuenta años, la encuentra gobernada por un tirano y opta por emigrar al sur de Italia, donde funda una colonia en Crotona. Allí, Pitágoras se establece como maestro y crea una escuela que adopta una estructura semisecreta, reuniendo a varios cientos de discípulos.

La escuela de Pitágoras se organiza como una amplia hermandad, cuyo objeto es el de llevar a cabo una reforma moral de la sociedad.

---

11   En este sentido, Anaximandro emerge también como un antecedente importante del enfoque sistémico posterior.

Muy pronto, la escuela pitagórica es percibida por los ciudadanos de Crotona como una secta cerrada y excluyente y despierta recelos y resistencias, a tal punto que termina por ser expulsada. Las construcciones en las que opera la escuela son objeto de pillaje y luego quemadas, lo que obliga a Pitágoras a abandonar Crotona e instalarse en la colonia cercana de Metapontum, donde muere a avanzada edad. Los miembros de la hermandad pitagórica se distribuyen por todo el Mediterráneo y muchos de ellos mantienen viva la influencia de su escuela por más de un siglo.

Uno de los puntos básicos de la doctrina desarrollada por la escuela pitagórica era una determinada concepción del alma humana como una entidad objetiva; esta noción tiene raíces que posiblemente remiten a Egipto y Asia. Pitágoras creía en la doctrina de la metempsicosis, que afirma que el alma, en el momento de la muerte, migra a otro cuerpo, sea este humano o animal. Esto determinaba que los miembros de la hermandad pitagórica fueran vegetarianos. La unidad con lo Divino que buscaban los pitagóricos se lograba mediante procesos de purificación, tanto del alma como del cuerpo. Para lograrlo, realizaban diversos rituales en los que se practicaban la austeridad, la abstinencia y la moderación. Parte de este proceso de purificación era logrado también a través del estudio de las matemáticas y las ciencias.

La escuela de Pitágoras desarrollaba un programa de formación de sus discípulos que consistía en aprender cuatro materias: geometría, aritmética, música y astronomía. Estas cuatro disciplinas conformarán más adelante —en la Edad Media— el *quadrivium*, que sumado al *trivium*, integrado por la gramática, la retórica y la lógica, constituirá las siete artes liberales necesarias para la formación de toda persona culta y educada.

Mientras que Tales había desarrollado una geometría como contemplación de formas o patrones abstractos de líneas y figuras, Pitágoras fue el primero en concebir la geometría como un sistema organizado de pensamiento sustentado en pruebas deductivas, donde un teorema conducía a otro. De hecho, se le atribuye a Pitágoras haber acuñado la palabra *mathematike*. Él fue el primero en concebir el mundo como un todo ordenado, como un orden que descansa precisamente en relaciones geométricas y aritméticas. Algunos le atribuyen también haber sido el primero en utilizar la palabra *kosmos* para referirse al universo matemáticamente ordenado. De hecho, la palabra *kosmos* era también utilizada para hablar de orden o armonía.

Los pitagóricos jugaron un papel decisivo en el desarrollo de la geometría y de la aritmética. Al propio Pitágoras se le atribuyen varios teoremas, entre ellos el que sostiene que los tres ángulos de un triángulo suman dos ángulos rectos, y aquel que señala que el cuadrado de la hipotenusa de un triángulo rectángulo es igual a la suma del cuadrado de sus otros dos lados. Pero, en rigor, no se sabe a ciencia cierta si estos u otros teoremas desarrollados en su escuela fueron efectivamente producidos por Pitágoras. En ella era una tradición atribuirle a Pitágoras cualquier contribución. No es descartable, por lo tanto, la idea de que buena parte de los desarrollos matemáticos realizados por los pitagóricos fueran hechos por los discípulos y no por el propio Pitágoras, habiendo este elaborado más bien un rol de líder espiritual y de fundador de las premisas sobre cuya base se desarrolló su escuela.

Para Pitágoras, la respuesta a la pregunta por el *arjé* sostiene que son las matemáticas las que ofrecen la clave para la comprensión de la naturaleza. La relación entre las matemáticas y la naturaleza pareciera haberse establecido en el terreno de la música. Pitágoras descubrió que, si estiraba la cuerda de una lira, esta emitía una nota particular. Pues bien, si esa misma cuerda era reducida a la mitad, la nota que se obtenía era una octava más alta. Si se la reducía a dos tercios, la nota era una quinta más alta. Y si se la reducía a tres cuartos, la nota obtenida era una cuarta más alta. Las nociones musicales de octava, quinta y cuarta eran ya conocidas. Pero no lo eran las relaciones que ellas exhibían con las fracciones 1/2, 2/3 y 3/4. A partir de este descubrimiento, los pitagóricos afirmaron que todo cuerpo produce en el espacio un sonido que posee un tono proporcional a su velocidad. Sobre la base de esta premisa, concluyeron que, en la medida en que los planetas se mueven a velocidades diferentes, producen una armonía celestial, que ellos llamaban "la música de las esferas".

En la filosofía de Pitágoras, la noción de armonía está estrechamente ligada a la de medida (*métron*, en griego). La medida es la justa o adecuada proporción. Es ensalzada como una virtud que permite alcanzar una vida equilibrada. Como tal, expresa lo opuesto a los excesos. En los *Versos áureos*, atribuidos a Pitágoras, se proclama que "no hay nada mejor que la medida en todas las cosas". Resulta interesante constatar cómo esta noción de medida está presente en los preceptos pitagóricos para el cultivo del alma. Uno de ellos, por ejemplo, señala: "Mide tus deseos, sopesa tus opiniones, cuenta tus palabras".

Cuando se la aplica al alma humana, la noción de medida está asociada a la templanza, la armonía y el equilibrio. El alma, para los pitagóricos, requiere ser "afinada", como si fuera un instrumento musical. Esta afinación del alma es el objetivo más importante de la educación. Educar, nos dice Pitágoras, es "templar el alma para las dificultades de la vida". "El alma", señala, "es un acorde; la disonancia, su enfermedad". Lo anterior nos conduce a uno de los valores más importantes para los griegos: el valor de la excelencia. Cuando este se aplica a la esfera pública, da lugar a lo que denominan *areté*.

Cabe señalar que en las columnas que conformaban la puerta de entrada al oráculo de Delfos, lugar al que acudían los griegos para indagar sobre el futuro, estaban inscritas dos máximas. En una columna se recogía el precepto de Tales: "Conócete a ti mismo". En la columna opuesta estaba escrito: "Nada en exceso", lo que equivalía a señalar "Todo según su medida". En la viga superior, sostenida por ambas columnas, solo estaba escrita la letra griega ε (*épsilon*). Su significado era un enigma. Plutarco, quien fuera durante un tiempo sacerdote en Delfos, nos legó un texto (*Sobre la ε de Delfos*) en el que procura desentrañar el enigma de esta letra. Allí constatamos la presencia e influencia de las doctrinas pitagóricas.[12]

A partir de esos desarrollos, los pitagóricos articulan su respuesta a la pregunta por el *arjé*: "Todo es número". De allí se genera no solo una fascinación sino también un particular misticismo en torno de los números. Se considera que en ellos está el secreto de los misterios de la naturaleza. Dios creó el mundo en clave matemática. Pero no se trata únicamente de los números, sino también de las formas geométricas que a partir de ellos se configuran. Acceder a los números y a las formas geométricas es acceder al secreto de la divinidad y a sus leyes y relaciones. Las matemáticas no son concebidas como el producto de la reflexión humana sino como una experiencia de carácter místico, en la que la divinidad se nos revela. Si en algún momento la realidad parece entrar en contradicción con las relaciones y las leyes que se nos han revelado, es preciso corregir la realidad y no las leyes que supuestamente la rigen.

De allí que Pitágoras nos señale:

"No des leyes para los pueblos, sino pueblos para las leyes".

Las leyes, para los pitagóricos, habitan una esfera divina y trascendente, a la que debe someterse la realidad concreta en la que vivimos. No es extraño que entraran en conflicto con los ciudadanos y gobernantes de Crotona y que terminaran siendo expulsados de la ciudad. Ellos se sometían a las leyes que les eran reveladas, por sobre las leyes de la ciudad. Quizás esto ofrezca también una pista para comprender lo que le sucedió posteriormente a Sócrates, al ser juzgado y condenado en Atenas. Bajo este mismo prisma es conveniente examinar la obra de Platón, *Las Leyes*.

---

12   Este es un texto cuya lectura recomendamos, pues resulta paradigmático para visualizar en un escrito por lo demás muy breve el abordaje propio de la ontología metafísica.

Para los pitagóricos, las matemáticas se convierten en religión, a la vez que nacen de ella. No es la primera vez que los seres humanos exhiben esta fascinación por las relaciones matemáticas. Los antiguos egipcios habían desarrollado la numerología como un componente de su mundo religioso. Mucho de lo desarrollado por los pitagóricos se vincula directamente con esta numerología egipcia.[13]

El uso de la ecuación, originada en Mesopotamia y desarrollada en la escuela de Pitágoras, se inspiraba también en una formalización matemática de la figura de la balanza de Maat, diosa egipcia del orden y la justicia. La balanza —esos dos platos que cuelgan de un eje central— jugaba un papel decisivo en el juicio de Osiris que, en la mitología egipcia, enfrentaban los seres humanos al morir. En ese juicio debían demostrar que su corazón no pesaba más que la pluma de avestruz que Maat portaba en su cabeza. Si lo lograban, se les concedía la vida eterna. De lo contrario, su corazón era devorado por Ammit, tenebroso animal de cabeza de cocodrilo, tronco de león y trasero de hipopótamo. Tanto su cuerpo como su alma entraban en proceso de descomposición, a la vez que ellos se sumían en el olvido.

La ecuación se rige por la noción de equivalencia, de equilibrio, de igualdad entre sus dos miembros.[14] Ella expresa las nociones de medida y de orden. La justicia hasta hoy sigue haciendo uso de la balanza de Maat como símbolo de su quehacer.

En la mitología griega, la diosa Themis ocupa el lugar que tenía Maat en la mitología egipcia. Themis —la diosa de las preciosas mejillas— aparece con los ojos vendados, portando una balanza en una de sus manos, mientras con la otra carga una espada, símbolo del castigo. Se la asocia con las leyes naturales y su nombre está en la raíz de la

---

13   Ver al respecto Rafael Echeverría, *Raíces de sentido: sobre egipcios, griegos, judíos y cristianos*, J. C. Sáez Editor, Santiago de Chile, 2008, pp. 59-70.

14   Cabe preguntarse de dónde surge la sorprendente idea que postula la ecuación de que dos cosas distintas puedan considerarse iguales. Intuimos que Marx nos respondería: de la práctica del intercambio, del comercio, que instituye el principio de equivalencia. De ser así, eso implicaría entonces que no se trata de que el intercambio aplique el principio de equivalencia, sino que lo genera.

palabra "temido" y, por lo tanto, del temor. Los jueces en Grecia eran llamados *themistopoloi*, sirvientes de Themis, diosa que en el mundo occidental es considerada el símbolo de la justicia. La mitología nos señala que Themis engendró con Zeus a tres diosas menores: las Horas. Ellas son Eunomia, cuyo nombre significa "la buena ley" —llamada Disciplina por los romanos—; Diké, personificación de la justicia en el mundo humano y que los romanos llamaban precisamente Justicia; y Eirena (o Irene), identificada por estos con la Paz. Estas tres hijas encarnan las leyes humanas. Quienes no honraban a Themis y a sus hijas despertaban la cólera y el castigo de Némesis, diosa griega de la justicia retributiva.

Una de las nociones clave de las creencias numerológicas de los pitagóricos alude a la sagrada *trectatys*, conformada por los números 1, 2, 3 y 4, cuya suma produce el número "sagrado" 10. Esta noción era considerada sagrada, pues en ella supuestamente se agotan las formas del universo. El 1 es el punto; el 2 es la línea; el 3 es la superficie y el 4 es lo sólido. Por lo tanto, $1 + 2 + 3 + 4 = 10$, donde 10 es el todo y el número del universo. De allí se va más lejos. Cada número tiene un significado y una personalidad particulares. A su vez, permiten ser agrupados en clases, que poseen significados diferentes.

Los números impares, con la excepción del 1, son masculinos. Los pares son considerados femeninos. El número 1 es la unidad y, como tal, no es par ni impar. Es el generador de todos los demás números y es omnipotente. El número 2, primer número femenino, es la diversidad. El número 3 es $1 + 2$ y se lo asocia a la trinidad. Es considerado el primer número masculino y reúne la unidad y la diversidad. El 4 es $2 + 2$, o 2×2, y representa la justicia, el equilibrio, la balanza entre dos equivalentes. El 5 es el número del matrimonio, de la unión, pues equivale a $2 + 3$. El 6 es la perfección, ya que se trata de la suma de sus propios divisores $(1 + 2 + 3)$, siendo cada uno de ellos la unidad, la diversidad y la sagrada trinidad. Mucho de lo anterior proviene de la numerología egipcia, aunque en el caso de Pitágoras, sin abandonar un aura mística, se la acompaña con la capacidad deductiva del *logos*.

La filosofía pitagórica es uno de los afluentes de pensamiento que confluyeron en el desarrollo posterior de la ontología metafísica. Se cree que Platón, luego de visitar Italia con posterioridad a la muerte de Sócrates, se inspiró en la experiencia pitagórica para fundar su Academia.[15]

Parménides, tras la búsqueda de la luz, el ser y la verdad

Pronto se produjo en los filósofos naturalistas una profunda bifurcación. Dos voces diferentes se levantaron en cada uno de los extremos del mundo griego. Eran las voces de Parménides y de Heráclito, dos pensadores contemporáneos entre sí. Ambos estaban en su madurez durante la Olimpíada 69, que tuvo lugar alrededor del año 500 a. C. Algunos sostienen que Heráclito pudo haber nacido algunos años antes. Todo indica que no se conocieron personalmente. No estamos seguros de si alguno de ellos tuvo noticia de lo que sostenía el otro, aunque hay quienes interpretan los asertos de ambos como una crítica dirigida en contra del otro. Solo sabemos con claridad que lo que cada uno propuso era lo opuesto de lo que decía el otro. Sus voces resuenan como una oposición entre dos concepciones diametralmente diferentes, las que tuvieron efectos decisivos en la historia de la humanidad.

Parménides vivió en Elea, ciudad situada en el sur de Italia, en el extremo oeste del mundo griego. Hay antecedentes, sin embargo, de que pudo haber nacido en Mileto y que alcanzó a conocer la filosofía de Anaximandro, aunque no lo obtuviera directamente de él, pues este era setenta u ochenta años mayor. Una vez trasladado a Elea, Parménides

---

15   Es importante reconocer, sin embargo, que esta no será la única influencia significativa que ejercerá la escuela de Pitágoras. Su mirada será recogida, por ejemplo, en el desarrollo del pensamiento sistémico que tiene lugar en el siglo xx. En efecto, el enfoque sistémico reivindica la importancia de las formas por sobre los contenidos en el análisis de las dinámicas de interacción social, y la necesidad de levantar sus estructuras subyacentes, su arquitectura oculta o, si se quiere, las formas geométricas que en ellas se expresan. Las intuiciones de los antiguos pitagóricos terminan por validarse en un terreno diferente de aquel en el que fueron originalmente planteadas.

conoció los desarrollos que en torno de las matemáticas realizaban los círculos pitagóricos. Parménides es el primer filósofo griego del que contamos con una parte sustancial de su obra, escrita en lenguaje poético.

Esto último es interesante. A partir de la invención del alfabeto, se produjo un tránsito significativo a nivel cultural. Previamente, la cultura se transmitía oralmente, acudiendo a la poesía, pues ella, por su carácter musical, era más fácil de memorizar. Con el alfabeto, la transmisión cultural comienza a realizarse por escrito, lo que permite el desarrollo de la prosa. Pero estamos en una época de transición en la que todavía se recurre a la poesía como modalidad de comunicación del pensamiento. Esta situación se mantendrá hasta el siglo IV. No en vano Sócrates no lega ninguna obra escrita y desarrolla su filosofía a través de conversaciones. Por su parte, Platón nos reitera, a pesar de escribir profusamente, que los desarrollos más importantes de su filosofía no se encuentran en sus obras escritas, sino que son transmitidos por él oralmente.

La propuesta de Anaximandro, recordemos, reconocía dos mundos: el del *apeiron* y uno del acontecer, que proviene del primero. Parménides procura disolver el dualismo presente en la concepción de Anaximandro. Si bien reconoce que es posible hablar de dos mundos, el mundo del ser y el del no-ser, en términos similares a como lo hacía Anaximandro, en rigor, para Parménides el mundo del no-ser no existe ni puede existir.

Al no existir el no-ser, la noción de que las cosas acontecen y con ello cambian y se transforman se revela como una ilusión. Todo acontecer, según Parménides, implica el tránsito del ser al no-ser, o a la inversa, y ese no-ser que la noción de acontecer requiere no tiene existencia y, por lo tanto, no puede ser postulado. De ello se deduce que, al existir solo el mundo del ser, en rigor nada acontece, nada nace, nada se transforma, nada muere. El acontecer no es sino una ilusión de nuestros sentidos. Al indicar que solo existe el mundo del ser, Parménides concluye que el ser no fue creado, pues existió siempre, y que es indestructible, pues no puede sino ser. El ser es eterno e inmutable. El ser es todo lo que existe. El no-ser, al no existir, tampoco puede ser conocido. Lo único que podría conocerse es el ser. El mundo que nos propone Parménides es frío, como lo es también la eternidad de la que nos habla. Todo pareciera estar congelado.

Dejemos que Parménides hable por sí mismo. En su poema *De la naturaleza*, esta es la forma en que nos describe el ser:

"Solo el relato de una vía queda aún: que es.
En ella hay muchísimos signos;
que, siendo ingénito, es también imperecedero,
total, único, inconmovible y completo.
No fue jamás ni será, pues ahora es todo junto,
Uno, continuo".

Más adelante añade:

"Ni es divisible, pues es todo homogéneo.
Ni hay más aquí, lo que le impediría ser continuo,
ni hay menos, sino que todo está lleno de lo que es".

Por ende, es todo continuo, pues lo que es está en contacto con lo que es.

"Además, inamovible dentro de los límites de grandes ataduras,
no tiene comienzo ni término, puesto que la génesis y el perecer
han sido apartados muy lejos: los rechazó la convicción verdadera".[16]

La filosofía de Parménides nace de la propuesta de Anaximandro, a la que trata de corregir para eliminar su dualismo. Al hacerlo, sin embargo, Anaximandro es violentado, diríamos, incluso, transgredido. En su esfuerzo por superar el dualismo, Parménides elimina dos elementos que en Anaximandro resultan centrales. El primero y más importante

---

16   Alfonso Gómez-Lobo, *Parménides*, Editorial Charcas, Buenos Aires, 1985.

es la sustitución de la noción de *apeiron* por la de ser. Este cambio no es inocente y tiene importantes consecuencias. Mientras la noción de *apeiron* de Anaximandro inauguraba un razonamiento negativo y, por tanto, *apofático*, el concepto de ser de Parménides implica un razonamiento afirmativo y, por tanto, *catafático*. Se trata de la afirmación del ser. No podemos dejar de reconocer, sin embargo, que al describir el ser, Parménides no puede sino negar. Interesante paradoja. Parménides, cuya propuesta filosófica rechaza el no-ser y afirma el ser, cuando describe su noción de ser no puede sino hacerlo señalando lo que este no es: i-li-mitado, in-móvil, in-temporal, in-diviso, in-mutable. Todos términos apofáticos, de carácter negativo.

Existe una fuerte relación entre Parménides y Anaximandro, pero la mirada se invierte. Mientras Anaximandro postula el *apeiron* como un negativo del mundo físico del acontecer, para Parménides la noción de ser aparece como un negativo de la noción de *apeiron*. Para Parménides, la esfera que trasciende el mundo físico del acontecer no es algo de lo que solo pueda hablarse a través de la negación, sino algo de lo cual puede hablarse positivamente, y que permite ser caracterizado de manera específica.

El segundo elemento de diferenciación entre Parménides y Anaximandro resulta de la cancelación que el primero hace de la esfera del mundo físico del acontecer. Habiendo sustituido el *apeiron* por el ser, para evitar el dualismo, Parménides cancela la existencia del mundo físico. Al hacerlo, inevitable y simultáneamente, cancela también el tiempo. En el mundo del ser de Parménides, único mundo que este reconoce, nada acontece.

En su poema, sin embargo, hay un alcance que nos parece importante recoger. En él se expresa una suerte de dualismo diferente del que encontrábamos en Anaximandro, pero sugerente. Parménides escribe:

"Todo está lleno a la vez de luz y de noche oscura".

El mundo de Parménides posee luz, pero también sombras. No todo es directamente visible, accesible, cognoscible. En efecto, en su poema Parménides nos narra el camino que él recorre en un carro tirado por dos yeguas, el cual es conducido hacia la luz por las doncellas del Sol, "dejando atrás las moradas de la Noche, quitándose con las manos de las cabezas los velos". Se trata, como vemos, de un camino de la noche al día, de las sombras hacia la luz. Un camino en el que, progresivamente, las doncellas "descubren" sus cabezas, tal como procedía Aletheia, la diosa de la verdad, que se revelaba desvelándose, haciendo de lado su velo.

Heráclito y el fuego del devenir

Otra voz se levanta desde el otro extremo del mundo griego, esta vez desde el confín oriental: la de Heráclito. Se trata de una voz muy diferente. Lo que Heráclito plantea es central en nuestra propuesta. De allí que profundizaremos algo más en lo que nos señala. Para desentrañar su voz es necesario realizar un trabajo arqueológico. A diferencia de lo que aconteciera con Parménides, la obra de Heráclito se perdió y no llegó a nosotros. Sabemos que la entregó al templo de Artemisa, en su ciudad natal de Éfeso. Este templo era considerado como una de las grandes maravillas del mundo antiguo. La obra de Heráclito debió de haber sido copiada muchas veces, pues tuvo amplia circulación en el mundo griego.

Una de estas copias llegó a Sócrates. Según Diógenes Laercio,

"Dicen que Eurípides,[17] que le había entregado a Sócrates una copia del libro de Heráclito, le preguntó qué pensaba de él. Este respondió: 'Lo que entiendo es excelente, y creo que lo que no entiendo también lo es, pero pienso que se necesitaría de un buceador de Delos para llegar a su fondo'"[18].

---

17 Según Jean Brun (en su obra *Heráclito o el filósofo del eterno retorno*, Edaf, Madrid, 1976), Eurípides habría tenido acceso a la obra *De la naturaleza de Heráclito*, quedando maravillado por ella, a punto tal que la memorizó. Al parecer, más tarde la habría transcrito, permitiendo que fuera conocida en Atenas.

18 Los buceadores de la isla de Delos eran famosos por las profundidades que lograban alcanzar en sus esfuerzos por extraer perlas del fondo del mar.

Sabemos que la obra de Heráclito tuvo gran impacto y que escandalizó a muchos. Sus planteos movilizaron a diversos pensadores y muchas voces se levantaron en su contra. A ellas damos gracias, pues si su pensamiento hubiese pasado desapercibido, posiblemente no nos habríamos enterado de su existencia. Hoy sabemos de él porque sus detractores citaron fragmentos de lo que Heráclito había escrito. Disponemos, por lo tanto, de un número reducido de fragmentos, que suman alrededor de 126, más unos 40 que son considerados apócrifos. Todos ellos se aprietan en unas pocas páginas y nos llegaron a través de quienes se sintieron escandalizados por lo que Heráclito sostenía.

Heráclito nació y vivió en Éfeso, ciudad griega de Asia Menor no muy distante de Mileto y punto clave también en el comercio de Grecia con el mundo oriental. Se estima su muerte alrededor del 478 a. C. Es probable que Heráclito haya conocido también la filosofía de Anaximandro. Éfeso y Mileto estaban a corta distancia y había estrechos contactos, tanto comerciales como culturales, entre ambas ciudades. En la época de Heráclito, Éfeso estaba bajo el protectorado del Imperio persa, aunque preservaba un nivel de autonomía política importante.

Su vinculación con la cultura persa hace suponer cierta exposición de Heráclito al pensamiento del profeta Zaratustra (a quien los griegos llamaban Zoroastro), nombre que en persa significaba "luz dorada" (de *Zaratha*, "dorado", y *Ushtra*, "luz"). Zaratustra invocaba la existencia de un dios, Ahura Mazda, por sobre todos los demás, considerándolo el espíritu de los espíritus, la causa primera, el creador, el contenedor, la sabiduría sublime, la ley eterna, la realidad última, la luz de las luces. A través de la figura de Atar, que simbolizaba la luz eterna de Ahura Mazda, los fieles de esta religión practicaban frecuentes rituales del fuego, elemento al que le conferían una importancia destacada.

Zaratustra fue el primero en diferenciar de manera clara y categórica las nociones de bien y de mal, contribuyendo con ello a fundar el dominio de la ética. Se sostiene que cuando Nietzsche escribió su obra *Así habló Zaratustra*, el protagonista estaba inspirado en la figura de Heráclito.

De la ciudad de Éfeso, aquella que existió en la época de Heráclito, no queda prácticamente nada, salvo una columna del templo de Artemisa, que el visitante actual logra divisar a la distancia, en medio de la campiña. Luego hubo otras Éfeso, construidas algo más lejos de aquella que habitó Heráclito. Quedan hoy, por ejemplo, las bellas ruinas del la Éfeso construida por el emperador romano Adriano. Pero este es ya una Éfeso diferente.

Por lo que sabemos, Heráclito pertenecía a una familia noble de sacerdotes y gobernantes. Su postura aristocrática se percibe al escuchar el poder declarativo y a veces incluso despectivo de sus palabras:

"Los perros ladran frente a lo que desconocen".

Heráclito aspiraba a la excelencia:

"Para mí un hombre vale por mil, si es el mejor".

Él reconocía que este camino de excelencia es a menudo resistido por la mayoría de los hombres, que frecuentemente se resignan a seguir siendo como son. Los mejores suelen ser considerados una amenaza, a los ojos de los mediocres. Al respecto, Heráclito vivió la experiencia del desprecio y de la expulsión que recayó en Éfeso sobre su amigo Hermodoro.

"Los efesios merecen ser colgados hasta el último hombre, cada uno de ellos: debieran dejarles la ciudad a los jóvenes. Por cuanto expulsaron a Hermodoro, el mejor de entre ellos, diciendo: 'Impidamos que ninguno de nosotros se erija como el mejor, y si tal hombre existiera, déjenlo en un lugar apartado con otros'", pronunció Heráclito.

El lenguaje de Heráclito se asemeja al de los profetas. Hacía uso de la *apophasis* —vocablo griego que, como vimos, significa "negación"–, a través de la cual, para comunicar una idea, se recurre a una negación. Muchos llamaban a Heráclito "El Oscuro", por el carácter a veces ambiguo de su mensaje. Sin hacer uso del lenguaje poético, como lo hiciera Parménides, nos legó pronunciamientos enigmáticos, que atraen significados diferentes. Él lo sabía y lo valoraba. Nos dice:

> "La rugiente Sibila [la Pitia de los oráculos griegos] a través de Dios [Apolo] expresa frases sombrías, no embellecidas, que alcanzan mil años con su voz".

De la misma manera recibimos hoy la voz de Heráclito. Para entender su mensaje necesitamos escuchar su palabra desde una determinada actitud. De lo contrario poco entenderemos, poco aprenderemos. Heráclito mismo nos prepara para ello:

> "Si no esperamos lo inesperable, jamás lo descubriremos, pues no podría ser buscado y mucho menos aprehendido".

Nosotros situamos a Heráclito entre los grandes sabios de la Antigüedad, junto con Buddha Gautama, Confucio y Lao Tse, contemporáneos suyos. A diferencia de los anteriores, Heráclito pudo haber sido el gran sabio de la tradición cultural occidental. No lo fue, pero quizás termine por serlo. El reconocimiento de su gran contribución está todavía, y en buena medida, pendiente.

Su aporte es inmenso. Algunos sostienen que fue el primero —y no Pitágoras— en acuñar el término *kosmos*, con lo que posiblemente habría buscado designar la diversidad como unidad o totalidad. Antes de que apareciera el término *kosmos* se hablaba de lo múltiple con distintos vocablos. Llamar a la diversidad de lo existente como un todo será tan importante como lo fue la noción de la nada —o incluso como la expresión matemática de cero— para designar la ausencia de existencia. La noción de *kosmos* permite pensar el mundo no solo como diverso sino también como universo. Hoy estamos tan acostumbrados a estos términos que olvidamos que no siempre existieron. Hay quienes indican que Heráclito habría sido también el primero en acuñar la palabra *physis* para referirse a la naturaleza.

De acuerdo con el programa lanzado por Tales, que luego fue seguido por otros pensadores como Anaximandro, Heráclito se planteaba el problema del *arjé*, del origen y fundamento de los fenómenos naturales. Su obra, siguiendo ese camino, se titulaba, como sucedía con la gran mayoría de las de todos estos pensadores "naturalistas", *De la naturaleza*. Heráclito, al igual que Parménides, también se sentía incómodo con el dualismo de Anaximandro. Pero, a diferencia de este, procuró resolverlo por el camino opuesto.

Para Heráclito, lo que caracteriza lo existente es el devenir. Todo está en un proceso permanente de transformación. Nada está ajeno al cambio, nada es inmutable o, dicho de otra forma, solo la nada es inmutable y fría.

"Aquellos que se bañan en el mismo río lo hacen en aguas diferentes".

Por lo tanto,

"nos bañamos y no nos bañamos en el mismo río",

y mientras lo hacemos, "somos y no somos". De allí que sea posible también decir que es

"imposible bañarse dos veces en el mismo río".

La imagen del río pareciera expresar adecuadamente la noción del constante fluir a la que apunta Heráclito. El río es diferente del agua señalada por Tales. Es agua en movimiento, en un proceso a través del cual el hecho de llenarse y el de vaciarse están en armonía. Si uno se impone sobre el otro, el río deja de ser río. Se convierte en laguna o simplemente en quebrada.

En el proceso del devenir, los opuestos se unen. No hay bien sin que exista el mal, no hay belleza sin que exista fealdad, no hay verdad sin que exista el error, no hay fortaleza sin debilidad. Cada uno de estos términos supone su opuesto.

"Las cosas frías se calientan, lo caliente se enfría, lo mojado se seca y lo seco se humedece".

Heráclito defiende la contradicción y la lucha. Dice:

"La guerra es la madre y soberana de todo".

"Los hombres no entienden cómo aquello que se tensa está en acuerdo consigo mismo. La armonía reside en la tensión, como sucede en el arco o en la lira".

"Los opuestos se unen. De aquello que se tensa surge la más bella armonía. Todo acontece a través de la lucha".

"A través del cambio se alcanza el descanso".

Pero el río no es la única imagen que utiliza Heráclito. La misma idea es expresada apuntando al Sol:

"El sol es nuevo cada día".

A diferencia de lo que sostiene Parménides, para Heráclito la presunción de que las cosas son de una manera determinada y fija —como, por ejemplo, la idea de la inmutabilidad del ser— es una ilusión. El ser no es sino un momento efímero en el proceso incesante del devenir. Lo importante, además de reconocer este proceso, es saber participar de él. En el proceso del devenir no existe el ser sin el no-ser. Se trata de dos términos inseparables.

Es interesante comparar lo que sostienen Parménides y Heráclito en relación con la propuesta original de Anaximandro. Tanto Parménides como Heráclito reaccionan frente al dualismo de Anaximandro. Lo que cada uno hace, sin embargo, es diferente. Mientras Parménides termina invirtiendo la noción de *apeiron* de Anaximandro, al sustituirla por la noción de ser —y al invertir el razonamiento negativo de este último por un razonamiento afirmativo—, Heráclito, en cambio, pareciera buscar la superación del dualismo radicalizando la noción de *apeiron*, de manera de conducirla al límite de sus consecuencias. La idea del devenir postulada por Heráclito conlleva ampliar la noción de *apeiron* desde el plano espacial —al que la restringía Anaximandro— y colocarla simultáneamente en el eje de la temporalidad.

Por lo tanto, la noción espacial del *apeiron* postulada por Anaximandro se corresponde con la noción temporal del devenir postulada por Heráclito. La resolución del dualismo, inherente a la propuesta de Anaximandro, se resuelve en Heráclito sin tener que obligar a este a replegarse, como lo hiciera Parménides, sino radicalizándolo, situándolo no solo en el espacio sino también en el eje del tiempo. De esta forma, Heráclito evita verse obligado a sacrificar la opción por el razonamiento negativo y la dimensión del tiempo, elementos clave de la propuesta de Anaximandro, a diferencia de lo que aconteciera con Parménides.

La noción de devenir, de Heráclito, está ligada a otros dos conceptos que él mismo utiliza. El primero es la imagen del fuego, que nos muestra el carácter permanente del movimiento y que nos aleja del mundo gélido de Parménides. El devenir, como el fuego, no se detiene nunca. Pero la noción de fuego conduce a Heráclito a otra imagen: la del relámpago. Se trata, por lo tanto, de un fuego que no solo quema y transforma, sino que además se transforma permanentemente a sí mismo. Se trata también de un fuego que ilumina.

El segundo concepto que Heráclito vincula con su noción del devenir es el *logos*. Este es un término que, como muchos de los que utiliza, conlleva alguna ambigüedad, la cual se manifiesta de la manera como fue interpretada posteriormente su propuesta. A partir de Aristóteles, el término *logos* queda fijado al significado de pensamiento racional. Sin embargo, en la época de Heráclito, este mismo término tenía otras connotaciones. Una de ellas, por ejemplo, es de ley, de norma, de patrón, de medida. Cada sentido diferente del término *logos* abre una modalidad para entender a Heráclito. Nos interesa, antes de proporcionar nuestra propia interpretación, mostrar la posibilidad de diferentes caminos interpretativos.

No estamos sosteniendo que el término *logos* no tuviera, entre los múltiples significados que se otorgaban en esa época, el de "pensamiento". De hecho, pareciera que Parménides confiere esa acepción en su poema. Sostenemos que, además de "pensamiento", además de "ley", *logos* designaba la palabra, el lenguaje. Su origen proviene del antiguo término griego *legein*, que significa "decir" o "señalar". Este término se utilizaba también para designar la acción de contar y su resultado, la cuenta. Era frecuentemente empleado, por ejemplo, para referirse al acto de contar las diferentes unidades intercambiadas en una transacción. Pero también se lo aplicaba en un sentido distinto, en el cual la voz "contar" era equivalente a "narrar", "relatar", "desarrollar un cuento", "ofrecer una explicación". *Logos*, por lo tanto, estaba relacionado también con la idea de las acciones de lenguaje. El tema del lenguaje es importante para Heráclito. De allí su reiteración de que, por lo general, los seres humanos

"no saben escuchar, ni saben tampoco hablar".

¿De qué manera el *logos*, así entendido, era presentado como expresión del *arjé*? A ciencia cierta no lo sabemos. Pero hay algunos fragmentos del mismo Heráclito que parecieran darnos algunas pistas. En uno de estos nos señala:

"Lo más sabio es saber, con juicio certero, cómo todo es conducido en cada caso".

En la medida en que todo está en un constante devenir, lo importante pareciera ser, según las palabras de Heráclito, entender lo que conduce el movimiento, lo que le confiere sentido y dirección a la transformación. En otro de sus fragmentos, Heráclito nos entrega una idea algo diferente:

"El relámpago conduce todas las cosas".

Podemos ahora hacer un esfuerzo por conferirles alguna coherencia a todas estas ideas. El *logos*, entendido como lenguaje, tiene la capacidad de iluminar todo lo existente y al hacerlo, le otorga sentido y habilita su comprensión. El *logos* es aquello que transforma el caos del universo en orden, en sentido, en inteligibilidad. El orden, el sentido de lo existente, es proporcionado por el lenguaje. ¿Será realmente esto lo que quería decir Heráclito? En rigor, no lo sabemos. Se trata tan solo de una interpretación. Dada la escasez de material a nuestra disposición, cualquier esfuerzo por brindar sentido a su mensaje no puede sino ser una conjetura. Son demasiadas las piezas que nos faltan.

Aunque estemos condenados a un número limitado de fragmentos, lo anterior no agota las grandes contribuciones de Heráclito. Hay algo adicional que reviste la mayor importancia. Heráclito no solo procuraba comprender los fenómenos naturales, como lo hacían el resto de los filósofos físicos o presocráticos. En una acción sorprendente, dio vuelta la mirada y en su fragmento 119 nos informaba:

"Indagué en mi propia naturaleza".

La naturaleza no es, desde ahora, algo que se encuentre fuera de los seres humanos. Estos forman parte de la naturaleza y, es más, poseen una naturaleza que les es propia. La exploración de la naturaleza no tiene que limitarse al mundo exterior, el de los fenómenos naturales, sino que también puede aplicarse a nosotros mismos. Con ello Heráclito inauguraba, desde la filosofía, la pregunta ontológica; la pregunta por entender el modo de ser de los seres humanos.

Pero al indagar en su propia naturaleza, ¿qué descubrió Heráclito? Por desgracia no lo sabemos. Solo disponemos de ese número reducido de fragmentos que nos legaron sus críticos. Sin embargo, alguno de estos nos ayuda a imaginar el tipo de descubrimiento a que lo condujo su indagación interior. De nuevo su voz se eleva y, como la Sibila de Delfos, nos señala:

"Mi carácter es mi destino".

La importancia de esta sentencia no puede ser minimizada. Hasta entonces, los seres humanos concebían que sus destinos estaban fuera de su alcance, en manos de los dioses. Cada uno vivía la vida que los dioses le asignaban. Este era su destino. Heráclito, de un golpe, arrebata el destino de la mano de los dioses. El destino de cada individuo, según él, reside en su particular y siempre cambiante forma de ser. La vida que nos espera remite a nuestra particular manera de ser. Pero no olvidemos, pues ya estamos advertidos por el mismo Heráclito: nadie es de una manera fija e inmutable. Todos estamos en un proceso permanente de transformación. Es más, podemos participar en la conducción de ese proceso de transformación a través del *logos*, a través del poder del lenguaje.

En otro de sus fragmentos, Heráclito nos entrega otra pista importante en relación con su indagación sobre nuestra propia naturaleza. Como se apreciará más adelante, esta pista se convertirá en un elemento importante de nuestra propia propuesta. Heráclito señala:

"Los límites del alma humana no los hallarás, cualquiera sea el camino que recorras. Tan profundo es su fundamento".

Con ello, Heráclito proclama el carácter siempre misterioso del alma humana. Al hacerlo, percibimos un vínculo con Parménides y con su reconocimiento de que todo está constituido no solo de luz sino también de noche oscura.

Los filósofos materialistas: Leucipo y Demócrito

Aunque Leucipo y su discípulo Demócrito suelen incluirse entre los filósofos naturalistas, frecuentemente llamados también presocráticos, cabe advertir que Demócrito fue contemporáneo de Sócrates, pero que incluso falleció alrededor de treinta años después de la muerte de este último. De Leucipo es poco lo que se sabe, salvo que habría iniciado una filosofía materialista centrada en la noción de los átomos, luego recogida por Demócrito.

Ambos habrían ejercido una marcada influencia en Protágoras, el sofista, y Demócrito influyó también tanto en Epicuro como en Pirrón, padre del escepticismo helenístico. Como veremos más adelante, las filosofías de estos dos últimos jugaron un papel importante, en los albores de la modernidad, para iniciar el camino del progresivo distanciamiento respecto de la ontología metafísica.

A Leucipo, se le atribuye haber sostenido que

"Nada procede del azar, sino de la razón y la necesidad".

Este precepto fue corregido por Demócrito, que aceptaba el azar como uno de los factores que inciden en el acontecer, al señalar que

"Todo lo que existe en el universo es fruto del azar y de la necesidad".

Demócrito nació en Abdera, Tracia, alrededor del año 460 a. C. Habría estudiado con magos y sabios caldeos que acompañaban al rey

Jerjes I de Persia, quienes se habrían hospedado en casa de su padre durante las guerras médicas. Habría también viajado por Egipto, Etiopía y Mesopotamia, países en los que generó importantes aprendizajes. Estuvo también en Atenas, donde conoció el pensamiento de Sócrates, aunque se señala que para Sócrates pasó desapercibido. Se sostiene que Platón lo detestaba, a tal punto que quería que toda su obra fuera quemada. Aristóteles lo cita en su *Metafísica* y en varios de sus escritos.

La doctrina de Demócrito puede sintetizarse en su postulado de que solo existen los átomos y el vacío y que todo lo demás son opiniones. Los átomos son los elementos originarios de todo lo que existe. Ellos consisten en elementos infinitamente pequeños y no directamente perceptibles por los sentidos. Estos átomos son indivisibles –el término que los designa proviene del privativo *a*, que en griego implica una negación, y de *tomo*, que significa división, por lo que literalmente se apunta a que no permiten división–. Son inmutables, imperecederos e indestructibles. Estos elementos se agrupan de distinta manera, constituyendo todas las entidades que conforman la realidad. Tienen, sí, distintas formas y diferentes pesos. Aquellos que son esféricos y más livianos conforman el alma humana, el pensamiento y la conciencia. Los más pesados conforman las entidades materiales perceptibles, como el cuerpo. El concepto de átomo posee, por lo tanto, una importante afinidad con el pensamiento de Parménides y el de la escuela eleática. Pero esta afinidad termina allí.

Los átomos están en permanente movimiento, pudiendo conformar distintas agrupaciones entre sí y constituir diversas entidades. Para que el movimiento pueda realizarse se requiere del vacío, pues un átomo no puede ocupar el espacio ya ocupado por otro. Esto opone radicalmente la filosofía de Demócrito a la de Parménides, que entendía que el movimiento requería precisamente del vacío, vacío que es nada, y la nada no puede existir. Para Parménides y los eleatas, los átomos y el vacío se sitúan en el eje del ser y el no-ser. El movimiento, por lo tanto, es un rasgo inherente de los átomos, lo que les permite agruparse unos con otros y luego separarse de ellos. Los atomistas sostenían que cada objeto, toda transformación y todo acontecer son el resultado de los movimientos que realizan los átomos.

Al inicio constatábamos que Demócrito reintroduce el azar, descartado por Leucipo, como parte de su concepción. Esto ha sido frecuentemente interpretado como ausencia de propósito o de lo que Aristóteles posteriormente llamó la "causa final". Así, este último lo critica por cuanto le niega sentido al movimiento, asumiendo una postura mecanicista y negando la posibilidad de un acontecer teleológico impulsado y dirigido hacia el logro de determinados estados u objetivos. Reencontraremos esta concepción del azar en las doctrinas de Epicuro.

Tanto Demócrito como Leucipo, su maestro, rechazan las explicaciones sobrenaturales, consideradas como meras fantasías, para explicar el acontecer. Pero su filosofía nos lleva algo más lejos. Su concepción del conocimiento contiene la semilla del escepticismo. Sin negar la importancia del conocimiento, Demócrito asume una postura prudente ante la noción de verdad que este suele asumir. De allí que señale:

"Nada sabemos de cierto, pues la verdad está en lo profundo".

Cabe recordar que un pronunciamiento equivalente había sido insinuado por Parménides, cuando decía que todo está constituido por luz y por oscuridad, como también por Heráclito, que nos advertía sobre la imposibilidad de conocer lo más profundo del alma humana.

Ligado a lo anterior, Demócrito desarrolla una ética centrada en obtener la *ataraxia*, o la tranquilidad del alma, y en disolver el miedo y las otras pasiones que pudieran comprometerla. Su propuesta busca producir la *euthymia*, asociada a la felicidad y, sobre todo, a la alegría. Hay en su concepción una mirada centrada en lo que Nietzsche llamaba "la inocencia del devenir" y que se traduce en evitar culpar el acontecer y generar resentimiento. Esto explica que a Demócrito se le viera frecuentemente riendo y que él mismo sostuviera que "la risa torna sabio".

De allí que, en el Renacimiento, cuando su filosofía fue recuperada, se hablara de él como "el filósofo que ríe".

Los sofistas, el desarrollo de la *areté* o la excelencia ciudadana

Una segunda corriente de pensamiento se despliega pronto en el mundo griego. Su inicio es posterior al nacimiento de los filósofos naturalistas, aunque termina coincidiendo con algunos de estos y compartiendo el terreno de la reflexión filosófica. Su desarrollo se sitúa entre los años 450 y 350 a. C. A sus portavoces se los llama "sofistas" u hombres sabios, de acuerdo con el vocablo griego *sophia*, que significa "sabiduría".

El propósito de los sofistas era diferente del de los filósofos naturalistas. Los sofistas se planteaban como objetivo la formación de los ciudadanos de las *polis* griegas, en particular de los jóvenes, como una forma de contribuir al desarrollo del sistema político democrático que florecía en muchas de ellas. Ellos entendían que la organización política de una ciudad podía realizarse, fundamentalmente, de acuerdo con dos mecanismos opuestos: mediante el poder de la fuerza o de la violencia —a través de las cuales unos logran imponer su voluntad sobre los demás—, o por medio de las conversaciones, que permitían a unos persuadir a los demás y establecer acuerdos de gobernabilidad. La democracia representa esta segunda opción. Los sofistas estaban comprometidos en fortalecerla y en crear condiciones para desterrar el uso de la violencia en la vida pública.

Los sofistas eran normalmente viajeros. Se trasladaban de una ciudad a otra y organizaban en la plaza (*agora*) presentaciones sobre diversos temas. A menudo cobraban por sus enseñanzas, lo que hizo que fueran considerados los creadores de la profesión pedagógica. Su principal objetivo era el desarrollo de virtudes ciudadanas (*areté*), con la perspectiva de generar ciudadanos competentes. Para lograr ese objetivo, ponían especial énfasis en las competencias del lenguaje. Entrenaban a los jóvenes en retórica —el arte de la argumentación— y en dialéctica, yendo con ello mucho más lejos de lo que lograba la educación tradicional de la época, organizada en torno de la música, la poesía y la gimnasia.

De sus viajes recogían experiencias que les enseñaban que en distintos lugares la gente tenía diferentes costumbres, leyes y creencias. Aquello que era aceptado en un lugar era muchas veces rechazado o prohibido en otro. Mientras en un sitio se honraba a un determinado dios, en otra parte se adoraba a otro. Esta evidencia convenció a los sofistas de que aquello que es considerado verdadero, justo, bueno o bello es relativo, pues cambia de una comunidad a otra, como cambia también a lo largo del tiempo. Es más, los contenidos de cada uno de estos valores son resultado de convenciones sociales que provienen de distintas tradiciones o de diferentes acuerdos sociales.

No todos los sofistas compartían los mismos puntos de vista y había entre ellos discrepancias importantes. Lo que permitía considerarlos conformando una misma corriente era el hecho de que coincidían en prácticas comunes y que participaban de inquietudes también compartidas. Dentro de esta corriente, dos hombres tuvieron un papel destacado: Protágoras y Gorgias.

Protágoras: el ser humano como medida

Protágoras fue considerado por muchos el fundador del movimiento sofista y su más importante representante. Había nacido en la ciudad de Abdera, en la región de Macedonia, alrededor del año 490 a. C. En el diálogo de Platón que lleva su nombre, se nos señala que era considerado por algunos como "el más sabio de todos los hombres vivos". Al parecer, murió mientras viajaba a Sicilia, durante los primeros años de la guerra del Peloponeso, luego de haber sido expulsado de Atenas bajo la acusación de ser ateo. Se reporta que fue amigo y consejero de Pericles, ayudándolo en la tarea de resolver múltiples problemas que afectaban a la ciudad.

Protágoras había señalado, efectivamente:

"Y en referencia a los dioses, no tengo cómo saber si existen o si no existen. Pues son muchos los obstáculos que impiden este conocimiento, en razón de la oscuridad de la cuestión, como de lo corta que es la vida humana".

Protágoras estaba fuertemente influido por Heráclito, y de manera especial por su concepción del flujo de todas las cosas, como también por la importancia que este le confería al *logos*. Lo primero lo condujo a interpretar la percepción humana en términos de movimiento. Diógenes Laercio le confería el mérito de haber sido el primero en enfatizar la noción griega de *kairós*, que se refiere al tiempo oportuno, al tiempo propicio. Los romanos la llamarían la *occasio*.

Los griegos disponían de, por lo menos, dos palabras para referirse al tiempo. La primera apuntaba al tiempo de la naturaleza, al tiempo uniforme que día a día, de manera implacable, devora la vida, tal como el gran dios Cronos, el padre de Zeus, devora a sus hijos. Pero hay un tiempo diferente, el tiempo humano, que es muy distinto del tiempo uniforme del universo. Se trata de un tiempo que conlleva densidades distintas, que habilita acciones diferentes y que pareciera transcurrir a velocidades desiguales. Se trata del tiempo *kairós*, del tiempo oportuno. Su reconocimiento surgió en los deportes, a partir de la experiencia del atleta que detectaba el momento adecuado en el que debía disparar la flecha o el momento en el que en la carrera podía sobrepasar a sus competidores. Para ser un buen corredor no basta con correr más rápido. Hay momentos en la carrera en los que conviene esperar. Pero hay otros en los que cabe tomar ventaja y adelantarse o arremeter.

Protágoras trasladó la noción de *kairós* del ámbito de los deportes al de la vida humana en general, y en particular de la vida social y política. Entendía que no todo momento es igual a los demás. Si buscamos ganar, hay momentos en los que se debe esperar, ceder, y hay otros en los que es preciso tomar la iniciativa. Los momentos del tiempo humano están cargados, de manera desigual, de posibilidades y oportunidades, de dificultades y amenazas. Y es muy importante aprender no solo a detectarlos sino, sobre todo, a disolver algunos y a generar otros. Para Protágoras, comprometido con la enseñanza del arte de la persuasión, esto representaba una de las competencias básicas que sus alumnos debían aprender. Para lograrlo, Protágoras se preocupó de manera especial por el lenguaje, al que los sofistas solían colocar en el centro de sus enseñanzas. Lo concebían como el medio más eficaz para posicionarse, generarse una determinada identidad pública, persuadir a los demás y ganar influencia en la comunidad. El lenguaje era, para Protágoras, la herramienta más importante para alterar la densidad del tiempo en el cual transcurre nuestra existencia. El lenguaje nos permite disolver las restricciones del tiempo y preñarlo de posibilidades. Diógenes Laercio señalaba que Protágoras, comprometido con esa línea, había sido el primero que distinguió cuatro partes diferentes en un discurso: el deseo (lo que nos mueve), la pregunta, la respuesta y el requerimiento de acción. Llamó a todas y cada una de ellas "formas básicas del habla". Con ello, Protágoras prefiguraba lo que, muchos siglos más tarde, realizaría la filosofía del lenguaje.

El principal compromiso de Protágoras, como dijimos, era educar a la juventud. Con la emergencia del espíritu democrático que se desarrollaba en Grecia, había una fuerte demanda de parte de los jóvenes por ganar las competencias para actuar en el dominio público. Saber expresarse, saber persuadir, saber argumentar resultaban habilidades fundamentales. Protágoras sostenía que quien recibiera sus enseñanzas

"[...] aprendería a ordenar su propia casa de la mejor manera, y sería capaz de hablar y de actuar para alcanzar lo mejor en los asuntos del Estado".

Sin embargo, su contribución más importante fue lo que más tarde se bautizaría, en latín, como la doctrina del *homo mensura*. Esta doctrina está contenida en su aseveración de que

"El hombre es la medida de todas las cosas, de las que son en cuanto son y de las que no son en cuanto no son".

Esta doctrina representa un hito en la historia de las ideas. Será uno de los blancos predilectos de la crítica de los metafísicos. Lo que esta doctrina pone en cuestión es la presunción de verdades absolutas que trascienden a los hombres, a las que estos deben someterse y que reclaman validez universal. Para Protágoras, la noción de verdad remitía necesariamente a los hombres que la sustentan. Cabe por tanto la posibilidad de que lo que pueda ser considerado verdad por algunos no lo sea para otros.

La doctrina del *homo mensura* niega la posibilidad de verdades trascendentes. Toda verdad lo es solo para los hombres que la invocan. ¿Implica esto acaso que cualquier cosa que se invoque es equivalente a cualquier otra? ¿Implica esto que los hombres no tienen posibilidad de zanjar sus diferencias? De ninguna forma. De allí la importancia que Protágoras, y en general los sofistas, concedían al arte de la retórica, a la argumentación y a la dialéctica como herramientas capaces de generar consensos, de construir acuerdos, de establecer convenciones.[19] Esta doctrina, sin embargo, fue como un viento helado del cual muchos intentaron protegerse.

Gorgias y el poder de la palabra

Gorgias fue otro destacado sofista. Era originario de Leontium, en Sicilia. Se dice que vivió 108 años, de 483 a 375 a. C., hasta que optó por dejarse morir de hambre. Tenía fama de ser un hábil orador y un "artífice en la persuasión", según lo describía Sócrates. Cuando su ciudad natal se encontraba sitiada por los soldados de Siracusa, tales eran sus dotes

---

19 La doctrina del *homo mensura* prefigura también la noción posterior de observador, que busca precisamente examinar al ser humano en cuanto medida de las cosas que se representan.

de orador que fue enviado en misión especial a Atenas para obtener la ayuda de los atenienses y salvar la ciudad. Su misión fue exitosa.

Gorgias era profesor de retórica, entendida esta como el arte de la persuasión. Alababa el poder de la palabra, a la que le atribuía capacidades mágicas para transformar a las personas. Refiriéndose a este poder, Gorgias señalaba que

> "Por medio del más fino e invisible de los cuerpos, ella logra las obras más divinas: puede detener el miedo, expulsar el sufrimiento, crear alegría y alimentar la piedad".

Para Gorgias, la retórica permitía a las personas lograr mucho de lo que deseaban sin necesidad de utilizar la fuerza. De allí que la considerara como una práctica democrática fundamental, una competencia básica para asegurar la forma de vida democrática en la temprana Grecia. La posibilidad de gobiernos tiránicos era una amenaza constante en muchas ciudades-estado, que no siempre lograban impedirlos.

Gorgias sostenía que todo lo que existe, de existir efectivamente y en la forma en la que existe, es incomprensible para los hombres y que, incluso en el caso de que fuera comprensible, no sería comunicable a otros. Los seres humanos, sostenía, no pueden tener certidumbre alguna, y si pudieran, no podrían comunicarla. De allí concluía que la verdad está fuera del alcance de los seres humanos y que, por lo tanto, es inútil aspirar a ella. Esto no impide que las personas puedan encontrar formas de convivir basadas en acuerdos. Para hacerlos posibles es necesario enseñar a los individuos a comunicarse.

Uno de los problemas básicos de la comunicación humana, señalaba Gorgias, es que cuando dos personas conversan, lo que el orador dice no es lo que el oyente escucha, dado que son personas diferentes. Para lograr comunicarse de manera efectiva, concluía Gorgias, es imprescindible reconocer las restricciones inevitables y naturales del lenguaje.

Sócrates: hacia una filosofía de la vida

Desde el interior del movimiento de los sofistas emergió una figura que rápidamente se distinguió del resto. Se trata de Sócrates. Su impacto en la filosofía posterior fue determinante. Para muchos, puede extrañar que vinculemos a Sócrates con los sofistas, dadas las múltiples diferencias que mantenía con ellos. Sin embargo, estas mismas diferencias no eran tan claras para sus contemporáneos, que solían verlo como un sofista más. No en vano Aristófanes, artífice del género teatral de la comedia y contemporáneo de Sócrates, se mofaba de los sofistas: en su obra *Las nubes*, uno de sus personajes centrales es Sócrates, presentado como sofista, y a quien ridiculiza. Algunos sostienen que Sócrates habría sido influido por Anaxágoras durante el tiempo que este viviera en Atenas. Recordemos que Anaxágoras era un filósofo naturalista que sostenía que el *arjé* era el *nous*, la mente o inteligencia.

Sócrates dedicó su vida a formar a los jóvenes alrededor del tema de las virtudes, aunque estas, para él, eran diferentes de las meras virtudes ciudadanas que enseñaban los sofistas. Se lo solía encontrar en el *agora* de Atenas rodeado de discípulos, como muchos otros sofistas. En varias oportunidades, incluso, entraba en debate con ellos. Platón nos entregó dos diálogos, *Protágoras* y *Gorgias*, en los que ambos sofistas aparecen conversando con Sócrates. Existían, sin embargo, algunas diferencias en los antecedentes de Sócrates, que lo distinguían fuertemente de ellos.

A diferencia de otros sofistas y con excepción de los años de juventud en que hizo su servicio militar, Sócrates no se movió de Atenas. Esta fue la base permanente de sus actividades, lo que implicaba que carecía de la experiencia propia del filósofo errante, tan característica del resto de los sofistas. Sócrates tampoco cobraba por sus enseñanzas. Quienes se interesaban en lo que hacía podían integrarse a su círculo de discípulos, el cual, dada su permanencia en Atenas, era estable y numeroso.

Sócrates no escribió nada. No disponemos, por lo tanto, de ningún texto en el que se exprese por sí mismo. No contamos con su palabra. Es importante destacar, como lo demuestra Pierre Hadot, que en la Antigüedad la filosofía no consistía, como sucede hoy, en la práctica de escribir libros de filosofía, o incluso de elaborar nuevas concepciones filosóficas.[20] Hubo grandes filósofos que no escribieron nada y que, en rigor, tampoco hicieron ninguna contribución filosófica particular. Ser filósofo implicaba optar por una forma de vida, una vida guiada por una búsqueda de sentido conducida por la reflexión filosófica, y enseñar cómo otros podían acceder a ella. La filosofía, durante un largo período de la Antigüedad, no fue una práctica académica sino una forma de vida.

Lo que sabemos de Sócrates, por lo tanto, proviene de otros. Nos llegó por testigos que hablaron de él y, particularmente, por los escritos de algunos de sus discípulos. Entre estos destacan dos: Platón y Jenofonte. Ellos, sin embargo, proyectaron una imagen diferente de Sócrates y de lo que este pensaba, decía y hacía. Platón, sin duda el más brillante de sus discípulos, fue también el más prolífico. Gran parte de su obra filosófica asume la forma de diálogos en los cuales Sócrates es la figura central.

La pregunta que queda abierta, por lo tanto, es si esos diálogos reportan lo que Sócrates efectivamente argumentaba, o bien si Sócrates fue convertido en un personaje de tales diálogos con el propósito de exponer los argumentos de Platón. Este interrogante encontró diversas respuestas y, obviamente, no sabremos nunca cómo contestarlo.

Una de las respuestas más rigurosas, sin embargo, fue proporcionada por el filósofo Gregory Vlastos, quien distinguía en la obra de Platón dos períodos diferentes.[21] Un período temprano, en el que cabe suponer que el Sócrates que nos presenta Platón es una representación más fidedigna del Sócrates histórico; y un segundo período

---

20 Pierre Hadot, *Philosophy as a Way of Life*, Blackwell, Oxford, 1995.

21 Gregory Vlastos, *Socrates: Ironist and Moral Philosopher*, Cambridge University Press, Cambridge, 1991.

más tardío, en el que es Platón quien habla por boca de su personaje Sócrates.

Como decíamos, la imagen de Sócrates que nos muestra Jenofonte es diferente de la que nos entrega Platón. Los hechos de la vida de Sócrates que ambos relatan son los mismos. En ambos, por ejemplo, se da cuenta del juicio final de Sócrates, cuando este fue acusado —y condenado por el tribunal ateniense— de corromper a la juventud y de socavar los cimientos de las creencias religiosas. Ambos autores relatan que Sócrates optó por defender el carácter de sus enseñanzas, sacrificando con ello la posibilidad de ser absuelto y así salvar su vida. Indican que Sócrates, respetuoso de las leyes y los veredictos de su ciudad, rechazó la posibilidad de escapar, una vez encarcelado, y que se lo condenó a la pena de muerte mediante la ingestión de cicuta, en el año 399 a. C. Con todo, el Sócrates de Jenofonte se acerca más a los sofistas. Tanto él como Platón nos hablan de su gran sabiduría, pero en Jenofonte sus argumentaciones y enseñanzas tienen otro carácter. Su celo racionalista pareciera más moderado y su búsqueda de abstracciones para sustentar sus puntos de vista, menos acentuada.

La manera como interpretemos a Sócrates no es trivial. La tradición filosófica acepta la idea de que Platón nos ofrece, en general, un cuadro fidedigno del Sócrates histórico. Desde esta perspectiva, Sócrates aparece como el punto de partida de la ontología metafísica.[22]

Aunque aceptemos que hay un vínculo entre Sócrates y el movimiento sofista, no es menos cierto que este estableció una ruptura con ellos. Su filosofía asume otro carácter y se dirige hacia dominios diferentes. Sócrates llevó a cabo algo original, que no tenía precedentes entre los filósofos que lo habían antecedido. La inquietud principal no era

---

22 Algunos podrán señalar que ese punto de partida lo establece Parménides. Lo entendemos. Desde nuestra perspectiva, sin embargo, sin dejar de reconocer la semilla metafísica que encontramos en Parménides, es Sócrates quien consolida y aplica la noción del ser de Parménides a una amplia diversidad de situaciones, referidas por lo general al ser humano, y lo coloca por primera vez en un terreno propiamente ontológico. Parménides no deja de ser un filósofo naturalista.

descubrir el principio de todo cuanto conforma la naturaleza, como lo fue la de los filósofos naturalistas, ni tampoco el desarrollo de virtudes cívicas que permitieran a los ciudadanos una mejor integración y participación en la comunidad, como lo hicieron los sofistas.

Sócrates fue el primer filósofo de la vida. Fue un filósofo moral. Su principal objetivo y su mayor inquietud fueron difundir el arte del bien vivir. Para hacerlo, concentró su atención en las virtudes humanas. La *areté* de los sofistas fue transformada en algo diferente, orientado a llevar una vida virtuosa. En sus argumentos resuenan, sin embargo, algunos rasgos de las propuestas de los filósofos naturalistas. Pero, en el caso de Sócrates, tales rasgos no representan el núcleo de su filosofía.

Sus preguntas fundamentales eran: ¿qué es una virtud? ¿Cómo podemos reconocerla? ¿Puede enseñarse una virtud? ¿Cómo se relaciona con el conocimiento? Muchas de sus enseñanzas fueron esfuerzos que se articulaban en torno de una virtud particular. Los diálogos de Platón nos sirven para ilustrar este esfuerzo. En *Laques*, la virtud central es la valentía; en *Carmides*, la moderación (templanza o medida); en *Eutifrón*, la piedad (o la santidad); en el *Critón* es el deber; en el *Lysis* es la amistad; en el primer libro de *La República* de Platón (que muchos consideran que fue escrito como un diálogo temprano), es la justicia.

Cuando observamos a Sócrates como uno de los personajes de los diálogos posteriores de Platón, aquellos donde este último expone su propia filosofía, descubrimos que ya no se desenvuelve exclusivamente como un filósofo moral. También se nos muestra como un metafísico. Su inquietud principal es la búsqueda del ser último de las cosas. Es desde allí que ese Sócrates aborda las cuestiones morales, las virtudes y aquellos temas que afectan la vida humana. Su prioridad la constituyen, ahora, las inquietudes metafísicas.

Estos dos personajes que nos muestran los diálogos platónicos tempranos y tardíos tienen algunos rasgos comunes. La manera como el Sócrates de los diálogos tempranos –que, de nuevo, entendemos más cercano al Sócrates histórico— aborda las inquietudes morales ya incluye las semillas de lo que, más tarde, devendrá con Platón y Aristóteles, la ontología metafísica. ¿Quién coloca esas semillas? ¿Provienen de Platón o de Sócrates, su maestro? Consideramos que ambos juegan un papel importante.

Examinemos con mayor detenimiento lo que podríamos llamar "las semillas metafísicas del Sócrates histórico", del Sócrates preocupado por desentrañar las cuestiones básicas que plantea la vida humana. Para hacerlo, nos detendremos en uno de los diálogos tempranos de Platón, el *Eutifrón*, considerado como uno de los más claros en mostrarnos la manera como Sócrates conducía sus diálogos. Al examinarlo pondremos especial atención no solo en lo que Sócrates decía, sino particularmente en lo que hacía cuando decía lo que decía, y en las opciones que tomaba y descartaba al conducir el diálogo.

El *Eutifrón* nos relata el encuentro que se produce, a la entrada de los tribunales, entre Sócrates y Eutifrón, siendo este una suerte de sacerdote y, en consecuencia, supuestamente conocedor de la piedad. La piedad representaba para los griegos una obligación religiosa, cercana a la santidad. Era la virtud que se expresaba en el compromiso de honrar a los dioses del Estado y comportarse como ellos instruían. Eutifrón le señala a Sócrates que había concurrido a los tribunales porque estaba sometiendo a su padre a la justicia. Este último, según narra Eutifrón, era responsable de haber atado y luego olvidado a uno de sus esclavos, porque había cometido un asesinato. Como resultado de ello, el esclavo murió durante el cautiverio. Eutifrón, comprometido con ser una persona piadosa (santa), consideraba su deber entregar a su padre a la justicia.

Así como la piedad es el tema central de este diálogo, en otros se trata de la valentía, la justicia, la belleza y otras virtudes equivalentes. Sócrates aborda cada uno de estos temas usando un enfoque que sigue la fórmula: "¿Qué es F?", siendo F el predicado calificante de preguntas como "¿Qué es la piedad?", "¿Qué es la valentía?", "¿Qué es la justicia?", "¿Qué es la belleza?". La estructura de la conversación es generalmente la misma, de allí que sea posible escoger cualquiera de estos diálogos para trabajar con la metodología utilizada por Sócrates.[23]

En este caso, el diálogo gira en torno de la pregunta "¿Qué es la piedad?". Sócrates conduce el diálogo buscando mostrarle a Eutifrón que mientras opera suponiendo que sabe lo que es esta virtud, en rigor no lo sabe y está actuando desde una ignorancia que no reconoce. Para mostrarle que no sabe lo que presume saber, Sócrates se concentra en mostrarle a Eutifrón las incoherencias en las que incurre al responder a esta pregunta.

La primera respuesta que ofrece Eutifrón apunta a diferentes situaciones concretas en las que la piedad pareciera estar involucrada. Pero no es una respuesta que Sócrates se muestre dispuesto a aceptar. Según Sócrates, si nos es posible calificar que la piedad está presente o ausente en una situación particular concreta, es por cuanto disponemos de una idea sobre ella que nos permite hacer esta calificación. La piedad, por lo tanto, no emerge de la situación concreta. La piedad es una idea. Cuando calificamos una situación concreta como piadosa, es solo por cuanto reconocemos en ella la presencia de una dimensión abstracta, una dimensión que no posee las determinaciones de lo concreto y que, por lo tanto, no es solamente abstracta, sino también universal.[24]

Según Sócrates, entonces, solo nuestro conocimiento de la piedad como una idea universal y abstracta nos permite determinar si una situación concreta califica o no como piadosa. Así pues, si deseamos determinar si la acción que atañe a Eutifrón es o no piadosa, primero debemos explorar la idea de piedad. Solo una vez que dispongamos de tal idea universal y abstracta podremos determinar si la situación califica o no de piadosa. La piedad en cuanto idea universal y abstracta trasciende los fenómenos concretos de la vida. Este mismo razonamiento guía a Sócrates en su examen de cualquier otra virtud.

---

23   Esta representa el método básico de la dialéctica socrática, conocida como *elenchus*.

24   Es interesante examinar cómo esta argumentación de Sócrates será posteriormente puesta en cuestión por David Hume.

Sócrates sostiene que la gente opera en la vida suponiendo que sabe lo que es justo o lo que es bello, sin antes haber sometido esas virtudes a un pensamiento riguroso que le permita llegar al territorio de los universales abstractos. Eso demuestra, sostiene Sócrates, que las personas no saben lo que creen saber. La gran ventaja de Sócrates sobre sus conciudadanos no está en el hecho de que sepa lo que ellos invocan (la justicia, la belleza y la piedad), sino en que él *sabe que no sabe.* En ello reside su sabiduría.

Volvamos entonces al diálogo con Eutifrón para explorar cómo se despliega esta metodología. Desde temprano en el diálogo vemos a Sócrates buscando, como él mismo lo dice,

> "[...] la idea (*eidos*) misma a través de la cual todas las cosas piadosas revelan ser piadosas".

Una vez que logremos captar la idea universal de piedad,

> "[...] al observarla y usarla como un patrón, me es posible declarar que cualquier cosa que sea como ella —entre las muchas cosas que tú [Eutifrón] o cualquiera pueda hacer— es piadosa, y que lo que no es como ella no lo es".

Pero Eutifrón encuentra serias dificultades para satisfacer a Sócrates y decirle cuál es la idea universal de piedad que lo lleva a querer denunciar a su padre. Pareciera no saber lo que es la piedad. Y si no sabe, arremete Sócrates, ¿cómo puede estar tan seguro de que denunciar su padre a la justicia es una acción piadosa?

En un determinado momento, presionado por Sócrates para que dé cuenta de lo que es la piedad, Eutifrón cree dar con un nuevo argumento para defender lo que está haciendo y señala:

> "[...] la piedad es lo que los dioses aman y la impiedad es lo que no aman".

No es una mala respuesta, pero dista de satisfacer a Sócrates, que vuelve a interpelarlo:

"¿Es lo piadoso amado por los dioses porque es piadoso? ¿O es ello acaso piadoso solo por cuanto es amado por los dioses?".

Eutifrón queda desconcertado. La única respuesta que Sócrates está dispuesto a aceptar es que la piedad es amada por los dioses por lo que ella es, como idea trascendente. Por lo tanto, la referencia a los dioses apuntada por Eutifrón no nos ayuda a entender la idea universal de la piedad, lo que ella es. Según Sócrates, Eutifrón no logra señalar qué es la piedad al referirla a los dioses. Los dioses no son los que la determinan. Por el contrario, es lo que ella es lo que hace que los dioses la amen. Ellos no constituyen la piedad. El concepto abstracto y universal de piedad los trasciende, la idea de la piedad está por sobre los dioses y rige sus inclinaciones, de la misma manera como trasciende a los seres humanos. Los dioses se limitan a obedecer las ideas del reino de los universales abstractos postulados por Sócrates.

El diálogo termina cuando Eutifrón, en total desconcierto, decide abandonar la conversación para acudir a una cita. Sócrates no logró convencerlo. Sin embargo, este diálogo tiene el gran mérito de mostrarnos las semillas que luego darán fruto en la ontología metafísica.

Aunque Sócrates se preocupa por inquietudes morales y su inquietud no es propiamente metafísica, su forma de abordarlas ya contiene el germen que luego caracterizará a la ontología metafísica: se trata del supuesto de que, trascendiendo el reino de los fenómenos concretos de la vida, podemos encontrar un reino de ideas universales y abstractas que –oponiéndose a lo señalado por Heráclito– expresan el ser de todo lo existente y, como tales, son inmutables.

En este reino trascendente, que se encuentra más allá de los fenómenos naturales de la existencia, encontramos el frío orden inmutable de las cosas, lo que es y no cambia: la figura del ser de Parménides. Al aprehender el ser de las cosas nos situamos en un lugar sólido desde el cual ahora podemos observar el cambio y el devenir. Un lugar desde donde observar incluso aquello que gobierna la voluntad de los propios dioses. En el reino de las ideas universales y abstractas, las cosas son lo que son —allí reside su ser— y no son lo que no son (la nada). Es allí también donde logramos entender las cosas y nos liberamos de la nada heracliteana. El ser lo es todo.

En su visión del ser humano, Sócrates señala que el atributo fundamental que nos hace precisamente humanos es nuestra capacidad racional. El dominio de nuestra corporalidad y el de nuestras pasiones (el mundo emocional) son residuos de nuestra animalidad y no forman parte de lo que nos define como seres humanos. Su filosofía nos invita, por lo tanto, a darles la espalda y a despreciar el cuerpo y las emociones. Solo nuestra capacidad racional puede conducirnos a aprehender aquellas ideas universales y abstractas en las que encontraremos el fundamento último, el ser de las virtudes. Una vez aprehendidas estas virtudes, estaremos en condiciones de dirigir adecuadamente nuestros comportamientos y de aprender el arte del buen vivir.

El gran mérito de Sócrates fue haber fundado la filosofía de la vida. No hay otra modalidad de reflexión filosófica que sea comparable a esta. Sin embargo, al enfrentar la encrucijada que nos había abierto la confrontación entre Parménides y Heráclito, Sócrates opta por fundar su filosofía siguiendo la senda de Parménides. Busca sustentar su filosofía de la vida en el reino trascendente de las ideas universales y abstractas. Cuando Nietzsche constata que Sócrates opta por seguir este camino, no puede sino preguntarle: "Sócrates, ¿cuál era tu miedo?". Pregunta inesperada pues procura entender la emoción que pareciera guiar a Sócrates en su trayecto racional. ¿Cuál era realmente su miedo? ¿Cuál su origen? ¿De qué buscaba protegerse? ¿Tenemos alguna posibilidad de saberlo?

Toda pregunta poderosa tiene la posibilidad de modificar nuestra mirada. Si volvemos a leer los diálogos tempranos de Platón equipados con esta pregunta, comenzaremos a detectar cosas que antes pasaban desapercibidas. Descubrimos dos grandes temores en Sócrates. En primer lugar, el miedo a desaparecer sin rastro, a disolverse en la nada. No se trata solo del miedo a la muerte. Se trata más bien de un miedo a las consecuencias que podría acarrear la muerte. A Sócrates le preocupa la posibilidad de la disolución de su alma, del ser que él encarna. Es importante no confundir el miedo de Sócrates por la disolución del alma con el miedo a la muerte. Sócrates no teme la muerte de su cuerpo.

En segundo lugar, detectamos el temor que siente frente a sus propios deseos e impulsos. Sócrates se teme a sí mismo. Teme verse caer en el abismo de su sensualidad. Sabe que lleva consigo intensos deseos y teme que, de dejarse arrastrar por ellos, estos puedan conducirlo a una segunda forma de disolución. Para evitarlo debe aferrarse a algo inamovible, protegerse bajo algo que lo apacigüe, que lo aleje de sí mismo. Su cuerpo y sus emociones lo desasosiegan. Para eludirlo acude a la razón y a las quietas y frías ideas inmutables.

Su filosofía opera como un antídoto frente al miedo de su desaparición como efecto de la muerte y a la disolución de sí mismo ante el poder arrebatador de sus deseos. Su filosofía es la reafirmación de que existe un reino trascendente, del que es originaria la propia alma humana. Ello le permite reinterpretar la muerte. Para Sócrates, la muerte, por lo tanto, es ahora entendida como una liberación de esta del cuerpo en el que se encuentra atada, que le permite alcanzar su plena inmortalidad. Provisto de esta interpretación y convencido de su verdad, Sócrates puede enfrentar valientemente su propia muerte y beber la cicuta que el tribunal ateniense le impone como condena. Esto lo hace en un acto ejemplar de afirmación de sus ideas, en un acto que servirá para afirmar, a su vez, la convicción de sus discípulos respecto de la validez de sus enseñanzas.

Hay otra línea de interpretación que nos ayuda a comprender el camino tomado por Sócrates. Por distintos lados nos llegan descripciones de su fealdad, de la sensualidad de sus facciones. Su apariencia corporal, curiosamente, pareciera contrastar con la versión igualmente difundida de que Sócrates era una persona de alma pura. Cicerón nos relata una anécdota interesante. Nos cuenta que un extranjero, experto en interpretar fisonomías, visita Atenas y al observar el rostro de Sócrates, le señala que percibe un monstruo en su interior, un alma que abriga vicios y malos apetitos. Sócrates le habría contestado: "¡Me conoces, señor!".

Intrigado por esa historia, Nietzsche busca conferirle sentido y nos sugiere que Sócrates acudió a la razón como una forma de hacerse cargo de que estaba prisionera de un cuerpo que era una cueva de impulsos sensuales, que su alma rechazaba. La afición de Sócrates a rodearse de muchachos y, por ejemplo, su relación especial con Alcibíades, el más bellos de todos —y personaje importante del diálogo *El banquete*, de Platón, en el que Sócrates reflexiona sobre el amor—, podrían ser indicativos de lo anterior. El hecho no escapa a la atención de Rafael Sanzio, el gran pintor renacentista que, en su célebre cuadro *La escuela de Atenas*, coloca a Sócrates rodeado por sus jóvenes discípulos, entre quienes destaca, a su lado, la figura de Alcibíades, en actitud seductora.

Según Nietzsche, el camino de Sócrates implica negarse a sí mismo. Sócrates opta por la senda de la represión, del rechazo de las tentaciones que acechan su alma. La solución, según Nietzsche, no puede consistir en la negación y subyugación del deseo, sino en asumir su reconocimiento, para desde allí aprender a moderarlo o incluso sublimarlo. La razón propuesta por Sócrates es un acto de violencia contra sí mismo. El rostro de Sócrates, siguiendo a Nietzsche, es un reflejo de su caos interior. La razón a la que acude Sócrates manifestaría su esfuerzo por eludir ese caos del que se siente portador. Lo que su fisonomía refleja es una anarquía de los instintos y una batalla que termina en tiranía —la tiranía de la razón— y no en la conciliación. Recordemos que Sócrates fue condenado a muerte por un tribunal ateniense a partir de dos acusaciones: deshonrar a los dioses y corromper a la juventud. Sus ideas universales y abstractas, no lo olvidemos, regían sobre los dioses. Y el papel que sus diálogos le asignaban a la razón quizás no haya sido ajeno a su lucha permanente por controlar sus deseos y pasiones.

Sócrates, según el mismo Nietzsche, nos plantea una noción de alma como unidad. Para Nietzsche, esa concepción es insostenible. La pretendida unidad solo puede alcanzarse desconociendo, negando y reprimiendo lo que se opone a la razón. Tal como lo hemos señalado, Sócrates es el primero que separa, de manera radical, la razón del resto de lo que somos, de la emocionalidad y de la corporalidad. Eso, para Nietzsche, representa la antítesis de la virtud. Por el contrario, este lo considera como enfermedad y decadencia. En rigor, la razón socrática no logra gobernar los instintos, solo alcanza a subyugarlos. La razón de Sócrates representaría, en esta argumentación, la imposición de la violencia en el gobierno del alma humana. La razón socrática es dictadura.

Existe, sin embargo, otro hecho curioso de la vida de Sócrates. En su diálogo *Fedón*, Platón nos indica que, enfrentado al momento en el que debe tomar la cicuta, aquel veneno que lo conducirá a la muerte, Sócrates le habría expresado a su discípulo Critón:

"Critón, le debemos un gallo a Asclepio. No te olvides de pagar esa deuda".

Asclepio era el dios griego de la medicina. Y cuando alguien sanaba de alguna enfermedad, se suponía que había sido gracias a la acción del dios, por lo que era costumbre sacrificarle un gallo. ¿Por qué consideraba Sócrates que ese sacrificio era pertinente al enfrentar la muerte? ¿Cuál era la enfermedad aludida?

Alexander Nehamas buscar dilucidar este enigma y nos entrega tres interpretaciones diferentes: la de Nietzsche, la de Michel Foucault y la propia.[25] Se trata de formas distintas de conferirle sentido a un evento que no estamos en condiciones de dilucidar completamente. Siguiendo su línea argumental, Nietzsche interpreta que, en esta frase, Sócrates termina por reconocer que su esfuerzo por disciplinar su alma a través de la razón habrá sido en vano. Su enfermedad sigue allí y solo la muerte es capaz de terminar con ella. Ante la inminencia de su muerte, corresponde entonces cumplir con el sacrificio a Asclepio.

---

25 Ver Alexander Nehamas, *The Art of Living: Socratic Reflections from Plato to Foucault*, University of California Press, Berkeley, 1998.

Foucault intenta otro camino interpretativo. Según él, Sócrates considera que toda alma que no está guiada por ideas que han sido racionalmente examinadas es un alma enferma. Antes de que Sócrates pronunciara la mencionada frase, Critón había intentado convencerlo de que evadiera la sentencia del tribunal que lo había condenado. Se trataba de una acción que podría haberse implementado sin mayores problemas. Sócrates se opone a la sugerencia de Critón y argumenta que eso equivaldría a no respetar las leyes de la ciudad, leyes que le permitieron ser quien es y a las que él debe someterse. No hacerlo implicaría negar sus propias enseñanzas, negar las ideas a las que había dedicado su vida. Critón se resigna al rechazo de Sócrates a escapar, acepta las razones que este esgrime y se resigna a su muerte. Con ello, ambos se sobreponen a la amenaza de una opinión errada, superando con ello la enfermedad del alma a la que esta opinión los hubiera inducido. Eso, según Foucault, justificaría la gratitud que ambos deben a Asclepio. De allí que la petición de Sócrates haya sido dirigida precisamente a Critón.

Por último, Nehamas sigue otro camino. Para él, la frase de Sócrates se sustenta en su profunda animosidad hacia el cuerpo. La vida, para Sócrates, es equivalente a la enfermedad que sufre el alma al reconocerse cautiva en un cuerpo. Para él, la opción de vivir filosóficamente representa una manera de prepararse para la muerte. La argumentación racional del filósofo, tal como la practica Sócrates, es un intento siempre insuficiente de rescatar el alma de ese cautiverio que el cuerpo le impone y de garantizar que sea conducida por las virtudes ideales solo accesibles por medio de la razón. Ya en su diálogo *Critón*, Platón recogía el mensaje de los ritos órficos de que "el cuerpo es una tumba". La real liberación del alma solo acontece con la muerte. Al morir, por lo tanto, el alma sana de su enfermedad, lo cual, según Nehamas, es la razón que lo lleva a pedirle a Critón el sacrificio de un gallo a Asclepio.

El nacimiento de la ontología metafísica[26]

Platón y la primera filosofía sobre el carácter genérico de la realidad

Al examinar a Sócrates nos hemos adentrado simultáneamente en la filosofía de Platón, pues ha sido a través de la manera en que este último lo presenta, al convertirlo en el personaje principal de sus diálogos, que hemos accedido a su pensamiento. El Sócrates del que hemos dado cuenta incorpora, por lo tanto, una parte importante del pensamiento de Platón.

Sócrates fue, en rigor, una figura límite, una figura "bisagra", una suerte de personaje de transición en la historia de la filosofía. Tal como lo hemos señalado, compartía muchos de los rasgos de sus contemporáneos sofistas, hacia los cuales —más allá de sus diferencias— mostraba respeto. Simultáneamente, sin embargo, inició un camino por el que avanzará Platón, su discípulo, y que conducirá a la ontología metafísica, la que ejercerá una influencia determinante en la cultura occidental.

Platón nació en Atenas en 427 a. C. Cuando era joven participó en las largas guerras de Atenas contra Esparta, viviendo la derrota de su ciudad natal y la disolución económica, social y moral que la acompañó. Provenía de una familia de nobles atenienses y era descendiente del gran estadista Solón. Entre sus parientes contaba con destacados miembros y líderes de la oligarquía. Su nombre original era Aristocles. Platón era un apodo con el que se le llamó en su juventud y que significa "espalda ancha" (de este término proviene, por ejemplo, el vocablo omóplato), rasgo que lo caracterizaba cuando de joven practicaba el deporte griego de la lucha.

En el año 407 a. C., cuando tenía 20 años, Platón conoció a Sócrates, en un encuentro que se tradujo en un importante giro en su

---

26 Para una mayor profundización sobre las filosofías de Platón y Aristóteles y su influencia posterior en la filosofía, en un lenguaje accesible para el gran público, recomiendo el libro de Arthur Herman, *The Cave and the Light: Plato Versus Aristotle, and the Struggle for the Soul of Western Civilization*, Random House, Nueva York, 2014.

vida. La muerte de Sócrates, en 399 a. C., significó para Platón un evento que lo afectó muy profundamente. Desilusionado con Atenas, su ciudad natal, viajó a Sicilia, donde trabó amistad con el tirano de Siracusa. Durante ese viaje entró en contacto tanto con la filosofía de Parménides como con las enseñanzas de Pitágoras. De vuelta en Atenas, fundó su propia escuela de filosofía, a la que bautizó con el nombre de Academia. Murió en Atenas en el año 347 a. C., a la edad de 80 años.

Sus principales influencias provenían, por lo tanto, de su maestro Sócrates, y de Parménides y Pitágoras. Quizás debiéramos añadir también a Anaxágoras, quien, como lo señaláramos, había incidido en el pensamiento de Sócrates.

Platón valoraba, por ejemplo, el tratamiento que Pitágoras había hecho de los números, de la geometría y del conocimiento que esta generaba acerca de las formas abstractas. No olvidemos que los pitagóricos sostenían que "el número gobierna el universo".

La importancia que Pitágoras les había conferido a las formas fue un elemento central de su filosofía. De allí, por ejemplo, que sostuviera:

"Dios hace todo el tiempo geometría".

De hecho, en las puertas de la Academia estaba inscrita la advertencia:

"Que no entre a este lugar quien no sepa geometría".

A partir de Platón, la relación de la filosofía con los sofistas se rompe por completo.[27] En su opinión, los sofistas son considerados manipuladores o farsantes profesionales, que utilizan el lenguaje para servir a cualquier objetivo, sin preocuparles si lo que sostienen es o no

---

27 Ellos serán rescatados por Hegel, en su *Historia de la filosofía*, como un referente necesario para el desenvolvimiento de la dialéctica de las ideas en la antigua Grecia. Nietzsche será, más adelante, el primer filósofo que los reivindique.

es verdadero. Para Platón, sostener que alguien es un sofista equivale a una descalificación o a un insulto y esa connotación perdurará hasta nuestros días. Este desprecio por los sofistas nos revela la gran diferencia entre ellos y, en particular, sus discrepancias en torno de la noción de verdad.

Platón se opone tajantemente a la doctrina del *homo mensura* de Protágoras. En *Las Leyes* señala:

"Dios debe ser la medida de todas las cosas y no el hombre, como muchos suelen comúnmente decirlo [...]".

Nos damos cuenta de cuán considerable debe haber sido la influencia de Protágoras en esta época para que su doctrina sea caracterizada como frecuente en el decir común. Sin embargo, Platón omite el hecho de que, para Sócrates —a quien él mismo hace asiduamente portavoz de sus propias ideas—, los dioses —como ya lo vimos en el *Eutifrón*— tampoco eran la medida de todas las cosas. Según Sócrates, las ideas universales y abstractas eran la medida, dado que ellas rigen el propio comportamiento de los dioses.

El ataque de Platón a los sofistas es recurrente en sus obras. Nuevamente en *Las Leyes* escribe:

"Esta gente diría que los dioses existen no por naturaleza, sino por arte y por las leyes de los estados, las que son diferentes en lugares diferentes, según el acuerdo de quienes las confeccionan; y que lo honorable es una cosa por naturaleza y cosa diferente por ley, y que los principios de la justicia no tienen ningún lugar en la naturaleza, sino que la humanidad está siempre disputándolos y alterándolos; y que las alteraciones que están hechas por arte y por ley no tienen fundamento en la naturaleza, pero tienen autoridad para el momento y el tiempo en el cual fueron hechas [...]".

"Estos, mis amigos, son los decires de hombres sabios (sofistas), poetas y escritores de prosa, que encuentran su camino hacia las mentes de los jóvenes. Ellos les dicen que el poder es el más alto derecho y de esa manera los jóvenes caen en impiedades, bajo la idea de que los dioses no son aquellos que la ley los lleva a imaginar; y de esta forma se crean facciones, invitándolos estos filósofos a conducir una vida verdadera de acuerdo con la naturaleza, es decir, a vivir en el dominio real sobre los demás y no en sujeción legal a ellos".

Si comparamos a Platón con Sócrates, podemos reconocer lo señalado previamente. Entre ambos se produce un importante desplazamiento, que nos lleva de las inquietudes morales de Sócrates a una postura profundamente metafísica en Platón, en la que el centro de su reflexión deja de ser la vida. Platón busca captar la esencia fundamental e inmutable de la realidad: cómo son las cosas más allá de sus apariencias cambiantes. Su compromiso central no es con el arte del buen vivir sino con la verdad. La búsqueda de la verdad, para Platón, es condición y camino para el mejoramiento de la vida humana. Si Sócrates podía ser considerado como un moralista con mirada metafísica, Platón es, sobre todo, un metafísico interesado por la vida.

La propuesta metafísica de Platón se articula alrededor de su teoría de las formas, noción heredada de la filosofía pitagórica. Lo que para Sócrates era un camino para desentrañar y conocer las virtudes humanas es transformado por Platón en una teoría de la realidad. Su principal inquietud es procurar explicar el cambio, evitando la conclusión de Heráclito de que nada es inmutable y todo está en permanente transformación. Ello conduce a Platón a reestablecer una concepción dual de la realidad, la cual, a su entender, está constituida por dos dominios o esferas diferentes. Por un lado, el mundo de los sentidos, en el cual —tal como lo indicaba Heráclito— todo pareciera estar en un constante flujo. Esto, concede Platón, no puede desconocerse, tal como lo hacía Parménides. Es necesario hacerse cargo del mundo de los sentidos.

Sin embargo, acota Platón, los sentidos son engañosos. Más allá del mundo percibido por estos, más allá (*meta*) del mundo de los objetos físicos (*physis*), hay un mundo diferente, poblado por ideas o formas puras. Este es el mundo al que apuntaba Parménides. Las formas no son físicas, ni temporales, ni espaciales. Se trata de un mundo de universales abstractos, del tipo de los que Sócrates buscaba para entender las virtudes humanas.

Este otro mundo no puede ser captado por los sentidos: solo es accesible a través del pensamiento racional. Una vez que penetramos en él, nos hallamos en el mundo invocado por Parménides. Las formas que en él habitan son eternas e inmutables. No cambian. Desde allí, el mundo de los sentidos se revela como una manifestación distorsionada, una suerte de sombra proyectada por esas formas puras. El ser verdadero de las cosas percibidas por los sentidos, de apariencias cambiantes, se encuentra más allá, en el mundo inmutable de las formas. Lo verdadero y real lo constituyen estas formas trascendentes. A Heráclito, pareciera decirnos Platón, puede dejársele dormir tranquilo. No se requiere acudir a él: se limitó a mostrarnos el mundo en su versión distorsionada.

Platón ilustra esta concepción por medio de su alegoría de la caverna. Imaginemos —nos dice— a unos prisioneros que desde su infancia estuvieron encadenados en una oscura caverna, mirando fijamente hacia sus paredes, sin poder girar completamente sus cabezas. En esas paredes ven sombras proyectadas desde la luz que llega del exterior, formas que aparentemente dan cuenta de diversos objetos. Dadas las condiciones en las que se encuentran, estos prisioneros toman esas sombras por la realidad, sin siquiera sospechar la existencia de un mundo exterior cuyas sombras se proyectan en las paredes de la caverna. Viven en un mundo de reflejos en el que las cosas aparecen distorsionadas. Toman las sombras de las cosas por las cosas mismas. Confunden las proyecciones con la realidad, sin sospechar cuál es su origen. Solo cuando se abandona la caverna, se cruza su puerta y se accede a la luz comprendemos que aquello que tomábamos por la realidad solo eran las sombras proyectadas de las cosas.

Esto, según Platón, ilustra lo que nos acontece. El mundo en el que vivimos no es el mundo verdadero. Nuestro mundo es un reflejo de otro, que sí es real. Sin embargo, eso no lo sabemos. No sospechamos la existencia de ese mundo que se encuentra más allá de nuestro mundo, de esa realidad trascendente que está más allá de nuestra percepción y que, no obstante, le da expresión. Para descubrir ese mundo real inicialmente inaccesible, es preciso mirar en una dirección diferente. En palabras del filósofo Roger-Pol Droit, para poder contemplar la verdad —según Platón— es necesaria una conversión del alma. Si a esos prisioneros los liberamos de sus cadenas, al comienzo es probable que se desconcierten e incluso que sufran. Pero les será posible caminar hacia la salida de la caverna. La luz que encontrarán afuera sin dudas los encandilará. Pero una vez que se acostumbren a ella, podrán observar una realidad resplandeciente de la que solo conocían su sombra y descubrirán el sol que la hace visible y que, a la vez, la proyecta en las paredes que previamente observaban.

Tal contemplación de ese mundo trascendente es posible, pues tenemos los ojos para hacerlo. Son los ojos del alma. Platón postula que ese mundo verdadero fuera de la caverna en la que nos encontramos es el mundo de las ideas socráticas, así como el de las formas pitagóricas. Tales ideas-formas existen por ellas mismas, son eternas e inmutables. El prisionero llegó a un lugar en el que, liberado de sus cadenas, el universo se le hace inteligible. El camino propuesto por Platón es el camino de la razón, de la reflexión filosófica. Filósofo es el individuo que sigue este camino. Pero una vez que el filósofo logra contemplar la realidad de las ideas-formas de las cuales nuestras percepciones no son sino distorsiones, comprende que debe iniciar el retorno a la caverna para desencadenar a los que quedaron adentro y conducirlos hacia fuera, hacia el mundo luminoso de las ideas universales y abstractas.

El mundo de las formas de Platón no es solo una profundización de la senda abierta por Parménides, por la que su maestro Sócrates ya había transitado. Sócrates cumplía exactamente con la tarea del filósofo: permitirles a los individuos descubrir que en el saber habitual del cual presumen reside la ignorancia. La tarea de Sócrates consistió en demostrar que aquello que creemos verdadero es confuso e incoherente. Eso podrá quizás no gustarnos, pero abre la posibilidad de orientarnos en la senda del conocimiento verdadero, senda que su filosofía procura seguir.

La propuesta de Platón se encuentra también fuertemente influida por el enfoque místico de Pitágoras, relacionado con las matemáticas. La manera como Pitágoras trataba los números, como una suerte de abstracción divina, parecía entregar a Platón una puerta de salida del mundo siempre cambiante del que hablaba Heráclito. Para Platón, la propuesta de Heráclito cumple con el propósito de formular un problema, pero su solución no es aceptable. El mérito de la contribución de Pitágoras —para él— es habernos sugerido el camino para resolver el problema del devenir que Heráclito nos dejara planteado.

En el mundo de las formas, los seres humanos encuentran ahora esas verdades inmutables y objetivas que les ofrece la real y verdadera medida de todas las cosas. La propuesta de Platón se hace cargo también del escándalo que le produce la de Protágoras. Los hombres dejan de ser la medida de todas las cosas. Por sobre ellos se levantan las formas universales y abstractas que les obsequian la verdad absoluta.

Cualquiera —sin importar sus antecedentes históricos, el lugar o el tiempo en el que vive— puede acceder a la verdad si aprende la práctica del pensamiento racional que nos ofrece la filosofía. Los que logren hacerlo merecen, por lo tanto, ser llamados filósofos. Su capacidad para acceder a la verdad objetiva les confiere, según Platón, el derecho de gobernar a sus conciudadanos. Lo que estos quieran o piensen requiere someterse a esas verdades reveladas por los filósofos. Con la fundación de la metafísica, Platón les da la espalda a aquellos ideales griegos más tempranos de fortalecimiento de una convivencia democrática, ideales con los que los sofistas estaban vigorosamente comprometidos. La República de Platón no es una república democrática.

La variante metafísica de Aristóteles

Examinemos ahora la manera como Aristóteles enfrenta el desafío planteado por Heráclito y luego por los sofistas. En rigor, no fue Platón sino Aristóteles quien acuñó el término "metafísica". Esta es la palabra que utilizó para titular la obra en la que se planteaba avanzar más allá del tema abordado en su obra anterior, la *Física*.[28]

Aristóteles nació en el año 384 a. C. en Estagira, cerca del monte Athos, en Tracia. Su padre era médico del rey de Macedonia. A los diecisiete años fue enviado a Atenas a estudiar en la Academia de Platón, de quien se hizo discípulo. Platón lo apodaba "el lector", pues estaba siempre con la cabeza metida en algún libro. Aristóteles se mantuvo en la Academia por alrededor de veinte años, abandonándola luego de la muerte de su maestro, en 347 a. C. Después de viajar durante algunos años, expandiendo sus observaciones científicas, Aristóteles se convirtió en el tutor del joven Alejandro el Grande, hijo de Filipo, rey de Macedonia. En 335 a. C. volvió a Atenas, donde fundó su propia escuela de filosofía, el Liceo, en el que enseñó durante trece años. A partir de ese momento escribió gran parte de su obra. En el año 323 a. C. se vio obligado a dejar Atenas por la difícil situación política que vivía la ciudad y se instaló en la isla de Eubea, donde murió en 322 a. C., a la edad de 62 años.

Según Aristóteles, Heráclito observaba cambios por todos lados por cuanto era un *physikos*, un pensador que no iba más allá de los fenómenos naturales y que, por lo tanto, no tenía acceso al mundo verdadero del ser. La teoría de que las cosas simultáneamente son y no son, tal como lo sostenía Heráclito, es inaceptable para Aristóteles, pues, en su opinión, destruye la posibilidad misma del pensamiento racional. Si aceptamos lo propuesto por Heráclito, no tenemos cómo acceder a la verdad, pues significaría que todo es verdadero y no verdadero al mismo tiempo. En su *Metafísica*, Aristóteles señala:

---

28 Hay quienes sostienen que el nombre fue acuñado por otros que, al catalogar esta obra entonces sin título, le pusieron *Metafísica*, por haber sido escrita luego de su Física.

"[…] es imposible para cualquiera creer que la misma cosa es y no es, como algunos piensan que dijo Heráclito. Pues lo que un hombre dice no necesariamente lo cree; y es imposible que atributos contrarios puedan pertenecer al mismo tiempo al mismo tema […], y si una opinión que contradice a otra es contraria a ella, obviamente es imposible para el mismo hombre, al mismo tiempo, creer que la misma cosa es y no es; pues si un hombre estuviera equivocado en este punto él debiera tener opiniones contrarias al mismo tiempo".

Si, más allá de lo que esta obra sostiene, nos preguntamos contra quién está escrita la *Metafísica*, reconocemos −tal como también sucedió con Platón− que Aristóteles lucha contra Heráclito y contra los sofistas, y entre estos últimos, especialmente contra Protágoras. Ellos son su blanco y sus adversarios principales. La *Metafísica* fue escrita con el propósito de demostrar que ellos estaban equivocados. Respecto de Protágoras, Aristóteles señala lo siguiente:

"Él [Protágoras] dijo que el hombre es la medida de todas las cosas, implicando simplemente que lo que es del parecer de cada hombre es por seguro así. De ser efectivo, se deduce que la misma cosa a la vez es y no es, que es mala y es buena, y que los opuestos de toda otra proposición son verdaderos, por cuanto a menudo una cosa particular aparece como bella a algunos y lo contrario de bella a otros, y lo que le parece a cada hombre es la medida".

Es interesante este comentario pues, en rigor, tergiversa lo planteado por Protágoras. Cuando este habla del "hombre" no se está refiriendo al individuo, o al conjunto de los hombres particulares. La referencia de Protágoras es al hombre en su sentido genérico, sentido del que todos los individuos participan. Por supuesto que los individuos suelen discrepar entre sí. Eso lo saben los sofistas y es a partir de ello que Protágoras desarrolla su doctrina del *homo mensura*. Pero cada uno de los individuos y, por lo tanto todos ellos, participan en el acto de conferirle sentido a la realidad, aunque esta última bien pueda ser diversa; y por eso ellos son la medida de todas las cosas. Para entender cabalmente la posición adoptada por Protágoras es preciso desarrollar una mirada genérica —que trascienda las individualidades— sobre los seres humanos.[29]

La manera en que Aristóteles busca resolver el problema del cambio planteado por Heráclito difiere, sin embargo, de la que proponía Platón. Aristóteles rechaza el dualismo presente en la propuesta de Platón, la separación que este hace entre el mundo de los sentidos y el de las formas puras; entre el mundo terrenal y el, trascendente y celestial, de las ideas abstractas y universales. Aristóteles toma distancia de la opción idealista asumida por Platón, que situaba en la esfera trascendente de las formas ideales el fundamento de la realidad.

Para Aristóteles, la realidad es una: el mundo de las cosas en el que estamos insertos y que observamos. Si Platón estaba influido por el enfoque abstracto de las matemáticas pitagóricas, Aristóteles opta por un enfoque basado en una mirada empírica, más cercana a la visión de la biología que desplegaba su padre. Examina los problemas filosóficos de la misma manera en que la biología explora cómo la vida se genera y cómo los seres vivos (plantas y animales) se desarrollan. Es en este mundo terrenal que Aristóteles procura encontrar lo universal e imperecedero, en sus regularidades, incluso en sus ciclos, en las leyes de su dinámica de funcionamiento. En su búsqueda de lo universal, Aristóteles evita tener que recurrir a principios trascendentes como lo hacía su maestro.

Según Aristóteles, "la filosofía debiera llamarse el conocimiento de la verdad". Cada esfuerzo dirigido hacia el conocimiento de la verdad pertenece al campo de la filosofía. Para él, la física, la ética, la lógica, por ejemplo, son todas ramas de la filosofía. Sin embargo, existe una rama

---

29 Es esta mirada genérica la que, en la primera mitad del siglo xx —más de veintidós siglos más tarde—, será desarrollada y en la que profundizará Martin Heidegger.

—la que se expone en la *Metafísica*— que sostiene y abarca a todas las anteriores. Esta rama se caracteriza por cuanto

"investiga *el ser en cuanto Ser* y los atributos que le pertenecen en virtud de su propia naturaleza".

Aunque evita el recurso platónico de la trascendencia, Aristóteles no abandona la mirada de Parménides y su noción del ser.

En la *Metafísica* reconoce que

"hay ciertas propiedades peculiares del ser en cuanto tal, y es a partir de ellas que el filósofo debe investigar la verdad".

Estas propiedades peculiares del Ser en cuanto tal deben, por lo tanto, guiar o conducir el pensamiento en la búsqueda de la verdad. Al reflexionar sobre el "ser en cuanto Ser", Aristóteles considera que arriba a "algo cuya naturaleza es inmutable".[30]

Según Aristóteles, para captar la naturaleza inmutable de las cosas no es necesario postular, como lo hacía Platón, un mundo diferente. Si las cosas cambian, nos señala, es por cuanto la posibilidad del cambio estaba ya contenida en ellas, en su ser. Lo estaba, nos advierte, solo que en estado de potencia.

---

30 Al escribir esto recuerdo mis debates en la Universidad con el padre Delanoy, profesor de filosofía tomista, cuando planteábamos la importancia de realizar algunas transformaciones en la enseñanza, para luego avanzar hacia transformaciones mayores que nos llevaran a cambios en las condiciones históricas que entonces vivíamos. El padre Delanoy, siguiendo a Aristóteles, me interpelaba: "Pero Rafael, ¿es la historia lo que es o lo que no es?". A lo que yo respondía, algo desconcertado: "Pues claro, padre, la historia no puede sino ser lo que es". "Entonces, Rafael", me respondía él, "si la historia es lo que es, en cuanto es, tiene los atributos del Ser y por lo tanto es inmutable". Yo me reía. Y aunque pensaba que algo andaba mal —y muy mal— en su respuesta, entonces no me preocupaba por descubrir qué era aquello que lo conducía a sostener sus convicciones, cuál era la trampa en la que estaba atrapado su argumento. Me extrañaba, sí, que su conclusión no lo hiciera sospechar de su razonamiento. La convicción de acometer las transformaciones que buscábamos solo se acrecentaba, aunque crecía mi preocupación por la formación que entonces recibían mis compañeros de filosofía, muchos de ellos alumnos del padre Delanoy.

No es descartable que Aristóteles, dada su afición por la biología, llegara a esa conclusión luego de observar el desarrollo de las plantas y de los animales. Los cambios que ellos exhiben no son aleatorios, sino que remiten a rasgos constitutivos de sus formas de ser originales y particulares. Pero ello significa que, si la posibilidad del cambio ya estaba contenida al nivel del ser, lo nuevo, en rigor, estaba ya presente. De ser así, nada de lo que sucede introduce algo nuevo y, por lo tanto, el supuesto cambio, estrictamente, no tuvo lugar: lo que observamos es solo el tránsito de un estado a otro, a través del cual lo que estaba en estado de potencia ha pasado ahora a un estado de actualización. Todo cambio, entonces, solo expresa la actualización de una potencia ya presente en el ser de las cosas.

Esto significa que, al nivel del ser, la posibilidad de cambio estaba presente, solo que en estado de potencia. El ser, por definición, se constituye entonces como el dominio de atributos inmutables o, como también podría decirse, un dominio en el cual la inmutabilidad es, por definición, un atributo. El cambio, si bien no queda clausurado, en rigor no representa la generación de algo nuevo, pues su posibilidad ya estaba contenida en su ser. Por lo tanto, el ser de toda entidad determina y define la manera como ella actúa y reacciona. El ser de cada uno de nosotros antecede a nuestras acciones y reacciones. El comportamiento de una entidad remite a su ser.

Siempre he considerado que este argumento aparenta contener el vicio de su circularidad. Lo que sostiene permite ser expresado en términos de que todo lo que acontece, para acontecer, debió haber sido posible que aconteciese. Aristóteles sabe esto. Lo que su concepto de potencia tiene de especial es el hecho de que la posibilidad de tal acontecer está situada al interior de la entidad que registra el cambio y forma parte de "su" ser. Ello posee, sin duda, alguna validez. Los cambios de toda entidad están restringidos a los factores que la constituyen y sus posibilidades de cambio no son cualesquiera o infinitas.

Pero el principio aristotélico, tal como lo enunciábamos antes, no reconoce suficientemente que las posibilidades del acontecer no solo involucran las potencialidades de la entidad comprometida sino también el entorno en el que esta está situada y las relaciones con otras entidades de las que ella participa. Aristóteles pareciera estar igualmente consciente de ello y busca resolver esta objeción a través de su teoría de las causas. Hay formas del acontecer que, para tener lugar, requieren ser "gatilladas" por elementos externos. Es lo que Aristóteles llama una "causa eficiente".

Con todo, la posición de Aristóteles deja varias preguntas sin responder. Cuando un individuo aprende, si bien podemos aceptar que poseía la capacidad de aprendizaje y, por lo tanto, de autotransformación —o sea que el potencial para hacerlo ya existía—, difícilmente se sostiene que lo que aprende o aquello en lo que se transforma estaba ya presente, en estado de potencia. Procurar entonces resolver los problemas asociados a las transformaciones con el recurso de la distinción entre acto y potencia, aunque se trata de un mecanismo ingenioso, termina por causar más problemas de los que soluciona.

Una de las razones detrás de estos problemas reside, en mi opinión, en la importancia que la filosofía de Aristóteles le confiere al principio de identidad, viga maestra, como veremos, de su lógica. Aunque Aristóteles destaca que el ser humano es un ser político —y, por lo tanto, un ser social—, el principio de identidad lo conduce a privilegiar la búsqueda de explicaciones en el interior de cada entidad, dentro de "sí misma", restándole valor al hecho de que, en la identidad individual de los seres humanos, el conjunto de sus relaciones con los demás y el carácter de los sistemas sociales de los que participa —e incluso el entorno natural en el que se desenvuelve— juegan un rol determinante y ello acontece a través de múltiples mecanismos.

Volvamos atrás. A partir de lo ya señalado, constatamos que el mundo del ser no es, para Aristóteles, un mundo diferente y que trasciende del mundo en el que nos encontramos, como lo era para Platón: la realidad es una. La dimensión inmutable de la metafísica de Aristóteles remite a la esencia, una dimensión inmanente de esta misma realidad que hace de sustrato de todas las cosas. Por lo tanto, siendo la realidad una, ella tiene dos dimensiones. Por un lado, la dimensión de la apariencia, en la que se expresa el cambio, dimensión en la que habría quedado atrapado Heráclito; por otro lado, la dimensión de la esencia, que gobierna el acontecer que observamos a nivel de la apariencia y en la que podemos desentrañar el trasfondo inmutable del ser de las cosas.

Cabe destacar que la noción de esencia que nos propone Aristóteles remite al término *ousia*, el cual fue traducido al latín por medio de dos términos: como *esencia*, pero también como *sustancia*, lo cual no resulta significativo pues la tradición filosófica posterior, apoyándose en esta doble acepción, ha acentuado precisamente la tendencia a "sustancializar" tanto el ser como su esencia.

El dualismo del cual Aristóteles quería alejarse reaparece al dividir en dos dimensiones —esencia y apariencia— la realidad única que postula. Por lo tanto, en esta realidad única de dos pisos descubrimos que las cosas son "esencialmente" inmutables, pues al nivel de la esencia no hay cambio. El mundo de Parménides no se nos revela al nivel de la apariencia sino al de la esencia de todo lo existente. A este último nivel se accede a través de la indagación metafísica racional. Esto, según Aristóteles, no logró ser reconocido por Heráclito por cuanto nunca dejó de ser un *physikos*, un filósofo naturalista.

Para Aristóteles, Heráclito y todos aquellos que sostienen que las cosas son y no son al mismo tiempo se contradicen a sí mismos. Lo que dicen, en su opinión, resulta insostenible:

"[...] debemos mostrarles y persuadirlos de que hay algo cuya naturaleza es inmutable. En efecto, aquellos que dicen que las cosas al mismo tiempo son y no son deben decir consecuentemente que todas las cosas están quietas en vez de decir que están en movimiento; pues no existe nada en lo que puedan cambiar, dado que todos los atributos pertenecen desde el inicio a todos los sujetos".

La metafísica de Aristóteles, de este modo, descansa en tres importantes pares de distinciones. Por un lado, la distinción entre apariencia y esencia. El cambio se registra en la apariencia o, dicho de otra forma, el cambio es solo aparente. Pero en el nivel profundo y esencial, el cambio desaparece. Para dar cuenta de lo anterior, como vimos, Aristóteles introduce una segunda distinción en la que separa potencia de acto. A partir de esta distinción, sostiene que el cambio al nivel de la apariencia, en rigor, no es sino la actualización de lo que, al nivel de la esencia, ya existía como potencia. Esto es complementado con una tercera distinción que separa la identidad profunda e inmutable de las cosas —su *ser per se*— de su *ser per accidens*. En esta última, Aristóteles reconoce los cambios que el entorno produce en las cosas, cambios, sin embargo, determinados por la potencia pasiva que está contenida en su ser esencial.

Tenemos que reconocerle a Aristóteles el mérito de haber vuelto a colocar la preocupación por el lenguaje dentro de sus reflexiones. Esta preocupación asume tres formas. En primer lugar, se manifiesta en la fundación de la lógica. La lógica es el estudio de la manera como el lenguaje puede conducirnos a la verdad. A este respecto observamos un fuerte vínculo entre la preocupación de Aristóteles por el lenguaje y su compromiso metafísico. Aristóteles nos entrega una doble definición del ser humano. Nos dice, por una parte, qué es un *zoon logikon*. El término *logikon*, de la familia del término *logos* utilizado por Heráclito, tiene un doble sentido: significa "lenguaje" y "razón". En Aristóteles, el énfasis pareciera estar puesto más en la razón que en el lenguaje. El hombre es un ser racional. El camino de la racionalidad es el pensar lógico.

Por otra parte, tal como ya lo anticipamos, Aristóteles plantea que el ser humano es un *zoon politikon*: un animal político, un animal que vive en sociedad. Al ser así reconocido, el lenguaje vuelve a aparecer en escena como expresión de los vínculos sociales de los individuos. A diferencia de Platón, sin embargo, Aristóteles no se interesa por proponer un modelo particular de sociedad. La política escapa, para Aristóteles, de la posibilidad de ser encapsulada en un modelo universal. Las modalidades de articulación política deben determinarse de acuerdo con las circunstancias, lo que nos muestra el carácter más plural de la propuesta aristotélica. Tanto el ser como el bien se conjugan de distintas formas.

En segundo lugar, el interés de Aristóteles por el lenguaje se manifiesta en su preocupación por la retórica, que era –como ya vimos– una disciplina de gran importancia para los sofistas. Sin embargo, de sus trabajos dedicados al lenguaje –*Lógica*, *El arte de la retórica* y *Poética*– fue el primero el que mayor influencia ejerció en el desarrollo posterior de las ideas. La retórica, en cuanto disciplina, pronto sería relegada a un rol secundario, particularmente en la modernidad.

En tercer lugar, la preocupación aristotélica por el lenguaje se expresa también en la obra *Poética*, en la que indaga en el lenguaje como recurso de expresión artística. De esta obra solo nos han llegado fragmentos, por lo que no disponemos de su versión completa. La poesía representa para Aristóteles una manera particular de entender las cosas, diferente de la que nos proporciona la filosofía. Con todo, la poesía genera placer en los seres humanos. En su opinión, esta se despliega a través de la imitación, creando mundos imaginarios. De este modo, Aristóteles nos advierte que

"hay que preferir lo imposible verosímil a lo posible increíble; y los argumentos no hay que ensamblarlos sobre la base de elementos irracionales, sino que en la mayor medida posible nada irracional deben tener o, en caso contrario, que sea fuera de la fabulación [...]".

Como podemos apreciar, la razón, incluso en el ámbito de la poesía, debe seguir siendo "la medida".

Es importante reconocer que la lógica de Aristóteles es tributaria de su metafísica. No se trata de dos dominios separados. Esto se expresa con claridad en los tres principios básicos que la sustentan. En ellos se percibe el esfuerzo de Aristóteles por oponerse, por cerrarles nuevamente el paso, tanto a Heráclito como a Protágoras. Estos principios son el de identidad, el de no contradicción y el del tercero excluido.

El principio de identidad es el más importante de los tres. Los otros dos operan como restricciones y no como fundamentos del razonamiento. El principio de identidad sostiene que algo no puede ser y no ser, al mismo tiempo y dentro de la misma relación. La identidad implica que la forma de ser de una identidad remite a sí misma. Dicho en términos aristotélicos, "es imposible que las afirmaciones opuestas sean verdaderas al mismo tiempo respecto del mismo ser".

El principio de no contradicción afirma que es imposible que un atributo pertenezca y no pertenezca al mismo sujeto, bajo las mismas circunstancias. Y, por último, el principio del tercero excluido señala que dos proposiciones contradictorias no pueden ser ambas verdaderas, bajo las mismas condiciones, y no hay una tercera opción.

En la *Lógica*, Aristóteles busca dar cuenta de las leyes de desenvolvimiento del *logos*, de la razón, tanto en razonamientos deductivos como inductivos. El *logos* no es arbitrario ni puede desplazarse a cualquier parte. Por el contrario, debe someterse a leyes que lo gobiernan; leyes que le garantizan alcanzar conclusiones verdaderas. En la *Lógica* busca desentrañar esas leyes. Uno de sus presupuestos básicos es la premisa de que *las verdades se deducen de verdades* o que una verdad puede conducir a otras verdades. Esto se articula en su propuesta del silogismo como núcleo básico del pensamiento racional.

La estructura formal del silogismo aristotélico plantea que este arranca de una primera verdad, de carácter general –la premisa mayor–, a la que se le añade una segunda verdad, de carácter particular –la premisa menor–, y que de ambas es posible deducir una tercera verdad: la conclusión.

El ejemplo clásico del silogismo ofrecido por Aristóteles es el siguiente:

"Todos los hombres son mortales.
Sócrates es un hombre.
Por lo tanto, Sócrates es mortal."

No deja de ser curioso que estemos terminando nuestra exposición sobre el nacimiento de la ontología metafísica –iniciada parcialmente con Sócrates y consolidada con Platón– con la conclusión de que "Sócrates es mortal". Curioso por cuanto –si seguimos lo insinuado por Nietzsche– Sócrates habría tomado el camino metafísico en respuesta, en parte, al miedo que le inspiraba la muerte. Para ahuyentar dicho temor, Sócrates se habría refugiado en las ideas abstractas y universales, inmutables y verdaderas, en el poder de la razón que permitía acceder a ellas, y en la separación entre un cuerpo mortal y un alma inmortal. Al abrazar la razón, considerada como el principal atributo del alma, Sócrates podía ahora despreciar tanto el cuerpo como la emocionalidad, desde la cual ese miedo lo acosaba. Sócrates podía ahora morir en paz, persuadido de la inmortalidad de su alma, libre de sus miedos y de los deseos del cuerpo. ¿Será acaso cierto, como dice Nietzsche, que toda filosofía es, en último término, una suerte de *confesión*?

****

Con Sócrates, Platón y Aristóteles nace la ontología metafísica. En ellos, como vimos, podemos reconocer influencias de corrientes de pensamiento anteriores, entre las que cabe destacar la filosofía de los números y de las formas geométricas de Pitágoras, la filosofía del ser inmutable de Parménides e, incluso, la filosofía de la mente de Anaxágoras. Pero son los tres primeros quienes representan su núcleo básico.

En Sócrates no se articula todavía una concepción sobre el carácter de la realidad, tal como lo vemos en Platón y en Aristóteles. Pero Sócrates aporta elementos importantes que son retomados por ambos. La articulación misma de una filosofía sobre el carácter de la realidad, que caracterizamos como ontología metafísica, aparece solo con Platón y Aristóteles, en distintas variantes. En el caso de Platón, esta filosofía está desarrollada como expresión del conjunto de su pensamiento, pero no lleva un nombre que la designe. Aristóteles se distingue por dedicarle una de sus obras más importantes –*Metafísica*–, fundándola como una rama específica de la filosofía, a la vez que le confiere un nombre.

Desde entonces, el pensamiento metafísico reconocerá estas dos grandes variantes que si bien presentan diferencias significativas comparten varias premisas. Durante muchos siglos, la filosofía de estos dos grandes pensadores tendrá que convivir y dialogar con otras propuestas, como son las de los filósofos estoicos, de los epicúreos, de los escépticos y de los cínicos. Con el paso de la Antigüedad a la Edad Media, la metafísica alcanza progresivamente una hegemonía creciente en la cultura occidental. A ello contribuye el hecho de que la metafísica converge con el desarrollo de la teología cristiana.

Esto sucede, de manera especial, en dos momentos. Primero, en la fase final de la Antigüedad, a fines del siglo IV e inicios del siglo V, con el pensamiento teológico de san Agustín, que se apoya en la filosofía de Platón, en su variante neoplatónica impulsada por Plotino. Luego, en el siglo XIII, con la teología de santo Tomás de Aquino, que integra el pensamiento de Aristóteles al pensamiento cristiano. No en vano, en una de sus premisas centrales, Tomás de Aquino señala *"agere sequitur esse"*: "la acción sigue al ser". A partir de esta convergencia, la ontología metafísica deviene definitivamente hegemónica en Occidente, permeando los distintos planos de su desarrollo cultural.

Alfred North Whitehead sostiene que los distintos desarrollos de la filosofía occidental, desde muy temprano, no son sino una nota al pie de página de la filosofía de Platón. Es un razonamiento válido, pues apunta al rol hegemónico que ella ejerció. Pero su influencia se extiende más allá del ámbito de la filosofía. La metafísica pronto se convirtió en la estructura subyacente a nuestro sentido común.

Durante muchos siglos, la ontología metafísica registró importantes desarrollos y evolucionó en múltiples direcciones. Estos desarrollos no pueden ser ignorados. Algunos filósofos, en años recientes, mostraron una postura fuertemente antimetafísica, como sucede por ejemplo con Bertrand Russell. Pero este ataque estaba dirigido hacia la metafísica en cuanto rama de la filosofía y no hacia la estructura metafísica que contaminaba la cultura y que había terminado por imponerse como sustrato del sentido común occidental. Existieron, sin duda, voces disidentes. Pero no alcanzaron el volumen ni la profundidad suficientes como para amenazar los cimientos de este gran edificio.

III

La estructura de la ontología metafísica

La ontología metafísica es la primera articulación filosófica desarrollada en Occidente en torno del carácter genérico de la realidad y nos señala cómo requiere ser pensada. Su foco no está puesto en una entidad real particular, sino en la realidad en general. Se trata, por lo tanto, de una reflexión genérica. La indagación de los filósofos naturalistas en el *arjé* avanzaba en esa dirección, pero solía restringirse a las entidades que conforman la naturaleza. Con ello se excluía, por ejemplo, la mirada sobre el ser humano. Pero quedaba también excluida la reflexión acerca de cómo el ser humano debía conducir su meditación sobre la realidad, independientemente de aquella entidad específica hacia la cual se dirigía.

Es cierto que algunos filósofos naturalistas, como sucedió con Heráclito, indagaban en lo que este llamaba "su propia naturaleza", pero lo hacían desde las restricciones que les imponía su foco inicial en los fenómenos naturales y no había en ellos una concepción articulada respecto de cómo requiere ser pensada la realidad. Fue a partir de

Sócrates, pero muy particularmente con Platón y Aristóteles, cuando tomó forma una concepción del carácter genérico de la realidad, de la cual era posible deducir cómo esta requiere ser pensada. Es cierto que, en el caso de Sócrates, ello se circunscribía al tema de las virtudes que conducen al bien vivir, pero fue utilizando la forma socrática que Platón y luego Aristóteles avanzaron hacia una respuesta acerca de cómo es y requiere pensarse cualquier realidad.

Sócrates proponía de manera explícita que cualquier virtud remite a una idea abstracta y universal que le confiere su carácter. Esto lo exploramos al examinar la estructura reflexiva del diálogo platónico *Eutifrón*. Tal como lo vimos entonces, Sócrates sugería que es en el dominio de las ideas donde es necesario sustentar el conocimiento de la realidad concreta. La noción socrática de las ideas fue asimilada por Platón en arreglo con las formas abstractas de la geometría y de la naturaleza de los números, provenientes de la escuela pitagórica. Por otro lado, Platón, siguiendo a Parménides, estableció que explorar el carácter de las cosas a fin de entender cómo ellas "son" supone dar cuenta de su "ser", concebido como inmutable por Parménides.

Este fue el núcleo originario de la metafísica, aunque, en rigor, el término fuera acuñado algo más tarde por Aristóteles, lo cual no había impedido que la pregunta por el ser de la realidad y de todo cuanto la conforma ya haya constituido la inquietud filosófica central de Platón. Como se ha señalado frecuentemente, Platón fue el primero en ofrecernos una filosofía sobre el carácter de la realidad, con lo cual trascendía el ámbito de la naturaleza sobre el que reflexionaban los filósofos naturalistas.

Tanto para Platón como para Aristóteles, la respuesta involucrada en la indagación sobre el "ser" de las cosas era considerada única y verdadera respecto de lo que denominamos "la pregunta sobre el carácter genérico de la realidad". Tal como lo sostuvimos, es importante considerar que, al articular la pregunta como una indagación sobre el "ser", la respuesta quedaba contaminada por la pregunta. Dicho de otra forma, al formular en dichos términos la pregunta, se predefinía el camino de la respuesta. Esto les impidió a Platón y a Aristóteles reconocer que sus respuestas, más allá de sus diferencias, eran tributarias de un camino común que, según podemos reconocer hoy, no es único ni exclusivo.

Uno de nuestros argumentos centrales será precisamente demostrar que hay otros caminos, radicalmente distintos de aquel seguido por la metafísica, y que actualmente se nos presentan como más sólidos y convincentes. En otras palabras, se trata de probar que la respuesta metafísica no solo es una de tantas posibilidades para dar cuenta del carácter genérico de la realidad sino que, además, bajo las actuales condiciones históricas, ella devino altamente problemática.

Para argumentar lo anterior es necesario ir más allá de las diferencias que existen entre las filosofías de Platón y de Aristóteles y concentrarnos en los rasgos que ambas tienen en común. Esta matriz común se corresponde con lo que Nietzsche, en su momento, llamó "el programa metafísico"[31] y que nosotros denominamos "ontología metafísica". Lo que nos interesa en este capítulo es poder caracterizar dicha ontología, de manera de ser capaces de identificar sus premisas constitutivas.

Las premisas de la ontología metafísica

Para entender la matriz de esta ontología metafísica y lograr evaluarla, criticarla y eventualmente superarla, es necesario especificar en qué consiste. Esto implica identificar los supuestos básicos —o las premisas— en los que se sustenta, en cuanto representa una forma particular de concebir la realidad, y reconocer cómo esa forma nos conduce, primero,

---

31 Es importante advertir que el término "programa metafísico" le confiere a la noción de metafísica una connotación particular y que el término "metafísica", como ya señalamos, es frecuentemente utilizado en filosofía en un sentido más amplio, que involucra una acepción diferente de la que le asignamos aquí. Cuando se habla de metafísica, por lo tanto, no siempre se apunta a lo mismo y es conveniente estar advertido de ello.

a determinados modos de pensar y de generar sentido y, enseguida, a cómo afecta también nuestros comportamientos, nuestra capacidad de intervención sobre la misma realidad, nuestras relaciones con los demás y con nosotros mismos y, en último término, el carácter de nuestra existencia.

Desde nuestra perspectiva, sus premisas fundamentales son las cinco que detallamos a continuación.

Este mundo y esta vida, en sí mismos, no tienen sentido

En desarrollos anteriores no solíamos incluir esta premisa. Pero pronto tuvimos que reconocer que no podíamos prescindir de ella, pues las que identificábamos entonces la daban por supuesta. En efecto, la ontología metafísica se formula a partir de una preocupación central por el sentido del mundo y de la vida, aunque no lo haga explícito. No se trata, sin embargo, de una inquietud que uno pueda fácilmente reconocer en otros pueblos de la Antigüedad. No la vemos, por ejemplo, en los pueblos de Mesopotamia o de Egipto, por cuanto la religión tiene en ellos un peso que no encontramos en Grecia.

La religión suele proveer el sentido que los seres humanos necesitan. Esto no significa que la inquietud por el sentido del mundo y de la vida no esté presente. Que la pregunta por el sentido de la vida no se formule expresamente no se debe al hecho de que tal inquietud esté satisfecha. La diferencia reside en que la religión le responde incluso antes de que la pregunta quede formulada. Esta diferencia entre estas civilizaciones y la griega marca contrastes importantes. No es extraño que, cuando Heródoto visita Egipto, nos señale con asombro que "de todas las naciones del mundo, los egipcios son los más felices, los más sanos y los más religiosos". La felicidad suele ser una consecuencia del sentido que le otorgamos a la vida. Tal sentido se nutre a menudo de un arraigado sentimiento religioso.

En Grecia, el peso de la religión es más tenue. No existe un estamento sacerdotal con el poder que este exhibe en otros pueblos, como en el caso de Egipto. Tampoco se veneran profetas, portadores de un mensaje sagrado. Los mitos griegos son difundidos por poetas y no por profetas. Y la pregunta por el sentido del mundo y de la vida adquiere, por lo tanto, una presencia distinta. La mitología griega no responde explícitamente a ella, como acontece en otras culturas con las religiones. De allí que la preocupación que exhiben los griegos respecto del destino sea más marcada que en otras latitudes. Ellos se sienten en una situación de mayor desamparo e incertidumbre frente a la vida. [...] uno de los factores que los lleva a consultar los oráculos o a interrogar a Apolo, dios que tiene el poder de anticipar el futuro, y a escuchar su palabra a través de su sacerdotisa, la Pitia. Este mismo desasosiego lo percibimos también en el origen de la tragedia griega y en sus relatos sobre seres humanos que luchan ciega e infructuosamente contra el destino.

Jacob Burckhardt, el gran estudioso de la cultura griega del siglo XIX, nos señala que uno de los rasgos característicos de esta cultura es su dimensión agonal.[32] *Agon*, en griego, significa "lucha". De allí proviene el vocablo *agonía*, que da cuenta de la lucha que libran, al final de nuestra existencia, la vida y la muerte. Los griegos conciben la vida como contienda. Esto quizás explique la importancia que confieren a las justas deportivas, como las olimpíadas. Estas contiendas, para los griegos, no son como lo son hoy para nosotros un simple motivo de esparcimiento. Por el contrario, son expresión de la vida misma y ocupan un lugar central en la existencia de todo individuo y de la ciudad.

Pocos eventos despiertan tanta atracción y admiración entre los ciudadanos como las contiendas deportivas panhelénicas, en las que participan todas las ciudades que conforman el mundo griego, distribuidas alrededor del Mediterráneo. Para participar en estos eventos se realizan otros, más reducidos, en los que se selecciona a los representantes de cada ciudad. A los ganadores les erigen estatuas como home-

---

32   Jacob Burckhardt, *The Greeks and Greek Civilization*, St. Martin's Griffin, Nueva York, 1999.

naje y expresión de aprecio y reconocimiento. En estos eventos panhelénicos no participan solamente atletas: también hay contiendas entre poetas, entre dramaturgos, entre polemistas. Lo agonal marca la vida de los griegos y contribuye a conferirle sentido.

Es importante examinar la noción de contienda. Lo haremos precisamente apoyándonos en las justas deportivas. En estas, el atleta debe superar tres tipos de obstáculos. En primer lugar, aquellos que están dispuestos en la pista y que son parte del terreno en el que debe desempeñarse. En segundo lugar, el atleta se enfrenta también a sus adversarios, a quienes debe superar. Pero en tercer lugar, asimismo, debe vencer los obstáculos que provienen de sí mismo, de su carácter, de su forma de ser y que lo obligan a superarse, tanto en el proceso de entrenamiento como durante el desarrollo de la contienda. Esta última prueba pone al atleta en situación de cultivar su cuerpo y, además y sobre todo, su forma de ser, lo que algunos llaman su alma y otros, su mente. Cuerpo y alma, cuerpo y mente, por lo tanto, requieren funcionar en armonía.

La importancia conferida al cultivo del cuerpo y del alma es un rasgo característico de la cultura griega. Sin embargo, hay algo curioso en la noción griega de la contienda deportiva. Y es que los dioses no intervienen, son simples espectadores. Los seres humanos son abandonados a su suerte, tal como los griegos entienden que deben conducirse en la vida.

Si para los griegos es necesario conferir sentido a la vida, es menester reconocer que dan por entendido que la vida y el mundo no lo otorgan por sí mismos. Ese sentido no está dado y es preciso buscarlo y esforzarse hasta encontrarlo. Se trata de un desafío que, en general, todo individuo, en mayor o menor grado, tiene que asumir durante su existencia.

La pregunta por el sentido de la vida y de este mundo, por lo tanto, es un aspecto importante de la cultura griega. Si en otros pueblos esta dimensión de búsqueda de sentido no es visible, o al menos tan marcada, es precisamente por cuanto sus culturas, muchas veces a través de la religión, lo proveen. Por lo demás, el desarrollo del comercio que tiene lugar en Grecia contribuye a matizar el fuerte sentido comunitario que exhiben otros pueblos más recluidos en sí mismos. El comercio expone a los griegos a frecuentes contactos con culturas muy diferentes y acentúa el sentido de individualidad y de libertad.

El sentido del mundo y de la vida debe buscarse en un mundo diferente del que observamos, que trasciende aquel que tenemos al alcance de los sentidos

Si, por un lado, este mundo y esta vida no nos proveen su propio sentido y si, por otro, lo requerimos para poder vivir, es preciso entonces salir a buscarlo. Si no nos es dado, si no está aquí, a la vista, pues tenemos que buscarlo más allá. Esa es la tarea que precisamente acometen Sócrates y Platón. Ambos procuran enseñar dónde debe buscarse y cómo se conquista tal sentido. Para ambos, este sentido ausente lo provee el mundo trascendente de las ideas. Al concebirlo de ese modo, inauguran dos importantes rasgos que acompañarán buena parte del desarrollo filosófico posterior: el dualismo y el idealismo.

El dualismo postula que la realidad está conformada por dos esferas: aquella a la que accedemos a través de los sentidos y aquella otra que está más allá de estos y que, al menos para Platón, es trascendente. Esta segunda esfera de la realidad no solo sería capaz de conferirle sentido a la primera, sino que, a la vez, es la que la genera y conduce. La realidad, por consiguiente, es dual, siendo la esfera trascendente la que domina aquella a la que accedemos a través de los sentidos. Esta última, por lo tanto, no es sino una versión distorsionada de la esfera trascendente, tal como procura demostrarnos Platón a través de su alegoría de la caverna.

Pues bien, ese mundo del más allá, a través del cual logramos explicar y conferir sentido al mundo en el que vivimos, está poblado de ideas, de entidades inmateriales, abstractas y universales, que rigen el mundo concreto. Es importante recordar que la importancia de las ideas fue consecuencia de la invención del alfabeto que tuvo lugar pocos siglos antes. Este invento permite el pasaje de un lenguaje que giraba en torno de eventos épicos, relatados a través de la poesía, a un lenguaje más bien prosaico, sustentado en conceptos y en el que destaca la importancia de las ideas.

Mientras los eventos épicos son ejecutados por agentes (seres humanos, dioses o semidioses), los conceptos y las ideas, promovidos ahora por el alfabeto, poseen una apariencia de autonomía sobre los primeros. Esto permite entender los conceptos y las ideas como aquello que guía las acciones de los agentes. Esta separación y la capacidad de los conceptos e ideas de imponerse a los propios agentes está en la base del desarrollo del idealismo, que postula que son las ideas las que gobiernan la realidad. Lo anterior pudimos apreciarlo en el capítulo II, cuando examinamos el diálogo entre Sócrates y Eutifrón.

Aristóteles, como vimos, al no sentirse cómodo con el dualismo de Platón —y tal vez influido por su afición por la biología—, desarrolla una filosofía que afirma que la realidad es una. No es necesario, sostiene, postular una realidad trascendente. La realidad es una sola. Sin embargo, en la medida en que comparte que el mundo aprehendido por los sentidos es ilusorio y carente de sentido, ya que en él no se revela el carácter real de las cosas ni se permite desentrañar cabalmente su comportamiento, Aristóteles nos propone penetrar en una esfera subterránea, en la que accedemos a la verdadera esencia de lo percibido a través de los sentidos.

Detengámonos un momento. ¿Qué es la esencia? Tal como lo señalamos, el término en castellano proviene del latín *essentia* —y este, del griego *ousía*— y remite al conjunto de atributos permanentes, y por lo tanto inmutables, que definen cómo una cosa es. En otras palabras, designa el conjunto de atributos, cualidades, virtudes o defectos, todos ellos invariables, que definen el ser de todas las cosas.

Esto suscita diferentes reflexiones. En primer lugar, constatamos que se trata de un término que hace de receptor de una realidad ideal, que tanto Sócrates como Platón sitúan en una esfera trascendente. En segundo lugar, es también un recurso explicativo que busca dar cuenta del comportamiento de una entidad a partir del supuesto de que tal comportamiento remite a su ser y que este posee atributos inmutables.

Al acceder a estas supuestas esencias, reconocemos que aquello que los sentidos revelan es solo una parte de la realidad e impide entender cómo son las cosas realmente. Al introducir la distinción entre esencia y apariencia, Aristóteles evita postular una esfera trascendente de la realidad, pero, en rigor, no logra evitar el dualismo que buscaba superar. Explorando las esencias a las que los sentidos no acceden, Aristóteles constituye una esfera inmanente, situada no más allá de la realidad perceptible sino en el interior de las cosas mismas, lo que se traduce en "dualizar" nuevamente la realidad. Sin postular una esfera trascendente, establece que la realidad, siendo una, posee sin embargo dos niveles diferentes.

La noción metafísica del ser y sus atributos

Para los metafísicos, como hemos visto, los sentidos impiden comprender cómo son realmente las cosas. Para determinar su sentido y su comportamiento es preciso acceder a una esfera distinta, sea esta trascendente —como en el caso de Platón— o inmanente, como en el de Aristóteles. En estas esferas superamos las limitaciones propias de los sentidos y logramos entender cómo son las cosas o, siguiendo a Parménides, el real ser de las cosas. Desplazándose ya sea hacia arriba o hacia abajo, ambos, Platón y Aristóteles, sostienen que en las respectivas esferas encuentran el ser de las cosas. Luego de separar caminos, Platón y Aristóteles confluyen.

Para entender cabalmente la realidad es preciso, entonces, acceder al ser, tanto al de todas las cosas como incluso al propio ser de la realidad como tal, del que el ser de cada cosa no es sino una expresión particular. Esto no deja de ser importante. Lo que está implicado no es solo que cada cosa remite a su respectivo ser, sino que esos múltiples seres de la diversidad de las cosas son, a su vez, expresiones particulares del Ser del conjunto de la realidad. Aunque la realidad sea dual, sea por vía trascendente o inmanente, el ser, en último término, es uno. Es esta certeza la que conduce a Aristóteles, en su *Metafísica*, a indagar en "el ser en cuanto ser", más allá de sus determinaciones particulares.

Es importante hacer una suerte de "deconstrucción" de esta noción metafísica del ser. Como lo planteamos anteriormente, el término "ser" surge del verbo *ser* utilizado en la pregunta por cómo "son" las cosas. La respuesta no hace más que reiterarlo. Las cosas, se dice, "son" de acuerdo con su "ser". El verbo utilizado en la pregunta es primero tomado en su modalidad en infinitivo (transitando de "son" a "ser") y luego transformado en sustantivo y, por lo tanto, en entidad, en cosa, en una determinada sustancia.

Esto pone en evidencia la circularidad que existe entre la pregunta y la respuesta y nos permite reconocer que la respuesta, en rigor, no hace más que reiterar uno de los términos de la pregunta. Desde este punto de vista, la respuesta no añade, en apariencia, nada. Pero sí añade, pues nos lleva a creer que tal entidad –el "ser"– existe y que, como veremos enseguida, es inmutable y gobierna el comportamiento de las cosas por las que inicialmente preguntábamos. Es más, dicho "ser" supuestamente determina tanto las acciones y relaciones como las condiciones de existencia de las cosas, lo que nos demuestra que la noción metafísica del Ser surge de un razonamiento espurio.

¿Significa lo anterior que debemos eliminar la noción de Ser? Nuestra respuesta es negativa. El verbo *ser* nos resulta fundamental para el desarrollo del conocimiento. La pregunta por cómo las cosas son es extremadamente valiosa y resulta de importancia capital en nuestra existencia. Al hacerla logramos generar explicaciones que nos conducen a mejores formas de vida. ¿Cómo corregimos entonces la circularidad argumental que criticábamos? Primero, evitando convertir el verbo *ser* en sustantivo, que lo transforma en una entidad o cosa. Segundo, disputando los atributos que la ontología le confiere a ese "ser" ya sustantivado y partir de los cuales se termina por describir cómo "son" las cosas. Sobre este punto volveremos más adelante.

Este razonamiento nos conduce a la siguiente pregunta: ¿cómo caracterizan tanto Platón como Aristóteles a ese Ser que ambos postulan? ¿Cómo es ese Ser único al cual remiten y del que son manifestaciones los seres de todas las cosas? Tres son los principales atributos tanto del Ser único como de todos los seres particulares que conforman la ontología metafísica. Según la metafísica, todo ser es, al menos, inmutable, uno y homogéneo. Estos atributos no son accesibles a los sentidos. Logramos vislumbrar a Parménides e incluso a Pitágoras detrás de los metafísicos. Todo cambio, en último término, a nivel del ser y de las esencias, es una ilusión de los sentidos, una expresión de las limitaciones de nuestro entendimiento y de la contaminación inducida por los sentidos y las apariencias, que se oponen a las formas puras y perfectas de las matemáticas, tal como se reconocen en los números o en las formas geométricas.

El ser es inmutable. Situado en la esfera que le es propia, no cambia. Y si no hay cambio, en su esfera el tiempo no transcurre. Y si no transcurre, en rigor no hay tiempo, pues un tiempo que no transcurre se cancela a sí mismo, deja de ser tiempo. No hay nacimiento ni muerte. En la medida en que todas las cosas remiten a su propio ser, al nivel de su ser, preservan este atributo de la inmutabilidad y acceden a la inmortalidad. Desde la perspectiva de Aristóteles, y en tanto poseen una esencia que define su ser, todas las cosas son inmutables; todas quedan atrapadas por el ser que las constituye. Es el ser esencial lo que determina el comportamiento, la acción, la forma de relacionarse. En tales acciones solo se produce un tránsito del estado de potencia al de acto, o de actualización, tal como lo examinamos en su momento.

De la misma forma, todo ser es uno y homogéneo, plenamente coherente consigo mismo, con su identidad. Por lo tanto, no admite contradicciones. En el mundo trascendente de las ideas y en el mundo inmanente de las esencias, todo es idéntico a sí mismo. Cualquier contradicción no es sino la expresión de una unidad más profunda que todavía no logramos identificar. Las contradicciones solo existen en la esfera de las apariencias, en el mundo limitado de los sentidos. Toda aparente contradicción del ser solo pone en evidencia nuestra ignorancia, nuestra incapacidad para entender dimensiones más profundas o elevadas, dimensiones en las que tal contradicción se disuelve.

La noción metafísica de verdad

La noción metafísica de verdad es tributaria de su noción de ser. En efecto, la verdad para la ontología metafísica consiste en acceder al ser de las cosas. Pero rechazar la ontología metafísica tampoco significa, necesariamente, impugnar la noción de verdad. Implica, sí, rechazar la noción particular de verdad que la metafísica nos ofrece, la cual no es, hoy en día, la única de las que disponemos.

Las ciencias, por ejemplo, nos proponen una noción muy diferente de verdad, que descansa en generar conclusiones a partir de determinados procedimientos definidos y consensuados como válidos por la propia comunidad de científicos. Utilizando una expresión que nos propone Wittgenstein, la verdad científica es un determinado "juego de lenguaje", juego que puede jugarse de distintas maneras y de acuerdo con diferentes reglas predeterminadas por la comunidad de científicos, y que permite acceder a conclusiones que dicha comunidad considera válidas. En la noción científica de verdad, esas reglas de juego cambian en el transcurso de la historia.

Según la metafísica, si accedemos al ser de las cosas, a ese ser inmutable, único y homogéneo al que hacíamos referencia, alcanzamos una verdad definitiva y absoluta y que presume ser la única verdadera acerca de cómo es determinada cosa. Como tal, la verdad metafísica suele ser dogmática, pues tiende a rechazar cualquier otra interpretación. Tiende a rechazar incluso que puedan levantarse otras nociones de verdad que compitan con ella. Se trata, por lo tanto, de una noción que tiende a cerrarse en sí misma, en su propia certeza. Ello nos lleva a reconocer que en todo fundamentalismo existe un sustrato metafísico.

La presunción de que podemos acceder al ser de las cosas, ligada a la noción metafísica de verdad, no es inocente. Traspasa el dominio del conocimiento, condiciona formas de convivencia e instituye una determinada ética en las relaciones interpersonales. Quien opera desde allí, apegado a su verdad metafísica, y suponiendo que sabe cómo las cosas realmente son, cuando se encuentra con alguien que piensa diferente tiende a descalificarlo, a negarle legitimidad, a imponerle un trato sustentado en una supuesta superioridad. Quien piensa diferente, por hacerlo, vale menos. A esta postura la denominamos "arrogancia metafísica", tipificada en seres poseídos por supuestas verdades incuestionables, asociadas al espíritu de la metafísica.

Quienes operan desde allí evidentemente no lo perciben necesariamente así. Cuando se les cuestiona su manera de relacionarse con los demás suelen responder que no están expresando su parecer sino invocando a "la verdad". Es ella −la verdad− y no ellos, la que define tal actitud y el cierre de la posibilidad de diálogo que a menudo acompaña esta aseveración. A partir de la presunción de que somos portadores de una verdad definitiva y absoluta, con frecuencia nos arrogamos derechos sobre los demás que nos conducen no solo a descalificarlos sino también, muchas veces, a excluirlos o incluso a eliminarlos. Pero hay más. Quien se sitúa allí simultáneamente se blinda frente a la posibilidad de ser puesto en cuestión. De ese modo, se abstiene también de ser transformado por lo demás. Limita su capacidad de conectividad social, de aprendizaje y de transformación.

Hay un antecedente que, al menos en el caso de Sócrates, pareciera contradecir esta supuesta arrogancia metafísica. Como bien sabemos, Sócrates señala: "Solo sé que nada sé". Cabe entonces preguntarse: ¿cómo es posible que sea arrogante alguien que insiste en admitir su ignorancia? ¿Acaso no es sincero? ¿Esta frase era tan solo un recurso conversacional o una mera artimaña? No lo creemos así. Pensamos que

Sócrates era sincero. Pero sostenemos que esa frase se refiere al tema específico sobre el que versan sus diálogos. En efecto, Sócrates accede a ellos sin presumir conocimientos previos sobre el tema. El mismo diálogo así lo demuestra. En su desarrollo, no vemos a Sócrates exponiendo su propia posición sino indagando en el asunto con su interlocutor.

De hecho, el papel de Sócrates se limita a preguntarle a su interlocutor su posición respecto de aquella virtud en torno de la cual gira la conversación –dado que este sí presume conocimientos– y a evaluar críticamente sus respuestas. De lo que Sócrates pareciera estar seguro es de que dispone de un método (la mayéutica) que le permite conducir a su interlocutor, primero a reconocer su propia ignorancia y luego, como buen partero (Maya es la ninfa que asiste los partos), a dar a luz la verdad sobre la virtud en cuestión. Pero esa verdad, como lo exhiben sus diálogos, remite a ideas definitivas, abstractas y universales que le confieren sentido y definen lo que ella es.

Este procedimiento suele funcionar, no sin algunos problemas, en espacios culturales relativamente homogéneos. Pero en la medida en que nos desplazamos a espacios diferentes, los problemas suelen acrecentarse. Esta es una experiencia con la que los sofistas están familiarizados. Mientras más amplia es la diversidad social con la que un individuo debe convivir, mayor es su dificultad para preservar la integridad de su verdad, y la solidez metafísica cede. La metafísica exhibe una clara preferencia por los espacios cerrados.

Es pertinente reiterar lo que nos insinúa Nietzsche cuando, desde una perspectiva histórica, enfrenta a Sócrates y le pregunta por sus miedos. La metafísica, que inspira ese aire de superioridad, nace de una búsqueda de protección en algo estable, certero y seguro, inamovible, debido a nuestras fragilidades, dudas y vulnerabilidades. Esa presunción de verdad produce un efecto terapéutico. Crea la ilusión de sentirnos seguros, sanos, menos expuestos. El remedio suele ser efectivo, pero incrementa la vulnerabilidad ante quienes no comparten las verdades absolutas que la ontología metafísica supuestamente nos proporciona.

La razón, el camino para acceder a la verdad

Es posible, por lo tanto, acceder al ser de las cosas y al captarlo nos hacemos acreedores de un trofeo: la verdad. Pero para acceder a la verdad hay que seguir un camino, una determinada pista que conduce a la meta. Se trata del camino de la razón, del pensamiento racional.

De la importancia conferida a la razón resultan dos rasgos complementarios. En primer lugar, la relevancia que se les confiere al pensamiento, al conocimiento y, por consiguiente, a la conciencia. Esto hace de lo cognitivo uno de los ejes principales de la ontología metafísica. En la medida en que esta deviene hegemónica en el desarrollo posterior de las ideas, es un rasgo que acompañará durante siglos el desarrollo de la filosofía. En segundo lugar, esta prioridad que se le otorga al conocimiento y a la conciencia condiciona el escaso interés de la ontología metafísica por el lenguaje.

Ya lo decíamos en el capítulo anterior. Cuando Heráclito afirma que el *logos* es el fundamento del mundo natural, dicho término apunta tanto al lenguaje en general como a la capacidad de articulación racional que este provee. Con Aristóteles, el *logos* deviene prácticamente sinónimo de razón. La lógica aristotélica da cuenta de la capacidad de desarrollo racional que habilita el lenguaje. Es cierto que Aristóteles reconoce que el lenguaje ejerce otras funciones, además de permitir el despliegue de la razón. Lo vemos en su *Retórica* y en su *Poética*. Pero ambas representan obras menores dentro de su contribución filosófica. En general, para la ontología metafísica, el lenguaje aparece subordinado a la razón y por mucho tiempo deja de ser un tema de reflexión filosófica.

Tal como lo mencionamos, el *logos* de los filósofos naturales tiene su raíz en el término *legein*, que apunta a la noción de contar, posiblemente desarrollada a partir de las prácticas de intercambio, en las que es necesario contabilizar los productos que pasan de una mano a otra. En el origen del término, por lo tanto, hay vínculos con la aritmética. Es posible que esto sea un antecedente adicional del movimiento pitagórico y de los desarrollos que estos realizaron alrededor de la capacidad deductiva de las matemáticas. Pero es conveniente no olvidar que los pitagóricos no separaban dicha capacidad de la esfera religiosa.

A partir de los metafísicos, la filosofía es concebida como una disciplina comprometida con la búsqueda de la verdad, de esa verdad definitiva y absoluta que nos conduce a una esfera allende los sentidos y en la cual logramos entender cómo las cosas son y, por lo tanto, accedemos a su ser. A partir de entonces, el filósofo se concibe a sí mismo como un agente de la razón, del pensar riguroso, capaz de conducirnos a la verdad del ser. Así concebido, el filósofo se contrapone con dos personajes diferentes: el sofista y el poeta.

Atento al arte de la persuasión, se considera que los sofistas carecen de compromiso con la verdad. Esto, para los metafísicos, los convierte en agentes de un pensar oblicuo, que acude, en oposición al de los filósofos, a la manipulación. El hecho de concebir a los filósofos como agentes de la razón, capaces de alcanzar verdades absolutas y esquivas para la mayoría de los ciudadanos, tiende a conferirles un privilegio que los hace diferentes, pero también superiores al resto. Esta superioridad conduce a Platón a proponer que las ciudades sean gobernadas por filósofos, pues, dado su acceso privilegiado a la verdad, son los más idóneos para asumir ese cargo. No es de extrañar, entonces, que algunos de los discípulos de los filósofos metafísicos participen en experiencias de tiranía que destruyen el operar democrático.

No es esta una circunstancia casual. La ontología metafísica genera dogmatismo y conduce, como vimos, a menospreciar a quienes piensan diferente. Por lo tanto, suele haber en ella una tendencia al autoritarismo. La búsqueda de verdades definitivas y absolutas, cuando da lugar a posiciones dogmáticas, tiende a socavar los espacios democráticos que se desarrollan en muchas ciudades griegas.

Ese dogmatismo metafísico desarrolla también fuertes anticuerpos ante propuestas que ponen en cuestión la validez de las verdades absolutas. Cuestionarlas implica caer en uno de los peores vicios que acecha al pensamiento racional: el relativismo, concebido como una postura que sostiene que la verdad no existe. Pero no es ese el caso de muchas propuestas acusadas de relativistas y, en rigor, estas no cuestionan la verdad sino tan solo la noción metafísica de verdad. Pero para la metafísica, atrapada en su dogmatismo, no existe otra verdad que la que ella proclama. Dogmatismo y relativismo suelen ser términos complementarios. Frecuentemente es desde el dogmatismo que emerge el espectro del relativismo.

No obstante, los metafísicos confrontan también con los poetas, concebidos como una reminiscencia de un pasado del cual la filosofía puede prescindir y que se caracterizan por el uso de un lenguaje que se permite todo tipo de libertades, alusivo y sin rigor, que corrompe el compromiso con el recto pensar de la razón. De allí que Platón proponga en su *República* expulsar a los poetas de la ciudad.[33] No olvidemos que en la Grecia antigua los poetas han sido los articuladores del pensamiento mitológico; por lo tanto, las diferencias que los metafísicos mantenían con ellos permitían concebir a los filósofos como sacrílegos y enemigos de la religión. Sócrates sufrió las consecuencias de esta tensión, siendo acusado y condenado por ello.

La mirada sobre el ser humano, desde la ontología metafísica

Para la ontología metafísica, la reflexión sobre el ser humano se deduce de su concepción acerca del carácter genérico de la realidad, lo que implica que la reflexión sobre la realidad antecede y condiciona la reflexión sobre el fenómeno humano. El ser humano es considerado como parte de la realidad que la metafísica nos enseña a conocer, realidad esta

---

33   Consciente de ello, Octavio Paz, el destacado premio Nobel de Literatura mexicano, nos señala que los poetas, desde hace siglos, entablan una lucha clandestina contra una cultura que no termina de conferirles plena legitimidad y carta de ciudadanía. Luego de haber sido expulsados de la República de Platón, los poetas vuelven a ella, pero convertidos en inmigrantes ilegales de la gran nación metafísica.

—la humana— que para conocerla se hace preciso seguir la estructura propuesta por la ontología metafísica. Es decir, la reflexión sobre el ser humano queda subordinada a la reflexión sobre la realidad en su conjunto. Esta relación de subordinación se encuentra revertida cuando, en la modernidad, se pone en cuestión la metafísica.

A partir de la Edad Moderna, como ya lo hemos señalado y como lo reiteraremos luego, se sostiene la relación inversa. Nuestro acceso al conjunto de la realidad y su conocimiento están determinados por la forma de ser que nos caracteriza como seres humanos. Esta premisa es la que precisamente expresa el principio de que los seres humanos no vemos las cosas tal como son, sino según cómo somos nosotros.

Este importante giro tampoco es trivial. Más allá de lo que sostiene, involucra un cuestionamiento a lo que se ha llamado la "metafísica de la presencia", que sostiene que el conjunto de la realidad impacta directamente sobre nuestros sentidos, aunque en su forma de presentarse no se exhiba directamente el ser que la constituye, ser que precisamente la razón debe ser capaz de "develar". La concepción metafísica del conocimiento se articula en torno de esta "metafísica de la presencia" y define un determinado camino para acceder a la verdad. Pues bien, este camino es lo que la nueva ontología, que surge ya avanzada la modernidad, busca primero cuestionar y luego clausurar.

Volviendo atrás, nos damos cuenta de que, para los metafísicos, los seres humanos son sobre todo seres racionales. Esto es lo que los define esencialmente. Son seres con una capacidad de razonamiento que los conduce a la esfera de las ideas y del pensamiento, a partir de la cual pueden alcanzar la verdad, fundamento de una vida virtuosa. Este rasgo establece el elemento básico de diferenciación entre ellos y los animales, y con el resto de los seres vivos.

Desde la ontología metafísica, los seres humanos son seres duales, constituidos por dos sustancias cualitativamente diferentes: el cuerpo y el alma. El cuerpo pertenece al dominio de lo material; el alma, al dominio espiritual. La esencia de lo humano reside en el alma, que define el ser de un individuo. En el alma anida la razón. A partir del ser que el alma les provee, los seres humanos piensan, actúan y se relacionan. Esos pensamientos, acciones y relaciones llevan el sello del ser de cada uno. Si bien el cuerpo envejece, muere y se descompone, el alma es inmutable e inmortal.

Una vida virtuosa es una vida apegada a la razón y a las ideas abstractas, universales y verdaderas que la razón nos provee. La vida virtuosa nos obliga, en consecuencia, a despreciar el cuerpo, los deseos que de él emanan y las emociones que se agitan en nosotros. Todos ellos requieren ser disciplinados por la razón y someterse a las ideas y los pensamientos que somos capaces de alcanzar. La corporalidad y la emocionalidad son residuos de nuestra animalidad y no pertenecen a lo que nos hace verdaderamente humanos. La reflexión filosófica, caracterizada por el despliegue de la razón, nos conduce a una vida plenamente humana, que nos distancia de nuestra animalidad.[34] El filósofo deviene así en la expresión superior del ser humano.

El enclaustramiento de la filosofía

Sin embargo, existe otro aspecto de la ontología metafísica que es importante no pasar por alto. Desde sus inicios, la filosofía se había desarrollado en la calle y, de manera especial, en la plaza, en el *agora* de las ciudades griegas. En ella se congregaban los ciudadanos y conversaban sobre diversos temas. Gran parte de los primeros filósofos daban a conocer sus ideas en el espacio público, en sus interacciones con sus conciudadanos. Muchos de ellos, es cierto, vertían sus ideas por escrito, pero luego exponían sus conclusiones en público, aclaraban dudas y ha-

---

34   Durante el período histórico de su gestación, los metafísicos sostenían que la vida virtuosa, a la que los seres humanos estamos convocados, solo podía ser practicada por hombres adultos y libres. Niños, mujeres, esclavos y bárbaros no calificaban para ser realmente humanos. Esta posición irá evolucionando progresivamente.

cían partícipes a otros de sus razonamientos. Al hacerlo de este modo, combinaban la difusión escrita con la difusión oral de sus planteos. Algunos, como Sócrates, prescindían por completo de la escritura; Platón, como ya lo señalamos, sostenía que el núcleo de su pensamiento no estaba en sus escritos sino en su transmisión oral; otros, como Aristóteles, le conferían más importancia al texto escrito. Estos textos solían circular por distintas ciudades del mundo griego y en las plazas se discutían sus posiciones. La filosofía se desarrollaba en el espacio público y, por lo tanto, pertenecía a este.

Los primeros que se apartaron de esta práctica que ligaba el pensamiento filosófico al espacio público fueron los pitagóricos. Ellos crearon sectas de las que gran parte de la ciudadanía quedaba excluida. Quienes participaban de sus enseñanzas debían transitar por diferentes círculos concéntricos que se caracterizaban por la profundidad de tales enseñanzas. Los miembros de estas sectas avanzaban progresivamente de los círculos exteriores a los interiores. Sus doctrinas se desarrollaban como parte de rituales de convivencia a los que, por lo tanto, la mayoría de los ciudadanos no accedía. Ellos pensaban que solo algunos —aquellos que habían logrado avanzar en esta espiral— podían acceder a los secretos del universo, atesorados por un grupo selecto de sus miembros, como era habitual hacerlo en las prácticas religiosas.

Tal como lo mencionamos, luego de la muerte de Sócrates, Platón viajó al sur de Italia y entró en relación con estas sectas pitagóricas. Lo que aprendió de ellas tuvo una influencia significativa en el desarrollo de su pensamiento posterior. Pero no era solo el pensamiento de los pitagóricos lo que lo impresionaba. También su forma de desarrollarlo, vedándolo al resto de los ciudadanos. El filósofo Giovanni Reale, miembro de la llamada Escuela de Milán y destacado estudioso de la filosofía platónica, menciona que Platón, luego de volver a Atenas, habría tenido algunos problemas al querer compartir en el *agora* las nuevas enseñanzas a las que había accedido. Al escucharlo, algunos ciudadanos se habrían reído de lo que exponía y, al parecer, lo ridiculizaron. No es descartable, como lo insinúa el mismo Reale, que tales experiencias negativas lo hayan decidido a tomar al menos las dos medidas precautorias que siguen.[35]

La primera de ellas consistió en enclaustrar sus enseñanzas en un espacio cerrado al gran público. Ello, siguiendo las prácticas de los pitagóricos, lo condujo a fundar en Atenas su escuela de reflexión filosófica, la Academia, con estrictas restricciones de acceso. De allí, por ejemplo, que colocara en la puerta de la Academia, tal como ya lo relatamos, el letrero advirtiendo de que solo podían entrar al recinto quienes supieran geometría. Esto garantizaba que la inmensa mayoría de los ciudadanos quedase excluida de los debates que ocurrían en su interior. Tal requisito garantizaba que quienes llegaban a escuchar sus planteamientos más importantes y profundos hubiesen ya alcanzado una afinidad inicial con lo que allí se exponía.

La segunda medida consistió, como él mismo lo advierte reiteradamente en su obra, en no poner por escrito esos planteamientos más profundos de su filosofía y, con ello, regular su acceso a ellos. Estos solo eran transmitidos oralmente a quienes el filósofo consideraba preparados para escucharlos. La obra escrita de Platón es abundante. Pero estamos advertidos de que lo más importante[36] no está recogido en ella.

Más adelante, cuando Aristóteles decidió fundar su propia escuela —el Liceo—, siguió los pasos de su maestro y procedió a blindarla nuevamente entre cuatro paredes, estableciendo mecanismos de selección para determinar quiénes podían participar de sus enseñanzas. Por lo tanto, los dos grandes filósofos que están detrás de la ontología metafísica avalaron este enclaustramiento de la reflexión filosófica, sacándola del espacio público en el que hasta entonces se había desarrollado.

---

35 Así como Nietzsche interpela a Sócrates por los miedos que lo condujeron a refugiarse en las ideas abstractas y universales, absolutas e inmutables, es pertinente también interpelar a Platón por los motivos que lo condujeron a enclaustrar la filosofía. La pregunta central en ambos casos es: ¿de qué se protegían? O, dicho de otra forma, ¿qué fragilidad los impulsaba por los caminos que escogieron?

36 El objetivo que se plantea Giovanni Reale es examinar lo que los registros de quienes fueron testigos de estas enseñanzas orales de Platón nos dicen, para deducir el contenido que en ellas se exponían.

Esto implicó el tránsito de una filosofía que podríamos llamar *agórica* a una filosofía *académica*. Dicho tránsito marcó el desarrollo posterior del pensamiento filosófico hasta nuestros días. Aunque posteriormente hubo algunos destacados filósofos que desarrollaron sus contribuciones desde fuera de la academia, la gran mayoría lo hizo desde su interior, confinados en un espacio cerrado.

Dicho enclaustramiento tuvo efectos tanto en el contenido como en la forma de la reflexión filosófica posterior. Desde el punto de vista del contenido, esto suponía una incursión por caminos crecientemente alejados de las inquietudes del resto de los seres humanos. Este divorcio exponía también a la filosofía a caer, sin resguardos, en algunas trampas que impone el lenguaje, produciendo desarrollos que varios calificaron de "extravíos" reflexivos.

Desde el punto de vista formal, dicha situación promovió un argot crecientemente hermético para quienes no compartían el mismo espacio académico. Somos conscientes de que, en el desarrollo de su pensamiento, la filosofía muchas veces requiere acuñar conceptos diferentes de los que se utilizan en el lenguaje ordinario. Es inherente al pensamiento tener que recurrir a significados nuevos para los cuales los términos del lenguaje ordinario no sirven.

Pero es importante reconocer también que una filosofía que se desarrolla en un espacio vedado al público suele generar dialectos no siempre justificados por el carácter de esas reflexiones y de las temáticas que se abordan. Todo ello habilita el desarrollo de lenguajes herméticos, de muy difícil acceso para quienes no pertenecen a dicha comunidad. Bajo esas condiciones, el filósofo suele acostumbrarse a modalidades de expresión que solo otro filósofo es capaz de descifrar. Esto se traduce en el hecho de que, con frecuencia, los filósofos escriban para otros filósofos, lo que suele producir un distanciamiento entre el filósofo académico y el resto de los miembros de su comunidad.

Lo reiteramos. No ignoramos que ciertos temas de reflexión filosófica, dado su nivel de complejidad, requieren de un lenguaje, de conceptos y distinciones que suelen ser ajenos al resto de los ciudadanos. Lo mismo acontece con múltiples disciplinas científicas, lo cual resulta perfectamente comprensible. Sin embargo, en el caso de las ciencias, el conjunto de los miembros de la comunidad se suele beneficiar de los resultados prácticos que genera el pensamiento científico. No sucede lo mismo con la filosofía, aunque muchos de los temas que aborda sean altamente relevantes para la vida de esa comunidad.

Tomemos el caso de la música. Son muchos los miembros de la comunidad que no son capaces de componerla ni de ejecutarla, pero la disfrutan y se enriquecen con ella. Algo equivalente sucede en el dominio de la religión, del arte o de los deportes. El enclaustramiento de la filosofía adquiere, por lo tanto, una dimensión propia y produce un tipo de separación que no es habitual en otros campos.

Este fenómeno lleva a muchos a pensar erróneamente que la filosofía y el desenvolvimiento de la vida de la mayoría de la comunidad siguen caminos separados. Esto alimenta también la creencia de que la filosofía es ajena a las formas de *hacer sentido* de gran parte de los ciudadanos, lo cual también es falso. A través del despliegue de la cultura absorbemos determinados presupuestos que devienen parte integrante de nuestro sentido común, presupuestos que provienen de desarrollos filosóficos que no logramos identificar. En otras palabras, suele existir en nuestro sentido común un trasfondo filosófico del que no somos conscientes. Somos más filósofos de lo que parece. Y la influencia que la filosofía ejerce sobre nosotros y en la manera como conducimos nuestras vidas es mayor de lo que creemos.

Es importante reconocer que, tras la crítica al divorcio entre la filosofía y las inquietudes del conjunto de los seres humanos, hay una importante valoración de la reflexión filosófica. Pero nos mueve también la convicción de que esa ruptura requiere ser subsanada y de que es preciso echar abajo varias de las murallas tras las cuales la filosofía se parapetó, para así crear vasos comunicantes que zanjen esta brecha.

Es crucial, por lo tanto —y utilizando una terminología más bien política—, "tomarse" al menos en parte del bastión de la filosofía y avanzar hacia su democratización. Este es uno de los objetivos inherentes a nuestra propuesta. Mientras no reconozcamos el núcleo filosófico presente en nuestro sentido común y las consecuencias que impone sobre nuestra existencia, difícilmente podremos avanzar hacia su sustitución. Difícilmente podremos resolver parte importante de los obstáculos que hoy encontramos en nuestra vida cotidiana.

IV

Alcances sobre la modernidad

Historia y conectividad social

Al inicio de este libro sostuvimos que el desarrollo de la conectividad social juega un rol decisivo y creciente en la evolución de la transformación histórica. Señalamos, de igual forma, que al hablar de conectividad social es necesario mirar por lo menos en tres direcciones. Por un lado, hacia el desarrollo de las tecnologías de información y de comunicación; por otro, hacia los avances registrados tanto en las tecnologías de transporte como en el comercio; y, por último, hacia aquellos factores asociados a estos, como son las instituciones financieras que los sostienen.

Es importante advertir, sin embargo, que no estamos postulando lo anterior como una suerte de principio o ley universal del desenvolvimiento histórico, conscientes de que a menudo inciden también otras variables de importancia. Piénsese, por ejemplo, en el efecto de las condiciones naturales o de las tecnologías bélicas.

En efecto, si examinamos las primeras civilizaciones que registra la historia —Egipto, China, India y las civilizaciones de Mesopotamia—, los factores determinantes fueron las condiciones naturales ofrecidas por determinados ríos que habilitaron, en un primer momento, el asentamiento de tribus nómades que vivían de la caza y la recolección. Tales ríos creaban valles de alta fertilidad que permitían el desarrollo de la agricultura y la domesticación de animales. Estos procesos de asentamiento habilitaron comunidades sociales estables que desplegaban modalidades de convivencia muy diferentes de las conocidas hasta entonces. Estas condiciones favorecieron la expansión del dominio del fuego y la emergencia de las primeras modalidades del Estado, que sustituían los liderazgos tribales.

Estas comunidades sedentarias debieron desarrollar formas más sofisticadas de coordinación entre sus miembros y la conectividad social devino progresivamente en un factor determinante. La invención de la rueda y de la escritura produjeron saltos cualitativos históricos. Baste con considerar, por ejemplo, el efecto de la escritura en la capacidad de aprendizaje de dichas comunidades y en el desarrollo de la memoria social.

Demos un salto en el tiempo y pensemos ahora en la antigua Grecia. Esta no contaba con las condiciones naturales de las primeras grandes civilizaciones. Tampoco disponía de ríos particularmente importantes. Sus valles eran estrechos y no exhibían la fertilidad que se registraba en torno del Tigris o del Éufrates en Mesopotamia, o del Nilo en Egipto. Por el contrario, su territorio estaba constituido por áridas montañas que dificultaban la conectividad entre sus diferentes ciudades continentales, lo que impulsó a los griegos a apoyarse en el transporte marítimo y, a la postre, proceder con la conquista del Mediterráneo, alrededor del cual crearon colonias capaces de desarrollar un sistema comercial inédito hasta entonces. La cultura griega es, en gran medida, hija del carácter errante de un sector de la población dedicada al comercio y en contacto regular con pueblos muy distintos de los griegos.

Sin embargo, una invención hizo que los griegos marcaran un hito en la historia de la humanidad: las letras vocales, consolidadas luego en el alfabeto griego. Los griegos no eran los únicos mercaderes dedicados al comercio en el Mediterráneo. Estaban también los fenicios, que habían desarrollado una forma simple y expedita de escritura, con un alfabeto de solo veintidós letras, que utilizaban en sus transacciones y que aventajaba a otros tipos de escritura por ser fonética. Así, al utilizar el sonido del habla se prescindía de referencias pictográficas a objetos o ideas específicas, como sucedía en otras civilizaciones como Egipto o China.

El gran mérito de los griegos consistió en añadirle a la escritura fenicia letras que representaban las vocales. Estas le confirieron a su alfabeto una maleabilidad y capacidad de masificación social que ninguna modalidad de escritura había tenido hasta entonces. Cuando Heródoto, el fundador de la historia como disciplina, visitó Egipto, señaló que "Egipto es un don del Nilo", dando a entender que sin el rol que jugó el río simplemente no hubiera sido posible concebir el conjunto de su civilización. Imitando a Heródoto, podemos sostener que *Grecia es un don del alfabeto*. Si tomamos en cuenta el papel que le cabe a Grecia en la historia del mundo occidental, logramos hacernos una idea del rol histórico que jugaron esas cinco letras.

El nacimiento de la modernidad

La modernidad, en cuya fase tardía hoy nos encontramos, se inicia en el siglo xv, a partir de la caída de Constantinopla en manos de los turcos otomanos, en el año 1453. Pero muchas veces los marcadores más adecuados del comienzo o cierre de una etapa histórica no son acontecimientos tan puntuales, sino procesos que no remiten a un evento acaecido en una fecha precisa.

El inicio de la modernidad occidental se ve acompañado por un proceso de rápida expansión del mundo a partir de importantes desarrollos tecnológicos. Los primeros atañen a progresos en las tecnologías del transporte, entre los que cabe destacar la brújula y la cartografía.

Antes de la invención de la brújula, la navegación marítima se realizaba orientando el curso de las naves según la posición de las estrellas, lo que obviamente funcionaba en la medida en que el cielo estuviera diáfano. Caso contrario, el riesgo de extraviarse era muy grande, lo que obligaba a navegar con la costa a la vista. La brújula permitió superar esta restricción. Había surgido originalmente en China, en el siglo IX. En una primera fase consistió en una aguja imantada que se colocaba sobre una tinaja con agua. Antecedentes de brújulas de este tipo se registran en Europa a fines del siglo XII, posiblemente a partir de los intercambios mercantiles que se realizaban con China a través de la Ruta de la Seda. La primera brújula seca de la que hay noticia aparece alrededor de 1300 y es atribuida al italiano Flavio Gioia, oriundo de Amalfi.

Los avances en la cartografía incluyen al alemán Martin Behaim, comerciante textil, astrónomo y navegante, quien se desempeñó al servicio del rey de Portugal. A él se le atribuye el diseño del primer mapa esférico de la Tierra, en 1492. Este será perfeccionado por el geógrafo flamenco Gerard Kremer (también llamado Gerardus Mercator), durante el siglo XVI. Todos estos avances se traducen en un gran impacto en la navegación, lo que contribuyó a las hazañas y los descubrimientos realizados por los europeos.

La importancia que adquieren los viajes no puede ser minimizada. Ya en 1271, Marco Polo había viajado a Asia Oriental, recorriendo la Ruta de la Seda en compañía de su padre y de su tío, ambos mercaderes venecianos. Venecia se había convertido en el centro comercial más importante de Europa, seguida no muy de lejos por Génova. El joven Marco Polo sirvió por veintitrés años a Kublai Kan, emperador de Mongolia y de China. En 1295 volvió a Venecia, llevando consigo el conocimiento de múltiples innovaciones surgidas en Oriente, entre ellas la que luego dará lugar a la imprenta y a la pólvora.

Ya de vuelta, Marco Polo cayó prisionero de los genoveses y estando en la cárcel conoció a Rustichello de Pisa, a quien le relató sus travesías. Este publicó la obra *Il Milione*, conocido en castellano como *El libro de las maravillas del mundo*, que tuvo gran impacto en toda Europa. En sus viajes, Cristóbal Colón llevó consigo una copia de este libro, en el que redactaba sus notas en el margen de las páginas. Esta fue una fuente importante de inspiración para llegar a las tierras de Oriente en busca de oro y especias. Dando por supuesta una circunferencia de la Tierra menor que la real, Colón emprendió viaje hacia Oriente con dirección a Occidente a través del océano Atlántico, sin saber que entre Europa y las costas del Japón se interponía América, continente desconocido hasta entonces por los europeos.

A inicios del siglo XV, el humanista y sacerdote de origen siciliano Giovanni Aurispa viajó en dos oportunidades a Constantinopla. Las Cruzadas habían servido para alimentar el mito del Imperio bizantino, entonces controlado por los musulmanes y que todavía preservaba algunas reminiscencias de lo que fuera el antiguo Imperio romano. En 1414, luego de su primer viaje, Aurispa llevó a Europa varios textos antiguos, entre los que destacaban uno de Sófocles, otro de Eurípides y un tercero de Tucídides.

Más tarde, en 1423, de vuelta de su segundo viaje, llevó consigo nada menos que doscientos treinta y ocho manuscritos antiguos, que incluían todos los textos hoy conservados de Platón, de Plotino, de Proclo, junto con obras de Píndaro, de Jenofonte, siete obras adicionales de Sófocles, seis de Esquilo y un manuscrito de Heródoto. Para financiar su viaje de vuelta, Aurispa se vio obligado a empeñar todas estas obras, que rescató posteriormente gracias a un préstamo que le hiciera Lorenzo de Médici, que había convertido a Florencia en el principal centro financiero de Europa. En 1448, Europa ayudó al papa Nicolás V a fundar la Biblioteca Vaticana, sin duda la más importante de todo el continente. Su legado será uno de los factores desencadenantes del Renacimiento europeo.

No menos importante resultó la invención de la imprenta —basada en innovaciones realizadas originalmente en China—, que Johannes Gutenberg llevó a cabo en 1444, iniciando un proceso que culminó algunos años más tarde con la contribución de Aldo Manucio, quien inventa en 1470 el libro portátil, habilitando una mayor masificación de las obras impresas. Todo ello condujo a una notable expansión de la conectividad de las ideas e impulsó el desarrollo del pensamiento, en particular de la filosofía, las humanidades y las ciencias.

Cabe mencionar también la contribución realizada en 1494 por el matemático Luca Pacioli, amigo de Leonardo da Vinci, quien estando al servicio de los Médici desarrolló las bases de la contabilidad moderna de doble entrada, lo que permitió la expansión de operaciones de crédito y débito a gran escala, dando con ello nacimiento a la banca moderna. Eso hizo de Florencia el centro financiero de Europa y colocó a los Médici entre los más grandes banqueros europeos de la época. Este fue un factor determinante de la acumulación de riqueza, que permitió, por ejemplo, impulsar el Renacimiento italiano, y uno de los elementos detrás de la profunda crisis que enfrentaba la Iglesia católica, dando lugar pocos años más tarde a la Reforma protestante. La emergencia de la banca moderna fue uno de los vehículos más importantes del desarrollo del capitalismo. Las conquistas de ultramar, la expansión del comercio y el crecimiento de la banca moderna generaron nuevos polos de progreso.

Del mismo modo, es importante destacar el inmenso impacto que, para los europeos, ejerció el descubrimiento del continente americano. A partir de entonces se alteraron profundamente los equilibrios de poder que existían en Europa, produciéndose un desplazamiento significativo de los polos más importantes del Mediterráneo a España y Portugal, que se habían adelantado en las nuevas conquistas americanas. Pronto fueron seguidos por Inglaterra y Holanda, convirtiéndose esta última en un centro financiero de gran influencia. Cabe recalcar que el término "emprendimiento" surgió en esta época y servía para designar a quienes emprendían viaje hacia las nuevas tierras con el propósito de hacer fortuna.

Con los nuevos descubrimientos geográficos y la expansión del comercio, Occidente se vio obligado a abrirse a un escenario caracterizado por un nivel de diversidad desconocido hasta entonces. Esto lo enfrentaba a una multiplicidad de formas de existencia, de pensamientos, creencias y valores, con las que hasta entonces solía antagonizar.

El intercambio comercial, por su parte, se sustentaba en los principios formales de libertad y de igualdad de los agentes involucrados y ello contribuyó a desarrollar grados significativos de respeto a la diversidad. En las relaciones de intercambio, las diferencias de poder, de estatus social, de valores y creencias religiosas entre los agentes involucrados se volvieron secundarias. Las transacciones comerciales se realizaban prescindiendo de ellas. Por otro lado, estos agentes decidían libremente si aceptaban o rechazaban los términos que planteaba la otra parte. Nada los obligaba en un sentido ni en otro. El desarrollo del intercambio comercial ha sido, por lo general, uno de los fundamentos de la libertad y de la igualdad en la esfera política.

El comercio promovió procesos profundos de transformación, tanto en los individuos como en las naciones. A partir de él surgieron nuevas preferencias y necesidades que alteraron las formas de vida y cambiaron las estructuras productivas y financieras de la sociedad. Los países se abrieron a nuevas influencias culturales. Los principios formales de libertad e igualdad promovidos por el comercio ejercieron progresivamente un efecto democratizador que entraba en contradicción con el absolutismo de los regímenes monárquicos de la época.

El impacto del desarrollo científico no puede ser subestimado. Con él se introdujeron nuevas modalidades de pensamiento, sustentadas en la racionalidad, la crítica y la evidencia empírica, lo cual fue generando tensiones con aquellas costumbres sustentadas en creencias dogmáticas y en criterios de autoridad que, por lo general, remitían al pasado. Es el caso de la religión, considerada hasta entonces como fuente fundamental de la verdad. Para la ciencia, la verdad comenzó a desplazarse hacia el futuro y requirió ser conquistada, de la misma forma como se conquistaban nuevos territorios.

Más allá de lo anterior, el pensamiento científico introdujo una modalidad con capacidad generativa para explicar los fenómenos naturales. Se trataba de un tipo de explicación con un poder inédito hasta aquel momento, que permitía, por un lado, anticipar en el tiempo los fenómenos explicados, lo cual a su vez hacía posible tomar recaudos para cuando acontezcan. Pero, por otro lado, y sobre todo, en la medida en que la ciencia identifica las causas efectivas que los producen, desarrollaba también la capacidad para generarlos o bien para suprimirlos. Tal como lo planteó tempranamente Francis Bacon, promotor del desarrollo científico, "Saber es poder".

Ningún otro tipo de explicación había desplegado esa capacidad transformadora. Las explicaciones mitológicas, religiosas y filosóficas del pasado saciaban la curiosidad, generaban tranquilidad y disipaban dudas y angustias, pero sus efectos prácticos eran poco significativos. La utilización de la capacidad generativa de las ciencias se tradujo en desarrollo tecnológico y ambas –la ciencia y la tecnología– contribuyeron a acelerar los procesos de transformación, ejerciendo un alto impacto en la conectividad social.

Los avances de la ciencia moderna fueron un factor determinante en la gran Revolución Industrial que se inició en Inglaterra durante la segunda mitad del siglo XVIII y que pronto se extendió por toda Europa. En gran medida, esta fue la expresión del poder generativo del desarrollo científico, cuyos resultados se expandían aceleradamente gracias a las tecnologías de información y comunicación y, en consecuencia, al propio desarrollo de la conectividad social.

No obstante, existían algunos factores adicionales que gravitaban sobre esta conectividad social. En este contexto es pertinente mencionar, por ejemplo, lo planteado por Steven Johnson, investigador de los procesos de innovación. Al estudiar las condiciones que generaron las grandes revoluciones industriales y científicas de fines del siglo XVIII y del siglo XIX, Johnson apunta a la decadencia de la taberna (el *pub*) que entonces se registraba en Europa y a la simultánea emergencia del café como lugar de encuentro. Esto no resulta extraño. Los espacios conversacionales en la taberna y en el café eran radicalmente distintos. Mientras en la taberna, por efecto del alcohol, las conversaciones se hacen cada vez más pobres, en el café se vuelven cada vez más estimulantes.

En términos generales, mientras de la primera emergemos algo embrutecidos, del segundo solemos salir inspirados.[37]

Pronto vinieron cambios importantes en el transporte, que se proyectaron hasta nuestros días y más allá. Basta con considerar, por ejemplo, el impacto de la construcción de las líneas férreas durante el siglo XIX, de las redes de carreteras en el siglo XX, de los grandes avances en el transporte marítimo, de la emergencia y expansión del transporte aéreo, de la invención de los contenedores. Todo esto incidió en el desplazamiento de productos y servicios, así como de personas, sea por motivos comerciales, migratorios o incluso turísticos, incrementando, extendiendo y acelerando la conectividad social.

El espíritu de la modernidad

El desarrollo de la modernidad, desde muy temprano, va a crear un cambio progresivo en la mentalidad, una forma distinta de estar en el mundo y una alteración en las modalidades de conferir sentido. Nos interesa detenernos por un momento en este aspecto. Sin pretender ser exhaustivos, pensamos que estas transformaciones pueden ser identificadas a través de seis grandes rasgos que detallamos a continuación.

La prioridad del ser humano

Gran parte de la historia de la humanidad se caracterizó por una mirada teocéntrica del mundo y de la existencia humana. Dios era colocado en el centro y representaba el origen de todo lo que existe, incluidos los seres humanos. Nuestra mirada remitía a lo que algunos, acertadamente, llaman una *teo-ontología*. El carácter de la realidad estaba conferido por

---

37   Steven Johnson, *Where Good Ideas Come From: The Natural History of Innovation*, Riverhead Books-Penguin Random House, Nueva York, 2011.

Dios, su creador, medida y sentido de lo existente. Para muchos, la fuente principal de todo entendimiento no solo remitía a Dios sino que debía sustentarse en lo que Él nos reveló. Su palabra no solamente creó todo lo que existe: se postulaba como guía de nuestro pensamiento. Explícita o implícitamente, Dios era el supuesto incuestionable del conocimiento.

Es importante reconocer que, en el transcurso de la historia, no todos se sometieron estrictamente a esta fórmula. Si examinamos el desarrollo de la filosofía griega, uno de sus grandes méritos fue precisamente haber inaugurado un pensamiento independiente de toda referencia divina. Pero esta autonomía, por lo general, era aceptada en tanto sus conclusiones no implicaran la negación de Dios y no amenazaran el lugar central que a Él se le asignaba. Aunque implícito, existía un límite a las posibilidades de libre expansión del pensamiento. La reacción a la transgresión de ese límite podía demorarse, pero no dejaba de manifestarse. Lo ocurrido con Protágoras es un buen ejemplo. Durante toda la Edad Media ese límite se hizo explícito y las consecuencias que resultaban de su negación devinieron brutales. Culminando la Edad Media, en la medida en que surgían más individuos que amenazaban traspasarlo, la Iglesia creó la Inquisición para imponerlo mediante la fuerza.

Los inicios de la modernidad suponen un significativo desplazamiento, a este respecto. Sin negar a Dios, el desarrollo del movimiento humanista durante los siglos XV y XVI otorgó al ser humano una importancia creciente y sustentó en él el despliegue de su pensamiento. Aunque no se tratataba de un pensamiento secular, el humanismo acometió un giro significativo en relación con el teocentrismo anterior. En grados variables, es lo que se observa en sus representantes más destacados: Erasmo de Rotterdam, Tomás Moro, Juan Luis Vives y Michel de Montaigne.

Esto se observó con más fuerza en aquellos dos pensadores que en el siglo XVII dieron nacimiento a la filosofía moderna. Nos referimos a René Descartes y a Francis Bacon.

La filosofía de Descartes aporta por lo menos dos elementos centrales del espíritu de la modernidad. Tomemos el primero de ellos.

Desde una perspectiva racionalista, que enfatiza el papel de la razón en el pensamiento, Descartes se escoge a sí mismo como punto de partida de su reflexión. Entiende que cualquier otro punto de partida implica una petición de principio que compromete y contamina cualquier conclusión que pueda alcanzar. Su pensamiento no puede sustentarse en nada externo a sí mismo si quiere evitar tal contaminación inicial. Esta decisión involucra un quiebre radical con el pensamiento escolástico medieval, en el que el propio Descartes se había formado como alumno del colegio jesuita de La Flèche. Su primera premisa, por lo tanto, remite a sí mismo y se expresa en su famosa frase "Pienso, luego soy" (*cogito ergo sum*). A partir de ella procede a demostrar racionalmente la existencia del mundo para, por último, demostrar la existencia de Dios, lo cual representa una inversión completa del camino de la creación, tanto como del de la revelación. En Descartes ya se descubren los aires de la modernidad.

A diferencia de Descartes, Francis Bacon inaugura una filosofía de carácter empirista, en la que prioriza la experiencia por sobre la razón. Para él, la filosofía debe seguir el camino que entonces inauguraba el desarrollo de las ciencias y someter sus conclusiones a la validación por la experiencia. Esto implica, por un lado, cuestionar toda invocación al poder de autoridades ajenas al terreno estrictamente empírico y, por otro, cuidarse de los desvaríos de la razón. Una importante contribución de Bacon fue su compromiso por adecuar el lenguaje inglés a formas de expresión claras y precisas, que sirvieran a una mirada de sustento empírico y favorable al desarrollo de las ciencias.

La prioridad conferida al ser humano atravesó el conjunto de la reflexión filosófica moderna. A modo de ejemplo, lo vemos en Kant, quien sostiene que la pregunta por el ser humano es aquella que determina todas las demás respuestas filosóficas importantes. Lo observamos también en Ludwig Feuerbach, que hace del ser humano y de su relación con la naturaleza y con los demás la clave para descifrar, entre otros aspectos, nuestras creencias y prácticas religiosas. Lo veremos también en Heidegger, que nos ofrece una de las interpretaciones más profundas en torno de cómo somos.

La duda como camino hacia la verdad

La segunda gran contribución de Descartes no es directamente de contenido sino de método. Este representa el núcleo de una de sus obras más importantes, *El discurso del método*, de 1637. Esta obra se ocupa de uno de los elementos clave de la ontología metafísica al postular que las verdades se deducen de verdades, tal como lo apreciamos en la importancia que la lógica aristotélica le confiere al silogismo.

Es importante advertir que, durante la Edad Media y a partir de san Agustín –que representó la primera gran convergencia entre la ontología metafísica griega y el cristianismo–, este mismo postulado fue llevado mucho más lejos. El cristianismo concebía que era a través de la fe en Dios que los seres humanos alcanzaban la expresión suprema y fuente última de la verdad. La fe en Dios, por lo tanto, representaba la mayor de las premisas imaginables, por ponerlo en términos aristotélicos. Ello implicaba, entonces, que Dios no era concebido como objeto de conocimiento sino como condición misma de todo conocimiento. Este principio era recogido por aquel otro que establecía *"Nisi crediteritis, non intelligetis"*, que significa "Si no crees, no comprenderás". La fe, por lo tanto, antecede y posibilita el conocimiento. Desde una perspectiva distinta, santo Tomás de Aquino identificó luego a Dios con la verdad, al señalar *"Verum, bonum et pulcrum converturum"*. La verdad, el bien y la belleza convergen, y ese punto de convergencia es Dios.

Ya los humanistas se habían alejado de la prioridad que el pensamiento medieval le confería a Dios, al situar al ser humano como su principal foco de atención. Pero fue con Descartes y Bacon cuando este punto de ruptura se expresó en el terreno filosófico. Nada de esto significa cuestionar la fe o negar a Dios: la ruptura se expresa estrictamente en el dominio del conocimiento y apunta sus dardos al papel que el Medioevo le confería a la fe y a la verdad en el proceso del conocer.

Descartes separa tajantemente el dominio de la reflexión filosófica de la teológica, sustentada en la fe. Pero, además, cuestiona la premisa metafísica de que la verdad solo pueda deducirse de verdades. En su opinión, sin negar que a través del razonamiento lógico se puedan deducir verdades de verdades, sostiene que hay un camino diametralmente opuesto para llegar a la verdad: el camino de la duda. Parte importante de su contribución filosófica consiste en afirmar que la aplicación metódica de la duda, del cuestionamiento y de la interpelación de las verdades heredadas representa un camino alternativo para alcanzar la verdad. Cabe destacar, sin embargo, que el terreno desde el cual Descartes postula la importancia de la duda había sido abonado un siglo antes por el escepticismo de Montaigne.

Este escepticismo marca uno de los rasgos sobresaliente del pensamiento moderno. A partir de entonces, la filosofía se convierte en un proceso de reflexión crítica, tal como lo vemos en Kant, Feuerbach, Marx o Nietzsche, por mencionar solo a algunos. Las consecuencias de este desplazamiento son muy grandes y se expresan, en primer lugar, en una postura de distanciamiento y crítica de la autoridad, cuya legitimidad se ve sometida a un proceso de reconstitución permanente.

Francis Bacon, desde la vereda contraria, pero imbuido también del pensamiento escéptico, se suma a esta mirada crítica de la autoridad. En su opinión, la humanidad se vio reiteradamente cautiva de falsos ídolos, en los cuales depositó su confianza para luego ser defraudada. En su obra *Novum Organum*, Bacon despliega una implacable crítica contra los *idola*, cuya influencia percibe todavía a su alrededor. Este mismo escepticismo acompañó el desarrollo del empirismo inglés. Lo volvemos a ver, por ejemplo, en la filosofía de Hume, que sostiene que no podemos alcanzar un conocimiento cierto acerca de nada.[38]

Pero, en segundo lugar, el papel que ahora se le confiere a la duda

---

38 Este es un planteamiento que será retomado por la filosofía de la ciencia desarrollada por Karl Popper a través de su noción de "falsabilidad". Según ella, la verdad de las proposiciones científicas nunca puede ser establecida de manera definitiva. Sin embargo, sí sería posible demostrar las falsas. ¿Significa esto que solo lo (demostrado) falso es verdadero? Quizás haya que ir algo más lejos en nuestra revisión crítica del concepto de verdad.

se proyecta más allá del terreno propio del conocimiento para situarse en el espíritu escéptico de la modernidad, que define una determinada manera de estar en el mundo. Para el pensamiento moderno, toda verdad encierra un aire sospechoso y es pertinente someterla a revisión crítica. Toda verdad suele ser considerada provisoria. Por lo tanto, el propio compromiso con la verdad se altera y, muchas veces, se deteriora hasta llegar a extremos que comprometen la convivencia social. Ese escepticismo da también lugar a la secularización, a la pérdida de valor y de autoridad de la esfera trascendente. Más allá de los aspectos positivos que pueda acarrear, esta actitud se traduce también en crecientes crisis de sentido, en el desarrollo del nihilismo, con su secuela de resultados críticos para la existencia humana. El hombre y la mujer modernos devienen crecientemente incrédulos.

La importancia de la experiencia y del desarrollo de las ciencias

Los dos rasgos anteriores –la prioridad conferida al ser humano y el papel de la duda, con su consiguiente depreciación de la esfera trascendente– concluyen en conferirle a la experiencia humana un papel central, que se manifiesta en dos terrenos diferentes. En primer lugar, en el campo del conocimiento. El avance en el desarrollo de las ciencias tiene efectos determinantes en la valorización de la experiencia. Las ciencias, como lo anunciaba Bacon, incrementan el poder de los seres humanos sobre su entorno natural y sus condiciones de vida.

Esto se traduce en un incremento, antes inimaginable, de la capacidad de resolver problemas, muchos de los cuales eran encomendados a la Divina Providencia o se expresaban en invocaciones a la misericordia de Dios. La autoridad que ahora el conocimiento le otorga a la experiencia a través del desarrollo de las ciencias permite a los seres humanos sentir el poder que tienen en sus manos, la capacidad de dominio que ahora ejercen sobre su entorno natural, incrementando el bienestar material a punto tal de olvidar su dependencia respecto de la naturaleza.

Para muchos, la verdad científica se convierte en la única expresión de la verdad y aquello que queda al margen de toda demostración científica es despreciado.

Sin embargo, existe una segunda esfera en la que se expresa el valor de la experiencia. Más allá de su importancia en el terreno del conocimiento, la experiencia se convierte también en la fuente principal del sentido de la vida. Esto implica desplazarnos del campo del bienestar material generado por las ciencias y el consiguiente desarrollo tecnológico al campo de lo que podríamos llamar "el bienestar existencial", asociado a la expansión del sentido de la vida. Las corrientes filosóficas helenísticas —y muy especialmente el epicureísmo— aportan elementos importantes en esta dirección. Más adelante profundizaremos en este tema.

La centralidad de la libertad y de la igualdad individuales

La expansión de la conectividad social que marca el inicio de la modernidad y su desarrollo sostenido tendrán importantes efectos en la conformación de un nuevo espíritu. Uno de los resultados del incremento de la conectividad es la creciente homogeneización de los miembros del sistema social. Las barreras y segmentaciones que separaban en diferentes clases a los miembros del sistema tienden a reducirse y a hacerse más fluidas. Y aunque se mantengan importantes desigualdades entre ellas, se abren nuevos canales de movilidad social y, sobre todo, se alteran las expectativas del conjunto como resultado de cambios en la manera como los individuos comienzan a concebirse en relación con los demás.

Todo esto es fruto de los dominios clave que hemos identificado como factores determinantes de la conectividad social: las transformaciones de los medios de información y de comunicación, y la expansión del transporte y del comercio. Quienes antes se concebían muy diferentes comienzan a reconocerse como similares. La diversidad se atenúa, los efectos de distanciamiento tienden a reducirse y crece la posibilidad de concebirnos mutuamente como "semejantes".

Venimos de una tradición ética que desde hace mucho tiempo viene reiterando la importancia de tratar a nuestros semejantes como quisiéramos ser tratados nosotros mismos. El problema con dicho precepto es a quiénes incluimos en la noción de semejantes. A un nivel abstracto, el precepto no suele presentar mayores problemas. Pero es en su aplicación práctica donde la semejanza efectivamente debiera conjugarse y verificarse.

¿Son las mujeres semejantes a los hombres? ¿Son los descendientes de los habitantes conquistados semejantes a los descendientes de los conquistadores? ¿Son los negros semejantes a los blancos? ¿Son aquellos que profesan otros credos, o incluso ningún credo, semejantes a mí? ¿Son los inmigrantes semejantes a quienes hemos pertenecido siempre a esta comunidad? ¿Son quienes reivindican determinadas identidades de género semejantes a quienes operan bajo el supuesto de que las opciones son solo dos? ¿Son aquellos que profesan determinadas ideologías semejantes a quienes profesan ideologías diferentes? Estas preguntas pueden extenderse al infinito, como infinitos son los atributos que es posible escoger para, en los hechos, discriminar a los demás.

En sus apuntes preparatorios para su obra *El capital*, recogidos bajo el título de *Grundrisse*, Marx hace una observación interesante. Sostiene que las prácticas comerciales y las transacciones que ellas ejecutan se rigen por tres principios reguladores: la libertad, la igualdad y la propiedad. En efecto, en la transacción comercial, cada uno de los agentes involucrados es libre para decidir si vende o si compra. Nadie le impone una u otra acción. De la misma forma, por sobre las múltiples diferencias que existan entre ellos (de riqueza, rango social, conocimiento, género, valores y creencias, etc.), respecto de la transacción son formalmente iguales. Sus diferencias no inciden en la dinámica del intercambio ni en sus resultados. Por último, ambos agentes se reconocen mutuamente el derecho de propiedad sobre los elementos transados.

Sin estos tres principios reguladores, la transacción comercial como tal no podría realizarse. A partir de lo anterior, Marx postula que la transacción comercial es el ámbito en el que estos principios nacen y se proyectan a otras esferas de la convivencia social. El individuo como agente autónomo de comportamiento, diferenciado de su comunidad, nacería por lo tanto de las transacciones comerciales.[39]

No es de extrañar entonces que muchos de los primeros filósofos naturalistas griegos, con los que nace la reflexión filosófica, hayan surgido de Jonia, área del mundo griego en la que las prácticas comerciales registraban un amplio desarrollo, y que no pocos de estos filósofos fueran también mercaderes viajantes que en tal calidad visitaron Egipto, Babilonia, Lidia, Fenicia, Siria, Persia e incluso la India. No olvidemos que es en Fenicia donde se inventa el primer alfabeto y que en Lidia se introducen las monedas, permitiendo la expansión de las transacciones propiamente mercantiles.

Los valores de libertad y de igualdad devienen centrales en la mentalidad moderna. Ambos valores no son fáciles de compatibilizar y la historia nos muestra que el énfasis puesto en uno suele muchas veces comprometer al otro. Pero esto no descarta fórmulas que procuran armonizarlos, reconociéndose que cuando uno de ellos es sacrificado, el mismo espíritu de la modernidad presiona para su restablecimiento y, tarde o temprano, suele hacer inestable aquel orden social que lo desconoce.

Esta evidencia se traduce en múltiples gestas emancipadoras a través de las cuales se buscan nuevas modalidades de equilibrio social que ponen en cuestión el antiguo orden. No viene al caso mencionarlas pues son de todos conocidas. Cabe, sin embargo, destacar el proceso conocido como Reforma, dirigido contra el poder de la Iglesia católica y que suscitó un importante cisma en la institucionalidad del cristianismo occidental. Su expresión más importante es la que lidera Lutero en Alemania. Lo que nos interesa destacar no son sus diferencias doctrinarias, sino el hecho de haber acometido una acción que incidió significativamente en la mentalidad moderna.

---

39   Ver Rafael Echeverría, *La ciencia presunta de Marx*, J. C. Sáez Editor, Santiago de Chile, pp. 285-305.

Hasta entonces, la Iglesia prohibía a los fieles la lectura directa de la Biblia, que solo podía hacerse bajo la guía de un sacerdote, a fin de garantizar la "correcta" interpretación del texto. Cabe señalar que esto representaba de por sí un avance, pues en los inicios de la Edad Media la prohibición se extendía a los propios sacerdotes, que únicamente podían acceder a la lectura de la Biblia bajo la tutela de un obispo.

Pues bien, Lutero, como una forma de socavar el poder que la Iglesia de Roma ejercía sobre sus fieles –y aprovechando la reciente invención de la imprenta–, opta por traducir la Biblia al alemán, imprimirla y repartirla masivamente al campesinado. Pero va más lejos aún. Simultáneamente proclama la libertad de conciencia. Cada uno es libre de interpretarla a su manera y de extraer sus propias conclusiones. Estando la Biblia en la calle, en el espacio público, la propia Iglesia católica no puede sino sumarse al hecho de que las interpretaciones deben ahora dirimirse también en el espacio público. El principio de la libertad de conciencia deviene un elemento fundamental de la modernidad. En él se apoyarán los desarrollos democráticos posteriores.

La revalorización del ser humano común

El punto anterior tuvo, sin dudas, efectos importantes en un proceso de desplazamiento del poder desde la cúspide de la estructura social hacia su base, produciendo transformaciones fundamentales en la institucionalidad política. El poder social deja de invocar una supuesta legitimidad divina, como lo había hecho hasta entonces, para reconocer que quien asume la autoridad no es sino un representante de la voluntad popular. El soberano deja de ser el rey: ahora es el pueblo, encarnado en la figura de los ciudadanos. La autoridad, por lo tanto, está allí para servir a la voluntad ciudadana. Ya no es el pueblo el que sirve al rey sino la autoridad la que debe servir y someterse al pueblo. El hombre común, una vez convertido en ciudadano, deviene en el real agente del devenir histórico, lo que implica un giro radical respecto del pasado medieval.

Resultaría equivocado, sin embargo, circunscribir este giro solo a la esfera de la institucionalidad política. Se expresa también en otros dominios de la existencia social y penetra en importantes capas de la sensibilidad moderna, del todo ajenas al ámbito político. Una de ellas guarda relación con las artes y muy especialmente con la literatura. Sobre esta última nos parece pertinente extendernos un poco, en la medida en que nos permite detectar con mayor claridad un cambio que, de lo contrario, pudiera pasar desapercibido.

Si observamos la producción literaria de épocas anteriores, y muy especialmente la medieval, detectamos que suele estar centrada, ya sea en grandes gestas épicas o en personajes que asumen rasgos altamente idealizados. Tomemos como ejemplos la *Canción de Rolando* (o el *Cantar de Roldán*) en Francia, durante el siglo XI; el *Cantar de Mío Cid*, en España, a fines del siglo XII o inicios del XIII, o las novelas de caballería. Todas estas obras giran en torno de personajes muy diferentes de los seres humanos comunes que las leen.

Lo mismo ocurre con la mirada que se despliega respecto de la historia. Por lo general, el énfasis suele estar puesto en personas excepcionales que, debido a sus atributos, logran cumplir gestas que definen, para bien o para mal, el curso del devenir histórico. Se trata, por lo tanto, de una historia centrada en el rol protagónico de héroes o antihéroes, de figuras que asumen un carácter arquetípico, de referentes idealizados.

Uno de los rasgos destacados de la literatura y, por consiguiente, de la sensibilidad moderna consiste en producir un cambio significativo: en vez de centrarse en figuras excepcionales, vuelve la mirada hacia el ser humano común. En este sentido, tres obras nos parecen especialmente relevantes: la primera es *La vida de Lazarillo de Tormes*, escrita en 1554, de autor anónimo. Esto último no es de extrañar, pues la obra expresa una crítica al orden social existente, a la hipocresía y los vicios que suelen acompañar el comportamiento humano y, muy especialmente, a la jerarquía de la Iglesia católica, todo lo cual hizo que su lectura fuera prohibida por la Inquisición. Con esta obra nace la novela picaresca, que parodia los relatos caballerescos que entonces predominaban. En ella se cuenta, bajo la forma de una larga epístola, la vida de Lázaro Tormes, desde el momento de su nacimiento, su infancia miserable y su solitaria y triste juventud, hasta su boda con una de las criadas de un arcipreste de una iglesia toledana a quien este último mantiene de amante, incluso ya casada con Lazarillo. Todo rasgo enaltecedor está completamente ausente en el relato.

La segunda obra, escrita en 1605, es *Don Quijote de la Mancha*, de Miguel de Cervantes, suerte de antinovela de caballería que nos lleva a descubrir al hombre común que se esconde detrás de un supuesto caballero andante, revelándonos que la condición misma de ese tal caballero no es sino la expresión de una mera fantasía. Pero, al hacerlo, el talento de Cervantes no nos conduce a despreciar a su personaje, o quizás a burlarnos de él, sino a conmovernos, pues el ser humano común que somos se reconoce a sí mismo. Esta identificación produce un contraste y un desplazamiento fundamental respecto de buena parte de la literatura anterior. En el personaje del Quijote no penetramos en un personaje excepcional con rasgos de grandeza que pudieran servirnos de modelo, sino en alguien que, presa de sus sueños de gloria, expone sus precariedades y carencias, no tan distintas de las nuestras. No se trata, por lo tanto, de llegar a ser como el Quijote: ya lo somos.

La tercera obra es *Madame Bovary*, de Gustave Flaubert, publicada en 1856, trescientos años después de *El Lazarillo de Tormes*. Su personaje central, desde la óptica de la literatura anterior, solo puede ser visto como un antipersonaje. Alguien que, a todas luces, no merece ser escogido para ocupar el rol central de una novela. Alguien sin importancia: la esposa de un médico de provincia sin otro mérito que el de parecérsenos y que trata afanosamente de encontrarle algún sentido a su vida, sin siquiera estar guiada por los sueños de grandeza del Quijote. Un personaje que ya ha entrado de lleno en la modernidad y que no aspira a otra cosa que a ser amado. Pero ese personaje, gracias al talento de su autor, penetra en nuestra propia alma. Y cuando nos conmovemos, descubrimos que, en rigor, lo hacemos no solo por lo que a ella le acontece sino por lo que nos muestra de nosotros.

Este vuelco de la modernidad hacia la gente común tiene consecuencias que trascienden la literatura. Nuestra mirada ya no se dirige exclusivamente hacia quienes son excepcionales y, por tanto, distintos de la gran mayoría. Al dirigirse hacia los seres humanos comunes, se desplaza también hacia aquello que nos une, permitiendo el despliegue de una mirada genérica sobre el fenómeno humano, que será fundamental para avanzar hacia una nueva ontología.

De la misma forma, la conjunción de los valores de igualdad y de libertad ya mencionados, sumada a la importancia que adquieren los seres humanos comunes, será decisiva para el desarrollo y la expansión de los derechos humanos y de la afirmación de la dignidad de sectores sociales segregados y discriminados. Esta será una característica de la época moderna.

La importancia del tiempo

Uno de los rasgos más destacado de la modernidad es aquel relacionado con el papel que asume el tiempo. El incremento de la conectividad social se traduce, como vimos, en profundas transformaciones en casi todos los dominios de la existencia. Baste con pensar, por ejemplo, en los efectos de la Reforma sobre la hegemonía política y cultural de la Iglesia; en los desplazamientos migratorios que se producen como consecuencia de las conquistas; en los cambios que registran los regímenes políticos antes imperantes; en la revolución científica que tiene lugar desde sus mismos inicios; en la Revolución Industrial, que irrumpe como consecuencia del desarrollo científico; en los procesos de migración urbana que desplazan a importantes sectores sociales del campo a la ciudad; en las profundas alteraciones en las relaciones de producción, del intercambio y del sistema financiero; y en los cambios acaecidos en las más diversas manifestaciones de la cultura, lo que incluye el desarrollo del pensamiento y las grandes innovaciones artísticas. Tómese en cuenta que no estamos siendo exhaustivos.

La expansión de la conectividad social es uno de los motores principales detrás de las transformaciones. Estas últimas confieren a la noción de tiempo una presencia y una importancia crecientes. Ya no es posible obviar el impacto que poseen las experiencias a través de las cuales lo que antes tenía vigencia y se extendía por largos períodos es aceleradamente remitido al pasado, lanzándonos una y otra vez a futuros no siempre previsibles. Mucho de lo que concebíamos como sustancia, como algo inalterable, comienza a ser visto como simples procesos, en los que las cosas, las relaciones, los conceptos se trastocan, se disuelven y se convierten en algo diferente. Un mundo sin transformaciones es un mundo indiferente a la noción de tiempo e incluso a las nociones de experiencia y de existencia.

La centralidad que progresivamente alcanza la dimensión del tiempo se manifiesta en las más diversas áreas de la existencia. La política se constituye y articula en torno de ella, pues busca participar e incidir en el desarrollo de los acontecimientos, de manera de orientarlos en una u otra dirección. El futuro deja de estar en manos de unos pocos y son cada vez más los seres humanos que comienzan a concebirse como agentes en la construcción del porvenir. Pero más allá de la transversalidad que asume la dimensión del tiempo, cubriendo dominios muy diferentes de la vida, nos interesa destacar tres áreas en la esfera del conocimiento en las que irrumpe.

En el campo de las ciencias naturales, el tiempo deviene uno de los temas fundamentales. Tómese el caso de la física, que tiene dos grandes momentos fundacionales. El primero gira alrededor de Isaac Newton, quien, a fines del siglo XVII y comienzos del XVIII, hace de la noción de movimiento, directamente asociada al concepto del tiempo, su eje principal. De ella resultan sus clásicas leyes de la dinámica. El segundo momento tiene lugar a inicios del siglo XX, asociado esta vez a la figura de Albert Einstein y a su teoría de la relatividad, que altera radicalmente el concepto newtoniano del tiempo e inaugura una nueva era en el quehacer de la física.

Durante el siglo XIX se suscita un interés especial por comprender el desarrollo del tiempo histórico. Dos importantes pensadores acometen las propuestas más importantes. El primero es Georg Wilhelm Friedrich Hegel, que –proyecto algo desconcertante– busca conciliar, por un lado, una mirada metafísica y, por otro, el tema del acontecer histórico, directamente ligado a la dimensión del tiempo, dimensión que la metafísica procuraba explicar y sustentar en esferas en las que ese tiempo se disolvía al remitirlo a elementos inmutables. Es lo que hace Platón al acudir a la esfera trascendente de las ideas y de las formas inmutables. Es lo que hace también Aristóteles al recurrir, en un camino inmanente, a las categorías de sustancia y de esencias inmutables.

En la propuesta de Hegel, tanto Platón como Aristóteles encuentran un lugar. El primero, en el papel que Hegel le confiere al desarrollo de las ideas en el proceso del devenir histórico, tal como lo postula en la *Fenomenología del espíritu*; el segundo, en su propuesta sobre el proceso de pensamiento, como se expone en *La ciencia de la lógica*.

El segundo exponente que desarrolla una filosofía del desenvolvimiento histórico es Karl Marx. Si Hegel había optado por el camino del idealismo, Marx, formado en el entorno hegeliano –pero fuertemente influenciado por Feuerbach–, toma el camino opuesto del materialismo. No obstante, Marx preserva la estructura básica sobre el carácter del proceso de pensamiento propuesta por Hegel y, por consiguiente, arrastra consigo la ontología metafísica presente en este. Esto se manifiesta muy particularmente, entre otros aspectos, en su concepto de verdad, en su distinción entre los planos de lo concreto y lo abstracto en el conocimiento, en la diferenciación entre las condiciones objetivas y subjetivas presentes en la historia y en su marcada tendencia al dogmatismo.[40]

---

40   Ver Rafael Echeverría, *Idem*, J. C. Sáez Editor.

Las concepciones en torno de la historia desarrolladas tanto por Hegel como por Marx se caracterizan por ser teleológicas. Ambos sostienen que la historia sigue una dirección predeterminada, que está sujeta a "leyes de hierro del devenir histórico" y cuyo despliegue respeta la senda del progreso y se encamina a la conquista de determinados objetivos que permiten ser anticipados.

La tercera y última área a la que creemos importante referirnos nos remite a las exploraciones filosóficas sobre el ser humano. Nos referimos particularmente a los aportes de Nietzsche y, posteriormente, de Heidegger. Nietzsche, como veremos enseguida, entiende al ser humano como un ser proyectado hacia el futuro, con capacidad para superarse permanentemente a sí mismo y, por lo tanto, en un proceso de permanente devenir. Así pues, el tiempo es el marco dentro del cual la vida humana determina su sentido.

Heidegger sigue un camino similar, pero diferente. El ser humano es concebido como un ser arrojado a la existencia. Sin la dimensión del tiempo, no es posible desentrañar la estructura básica de la existencia humana.[41]

La influencia de la filosofía helenística en la modernidad

Es importante destacar la incidencia que en la modernidad tiene la recuperación de las corrientes filosóficas helenísticas que se desarrollaran en la Antigüedad a partir de las conquistas de Alejandro Magno y de su temprana muerte en el año 323 a. C. No solo el pensamiento filosófico moderno se verá afectado por ellas sino también la cultura y el clima emocional del conjunto de la población.

Las conquistas de Alejandro Magno están asociadas a un hecho que altera significativamente el desarrollo del espíritu griego que había

---

41   No en vano su obra principal lleva como título *Ser y Tiempo*.

primado hasta entonces. Nos referimos a la crisis de la *polis* griega, la ciudad-Estado en la cual los griegos articulaban su existencia y definían sus identidades. Las conquistas de Alejandro sustituyen el papel de la ciudad-Estado por la configuración del imperio que resulta de ellas. Luego de la muerte de Alejandro se crean diversas monarquías helenísticas, con poblaciones heterogéneas constituidas por los conquistadores y los pueblos conquistados, de frecuente inestabilidad política. En ellas, la ciudad-Estado pierde su importancia.

Es necesario dimensionar adecuadamente esta situación. En un pueblo como el griego, en el que la religión y las prácticas religiosas eran relativamente débiles, comparadas con las de otras naciones –por ejemplo, Egipto–, la identidad "ciudadana", la pertenencia a la *polis*, producía en los individuos un efecto de contención, ofreciéndoles un piso en sus respectivos sentidos de la vida y en su desarrollo existencial. Cuando estos efectos se disuelven sobreviene el desamparo y, en consecuencia, una sensación de mayor vulnerabilidad y temor. El individuo comienza a sentirse librado a su propia suerte y obligado a hacerse cargo de sí mismo, de una forma que no había experimentado hasta entonces. Ello impulsa modalidades distintas de pensamiento y fortalece la noción de individualidad.

En esta situación, el antiguo ciudadano griego comienza entonces a reconocerse, no como ciudadano de su *polis* sino como ciudadano del mundo, como "cosmopolita". Esto no solo supone una percepción distinta de su identidad política, sino que produce un importante impacto cultural. En el pasado, cuando los ciudadanos griegos se referían al ser humano, por lo general en los hechos excluían de tal noción a quienes no compartían el mismo rango político. Entre estos excluidos estaban las mujeres, los metecos –conformados en su mayoría por extranjeros residentes–, los libertos –o trabajadores de escasos recursos– y los esclavos. Pero los griegos también excluían a todos quienes vivían fuera de Grecia, que eran llamados "bárbaros".

Luego de las conquistas de Alejandro, esto cambia. Alejandro ordena que gran parte de sus oficiales contraigan matrimonio con mujeres nativas, pertenecientes a los pueblos conquistados. Así, muchas de las segmentaciones sociales previas comienzan a disolverse. Esto apareja un cambio importante en la noción de ser humano, que ahora comienza a incluir a quienes quedaban excluidos de tal categoría. Junto con esto se desarrolla una noción genérica e inclusiva, que permite reflexionar sobre lo humano sin las restricciones previas. Sin este desplazamiento, que se profundizará con el desarrollo histórico, la pregunta por el ser humano genérico, sin exclusiones —que está en el centro de nuestra propuesta—, hubiese sido imposible. Pues bien, este importante giro está en el centro de la filosofía helenística.

El escepticismo

La influencia del pensamiento helenístico gravitó en múltiples áreas. En este caso específico, constatamos el impacto que, de manera especial, registra una de estas corrientes conocida como escepticismo. Su principal aporte consiste en poner en cuestión la noción metafísica de la verdad, así como el lugar que le conferían los metafísicos.

Creemos pertinente detenernos un momento sobre esta influencia. La filosofía escéptica surgió con Pirrón de Elis, nacido en el año 360 a. C. en una isla del mar Jónico. Este había viajado con el ejército de Alejandro Magno, llegando a Persia y a la India. Su lectura de los escritos materialistas de Demócrito lo impulsaron a la reflexión filosófica. Pirrón no dejó ningún texto escrito. Su pensamiento fue difundido por uno de sus alumnos y su influencia llegó incluso a la Academia platónica, fundando allí una corriente conocida como escepticismo académico.

El pensamiento de Pirrón, sin embargo, nos llegó de la mano de Sexto Empírico, filósofo griego de la época romana y nacido doscientos años después del propio Pirrón. Sexto Empírico pertenecía a una corriente llamada la Escuela Empírica —de allí el nombre de Sexto Empírico—, relacionada con la Escuela Empírica de medicina, que se oponía a la Escuela Dogmática, o Académica, que entonces se desarrollaba en la Academia.

Lo que caracteriza al escepticismo helenístico es su crítica a la noción metafísica de la verdad. Sexto Empírico, inspirado en las enseñanzas de Pirrón, sostiene que debemos "suspender" (*epojé*) el juicio de verdad o falsedad respecto de gran parte de nuestras creencias. No hacerlo, y conferirles entonces carácter de verdad a las creencias, conduce en su opinión al dogmatismo y este nos impide alcanzar la *ataraxia* —la virtud de procurar el equilibrio y la tranquilidad mental e incluso corporal— y así aspirar a lograr la *eudaimonia*, que implica la vida buena, la felicidad y el bienestar.

De los planteos anteriores se deduce una posición que no siempre se hace explícita. Detrás del argumento expuesto por los escépticos subyace la idea de que la noción metafísica de verdad y la presunción de que esta es definitiva y absoluta no tienen fundamento y, por lo tanto, no son sino una creencia. Dicho de otra forma, se trata de un acto de fe y de idolatría sin asidero que, en tal sentido, resulta profundamente precario. No es más que una invocación cuyo fundamento reside en nuestra necesidad de contención. El problema que conlleva se percibe, sin embargo, en sus efectos destructivos, tanto en términos de convivencia como en las modalidades de vida que de ella resultan.

La influencia del escepticismo helenístico en el pensamiento moderno resultó determinante. Está presente, por ejemplo, en Michel de Montaigne, uno de los más destacados humanistas del siglo xvi; en la propuesta de Descartes acerca del camino de la duda para el desarrollo del conocimiento; en el empirismo de Francis Bacon, en su crítica a los *idola* o creencia en realidades ilusorias que perturban el pensamiento recto y en su llamado a confiar en los hechos de la experiencia; en la propuesta filosófica de Pascal y, luego, de Baruch Spinoza; en la filosofía de Hume, que lleva el empirismo a su más alta expresión; en el desarrollo de la filosofía "crítica" de Kant; en la noción hegeliana de confrontación dialéctica entre las ideas; y en las propuestas de Feuerbach y de Nietzsche, por mencionar solo algunos de los filósofos modernos. Con todo, donde encontramos mayores repercusiones del escepticismo antiguo es en la fenomenología de Edmund Husserl y, de allí, en la fenomenología existencial de Heidegger.

El epicureísmo

Esta escuela de filosofía helenística lleva el nombre de su fundador, Epicuro, nacido en el año 341 a. C. en la isla de Samos —por aquella época asentamiento ateniense—, de padres atenienses. Su contribución desapareció casi por completo durante el Imperio romano, debido principalmente al rechazo que recibe, en un primer momento de parte del estoicismo y, luego, del cristianismo. El epicureísmo reemerge cuando, en 1417, Poggio Bracciolini descubre en un monasterio la obra del romano Lucrecio, *De rerum natura* ("De la naturaleza de las cosas"), en la que da cuenta del pensamiento de Epicuro. Desde entonces su influencia no deja de crecer. La vemos presente, por ejemplo, en Montaigne, Spinoza, Pierre Gassendi, Denis Diderot, Jeremy Bentham, Hume, Newton, Jean-Jacques Rousseau, Marx, Thomas Jefferson y Nietzsche, por mencionar a algunos.

Formado inicialmente en la filosofía de Demócrito, Epicuro acepta la doctrina de los átomos y del vacío desarrollada por este como fundamento de la realidad. Para evitar una mirada determinista, que excluye el papel del azar y el de la libertad humana, Epicuro enfatiza la idea de Demócrito de que los átomos suelen desviarse en su desplazamiento, produciendo virajes que los conducen a agruparse de maneras muy diferentes, que no están predeterminadas ni pueden anticiparse.

En el año 306 a. C., Epicuro se traslada a Atenas, donde funda su escuela en un lugar que terminó llamándose "el Jardín". Sin embargo, a diferencia de lo que sucedía con la Academia de Platón y con el Liceo de Aristóteles —que restringían severamente su ingreso—, el Jardín de Epicuro permitía el acceso irrestricto. De allí que entre sus participantes se contaran mujeres y esclavos, lo cual era impensable en la Academia o en el Liceo. El Jardín es una escuela abierta a toda persona que quiere incorporarse a ella.

Como era característico del pensamiento helenístico, Epicuro promueve la *ataraxia* —la paz y la liberación del miedo— para así alcanzar la *eudaimonia* —el bienestar y la felicidad—. A tal efecto, sus enseñanzas se proponen alcanzar el placer, por lo que su filosofía es tildada de hedonista. Ello dio lugar al enfrentamiento posterior con el cristianismo, que consideraba al epicureísmo una doctrina moralmente decadente.

Sin embargo, la lucha permanente de los primeros teólogos cristianos contra los epicúreos descansa en una errónea comprensión de sus doctrinas, al entender como "epicúreo" todo lo relacionado con el desenfreno, el afán de goce, la búsqueda de satisfacción sexual o la glotonería. El placer que promueve Epicuro dista de ser el placer sensual o inmediato: se dirige al goce que garantizan el bienestar y la paz a futuro. Su noción de placer, en rigor, apunta a lo que los griegos denominan *aponia*, o ausencia de sufrimiento. Epicuro es consciente de que los placeres inmediatos suelen traducirse en sufrimientos futuros, los cuales, por lo tanto, es necesario evitar.

Para asegurar el camino hacia una paz y un bienestar futuros, Epicuro distingue tres tipos de deseos: aquellos naturales y necesarios, aquellos naturales e innecesarios y aquellos deseos vanos y vacíos. Los deseos naturales y necesarios —por ejemplo, los deseos de alimentos y de abrigo— son más fáciles de satisfacer y difíciles de eliminar. Estos producen un placer que desaparece luego de satisfechos, y establecen un primer límite que es importante cuidar, ya que nos conducen a deseos naturales pero innecesarios, asociados a los bienes de lujo. Los deseos vanos, para Epicuro, están asociados, por ejemplo, a la riqueza, la fama y el poder. Estos deseos son difíciles de satisfacer, pues no solo crean apego y se transforman en fuentes de sufrimiento, sino que tienden a hacernos querer más de ellos. De allí que la ética epicúrea no promueve los excesos sino la moderación. Más allá de impulsar los deseos materiales, reivindica, por ejemplo, el valor de la amistad.

Las doctrinas epicúreas dan lugar al desarrollo de prácticas curativas del alma, orientadas a generar *ataraxia*, *aponia* y *eudaimonia*, y a disolver aquellos obstáculos que dificultan su prosecución. Estas prácticas se encuentran próximas a la medicina, con la diferencia que no se dirigen al cuerpo sino al alma. Esto lo vemos, por ejemplo, en el caso del médico Asclepíades de Bitinia, influido tanto por Demócrito como por Epicuro, considerado además como uno de los pioneros de la psicoterapia.

Debemos a Epicuro dos contribuciones adicionales importantes. La primera gira en torno de los dioses, al rubricar su existencia y afirmar que son moralmente perfectos. No obstante, rechaza la posibilidad de que se involucren en asuntos humanos. La vida de los seres humanos se desenvuelve sin interferencia de los dioses. Nuestra vida, por lo tanto, está en nuestras manos y la dimensión ética de nuestro actuar no remite a leyes divinas, sino a nosotros mismos. No aceptar este hecho, según Epicuro, es fuente de sufrimiento.

La segunda contribución se refiere al temor a la muerte, otra importante fuente de sufrimiento. La posición que al respecto desarrolla Epicuro está expuesta en su *Carta a Meneceo*, uno de los escasos escritos que disponemos de él. En su opinión, el miedo a la muerte resulta de un equívoco. La muerte, nos dice Epicuro, no forma parte de la existencia humana, por lo que no podemos experimentarla. Cuando ella nos llega, nosotros ya no estamos. Como consecuencia, lo importante para los seres humanos no es la muerte, sino aprender a morir. Y es aspecto central de este aprendizaje nos lo proporciona el hecho de haber aprendido a vivir, de manera que cuando la posibilidad de la muerte se asome, la enfrentemos desde la satisfacción de una vida bien vivida. De este modo, es la vida la que debe preocuparnos, y no la muerte.

El estoicismo

El estoicismo es una escuela filosófica helenística, desarrollada en Atenas y creada por Zenón de Citio, proveniente de Chipre, nacido entre 306 y 300 a. C. Los sucesores de Zenón fueron Cleantes y Crisipo, oriundos de Asia Menor y, como el propio Zenón, de posible ascendencia semítica. El estoicismo recibe muy distintas —y a veces opuestas— influencias, entre las que destacan Heráclito, Platón, Aristóteles y el pensamiento helenístico cínico. En un inicio, el lugar donde se imparten sus enseñanzas recibe la denominación de *Stoá Poikilè* (o pórtico pintado) de la que deriva el nombre de esta escuela: es un monumento emplazado al norte del *agora* y que cuenta con diversas columnas (*stoa*), en las que un gran fresco representa la batalla de Maratón. Entre sus rasgos característicos destacan, primero, el hecho de que en ella participan individuos provenientes de las clases sociales más bajas y, en segundo lugar, el retorno de la discusión filosófica al espacio público.

En su obra *La República*, Zenón desarrolla una concepción de la organización política que antagoniza con los planteamientos de Platón plasmados en su escrito que llevaba el mismo nombre. Zenón señala, por ejemplo, que:

> "no debemos ser ciudadanos de estados y pueblos diferentes, separados por leyes particulares, sino que hemos de considerar a todos los hombres como conciudadanos".

Los estoicos, a diferencia de los epicúreos —que despreciaban la política—, valoran la participación de sus miembros en ella y proclaman la necesidad de avanzar hacia la constitución de una hermandad mundial, con una única ciudadanía.

En su ética, los estoicos promueven una vida tranquila, asociada al ideal de la *ataraxia*, el desarrollo de la paz interior para enfrenar circunstancias desfavorables. Pregonan evitar el victimismo y cultivan la resiliencia emocional, la capacidad de sortear el sufrimiento y de reponerse de las experiencias dolorosas. Incluso valoran los infortunios, pues consideran que ayudan al desarrollo de las virtudes. Desde el punto de vista de otras escuelas, esto es interpretado como un afán por desarrollar la resignación.

Su lema principal es "vivir la vida conforme a la naturaleza". Consideran que el universo posee una estructura racional y que lo que sucede en él responde a la ley de causa y efecto. El mundo, según ellos, está gobernado por la providencia, por la razón divina. Sostienen que "la virtud es el único bien" y que ella es suficiente para asegurar la felicidad. Uno de los rasgos característicos del estoicismo consiste en aprender a controlar o a liberarse de las emociones destructivas pues, en su opinión, son el resultado de errores de juicio.

Una vida virtuosa requiere organizarse alrededor de cuatro virtudes cardinales: la sabiduría práctica (*phronesis*), que debe guiar el desenvolvimiento de la vida; el coraje (*andreia*), la justicia (*dikaiosyne*) y la templanza (*sophrosine*). Todas ellas poseen el poder de conducirnos al "arte de vivir", a "hacer de nuestra vida una obra de arte", idea que más adelante fue recogida por Nietzsche.

Uno de los representantes de la escuela, Aristón de Quíos, discípulo de Zenón, desarrolló la noción de que quien sabe vivir sabiamente suele asumir la representación de un determinado personaje y que "actuamos" el papel que lo encarna. Para Aristón, el bien principal es

"[...] vivir en perfecta indiferencia a todas aquellas cosas que son de un carácter intermedio entre la virtud y el vicio; no haciendo la más mínima diferencia entre ellos, sino considerándolos a todos en pie de igualdad. Para eso, el sabio se asemeja a un buen actor; quien ya sea que esté representando el papel de Agamenón o el de Tersites, los realizará igualmente bien".

Esta es una idea que también fue adoptada por Nietzsche. De allí que en su obra *Más allá del bien y del Mal* escriba:

"¿Qué? ¿Un gran hombre? Solo veo el actor de su propio ideal".

Lo mismo había expresado Epicteto —de quien hablaremos enseguida— cuando señalaba:

"[…] eres un actor en un drama del género que como autor eliges".

"Primero dite a ti mismo lo que serías; y luego haz lo que tienes que hacer".

Los estoicos se caracterizan por desarrollar prácticas concretas para que cualquier ser humano pueda disolver o reducir el pesimismo, la angustia y el sufrimiento. Una de ellas consiste en lo que llaman desarrollar una mirada "desde arriba". Esta mirada debe dirigirse hacia la inmensidad del firmamento para —al cabo de esta experiencia que nos acerca al espacio infinito— volver a uno mismo y reconocer la insignificancia de lo que nos acontece y nos hace padecer.

El estoicismo tuvo una fuerte influencia en la cultura romana como también en el cristianismo. Tres grandes pensadores romanos participaron en el desarrollo de sus doctrinas. Nos referimos a Séneca, a Cicerón y al emperador Marco Aurelio.

Durante este período surge un filósofo que cumple un papel central en el estoicismo. Nos referimos precisamente a Epicteto. De origen griego, había nacido en el año 55 en Asia Menor pero vivió gran parte de su vida en Roma como esclavo. Aunque no dejó obra escrita, su discípulo Flavio Arriano transcribió sus enseñanzas en *Manual* ("*Enchiridion*") y en *Discursos*.

Epicteto sostiene que la virtud consiste en guiarse por un proceder racional y por la aceptación del destino individual que Dios ha determinado. Como el resto de los estoicos, afirma que los seres humanos debemos liberarnos de las pasiones (del *pathos*), entendidas como nuestra reacción emocional "pasiva" (de allí "pasiones") a los eventos externos, que nos producen angustia y sufrimiento. Estas pasiones negativas deben ser transformadas en *eupatheia*, pasiones positivas que resultan de corregir nuestros juicios incorrectos sobre el acontecer. Esta práctica nos conduce a la *apatheia* (ausencia de pasiones negativas que generan la paz y la aceptación).

Lo anterior se sustenta en la relación que los estoicos postulan entre la emocionalidad y los juicios y el poder que resulta de desarrollar lo que denominan *askesis*, consistente en hacer uso de la razón para lograr "claridad en la capacidad de juzgar" y alcanzar paz y ecuanimidad. El descubrimiento de esta estrecha relación entre la emocionalidad y los juicios es una de sus más importantes contribuciones.

No es de extrañar entonces que Epicteto —el filósofo esclavo— sostenga que él es el más libre de los hombres pues ha logrado hacerse dueño y responsable de sus juicios. En línea con lo anterior, Epicteto asevera que una de las competencias fundamentales que debemos desarrollar los seres humanos es la capacidad de distinguir entre lo que podemos y lo que no podemos cambiar, lo que está bajo nuestro control de lo que no lo está, pues de esta forma evitamos el sufrimiento que resulta del intento de cambiar lo que no podemos.

Veamos algunos de sus pronunciamientos al respecto:

"La libertad es la única meta digna en la vida. Se gana ignorando las cosas que están más allá de nuestro control".

"Ninguna persona es libre si no es dueña de sí misma".

"Solo hay una manera de alcanzar la felicidad y es dejar de preocuparse por cosas que están más allá de lo que podemos o de nuestra voluntad".

"No busques que los acontecimientos ocurran como tú deseas, deja que sucedan como suceden, y todo te irá bien".

"A las personas no les molestan las cosas, sino los juicios que sobre ellas emiten".

"Los hombres no tienen miedo de las cosas, sino de cómo las ven".

"Es nuestra actitud hacia los eventos, no los eventos en sí mismos, lo que podemos controlar. Nada es, por su propia naturaleza, calamitoso; incluso la muerte es terrible solo si la tememos".

"¿Quieres dejar de pertenecer al número de los esclavos? Rompe tus cadenas y desecha de ti todo temor y todo despecho".

"De lo que hay que tener miedo es del propio miedo".

No es de extrañar que el emperador Adriano –uno de los más notables de los emperadores romanos– acudiera a recibir las enseñanzas de Epicteto. No olvidemos que los romanos consideraban que sus emperadores eran seres divinos.

La filosofía estoica mantiene una relación ambigua con el cristianismo. En muchos aspectos, este discrepará de sus posiciones. Sin embargo, la influencia del estoicismo resulta innegable en Clemente de Alejandría, en Orígenes –su discípulo–, en Tertuliano, e incluso en san Agustín, a través de Cicerón. En la modernidad, tanto Spinoza como Nietzsche –dos filosofías afines– se apoyan en varias de sus premisas. La filosofía existencial recoge mucho de su sensibilidad, pero cabe también incluir la psicología cognitiva contemporánea y la relación que esta establece entre la emocionalidad y los juicios, quizás el mayor de sus aportes.

****

Terminemos este apartado destacando algunas enseñanzas que nos entrega el conjunto de la filosofía helenística.

Los escépticos nos enseñan a desconfiar de nuestras creencias y a suspender los juicios de verdad o de falsedad, sobre todo aquello que trasciende nuestras experiencias concretas. Los epicúreos nos enseñan a desapegarnos de nuestros deseos y a desarrollar la capacidad para legitimar algunos y desechar aquellos que pueden comprometer nuestra paz y generarnos sufrimiento. Por último, los estoicos nos enseñan que nuestro sufrimiento no suele producirse por lo que acontece fuera de nosotros, sino por los juicios que hacemos de ese acontecer. Insisten en la idea de que disponemos de la capacidad para corregir tales juicios y para resignar aquello que no podemos cambiar.

Todas estas enseñanzas están dirigidas, antes que a la especulación teórica, a desarrollar una sabiduría práctica (*phronesis*) que nos conduzca a vivir mejor y a alcanzar el bienestar y la felicidad. Esto es lo que la filosofía puede hacer por los seres humanos comunes cuando abandona sus claustros y sale a la calle a encontrarlos.

V

Nietzsche y la ruptura con la ontología metafísica

Desde los inicios de la modernidad se produce en el pensamiento filosófico un progresivo distanciamiento respecto de la ontología metafísica y de sus premisas. Ya lo vimos en el caso de Descartes y de Bacon, a quienes solemos identificar como los primeros filósofos modernos, aunque el espíritu de la modernidad ya estaba presente en el movimiento humanista anterior. Esto no implica que la metafísica deja de ejercer influencia, pero en la medida en que el tiempo avanza, esta distancia se hace cada vez mayor.

Este alejamiento se percibe con claridad en determinados filósofos. Es el caso de Spinoza, a fines del siglo XVII, que, a pesar de recurrir a una forma de expresión que nos recuerda a Aristóteles, despliega una concepción que evita el dualismo metafísico y se aleja de sus premisas. Lo percibimos más adelante en el desarrollo del empirismo anglosajón y muy especialmente en la filosofía de Hume, su exponente más destacado. Observamos también un distanciamiento significativo en la filosofía de Kant, el filósofo más sobresaliente de la modernidad temprana.

Y aunque cabe todavía reconocer la impronta metafísica en las filosofías de Hegel y de Marx, ya en el siglo XIX, el carácter de sus proyectos filosóficos —dirigidos a comprender el desenvolvimiento histórico— los coloca algo más allá de los parámetros de la metafísica "tradicional".

Un hito importante en este alejamiento creciente de las premisas de la ontología metafísica guarda relación con el aporte filosófico de Ludwig Feuerbach, quien ejerce una influencia significativa en la propuesta posterior de Friedrich Nietzsche. Llama la atención el escaso reconocimiento que se le ha otorgado a Feuerbach. Su importancia ha sido restringida al hecho de que juega un papel significativo en los escritos tempranos de Marx y en el proceso que lo conduce a alejarse de la filosofía de Hegel.

Con ello se prescinde del papel que Feuerbach ejerce en dar lugar a lo que Paul Ricoeur bautizó como "la escuela de la sospecha", integrada precisamente por Marx, Nietzsche y Freud, que fueron influidos significativamente por su filosofía. Tampoco se le reconoce la importancia que su pensamiento adquiere en la propuesta de Martin Buber, que incorpora las ideas que Feuerbach elabora en sus últimos escritos en torno de la importancia de la relación de todo ser humano con los demás, que él articula bajo la fórmula del Yo y el Tú, adoptada en idénticos términos por Buber. Tampoco se ha destacado suficientemente la forma en que su pensamiento también está presente en la filosofía existencialista de Søren Kierkegaard, más allá de sus diferencias.

Nietzsche lee muy tempranamente a Feuerbach. La pregunta precisa es: ¿qué hay en la propuesta de Feuerbach que marcó el pensamiento posterior de Nietzsche? Lo central, en nuestra opinión, es la idea de que gran parte del desarrollo del pensamiento filosófico, así como del pensamiento teológico, ha descansado en lo que Feuerbach define como completa "inversión" de la relación real y efectiva entre los términos más importantes que postulan tales propuestas. Este argumento es desarrollado por Feuerbach en su crítica a la teología cristiana —a la que él, siendo muy joven, se acerca con la intención de formarse como pastor luterano, intento que muy pronto abandona–, pero también respecto de la filosofía hegeliana, en la que se forma luego de desatender su interés por la teología. Es en relación con ambas –la teología cristiana y la filosofía hegeliana– que Feuerbach desarrolla su propia concepción. En su opinión, la filosofía de Hegel invierte el carácter real de la relación entre las condiciones históricas concretas y el desarrollo de las ideas. Feuerbach sostiene que son las primeras las que dan lugar al segundo, sin desmerecer el hecho de que tales ideas también inciden en determinadas condiciones históricas. Pero para Hegel, la relación es la inversa: a su entender, las condiciones históricas se producen a partir de las ideas. Según Feuerbach, resulta indispensable "revertir" esta relación postulada por Hegel.

Feuerbach desarrolla el mismo tipo de argumento en torno de la religión y de la teología. Ambas plantean que Dios es el creador del mundo natural y del ser humano, sin reconocer, nuevamente, que la relación efectiva es la inversa. Son los seres humanos –dadas sus condiciones de existencia y las relaciones que establecen con los demás y con la naturaleza– los que necesitan postular a Dios. Mientras la teología cristiana sostiene que Dios creó a los seres humanos a su imagen y semejanza (Génesis, 2), Feuerbach postula que son los seres humanos quienes crean a Dios en relación con los requerimientos que exigen sus propias condiciones de existencia. De allí uno de sus pronunciamientos más importantes: "El secreto de la teología es la antropología", lo que implica, como lo sostuviera en el caso de Hegel, que es preciso "revertir" la "inversión" en la que se funda la religión y de la que hemos estado cautivos.

Esta matriz argumental fue adoptada y ampliada por Nietzsche. Desde su perspectiva, la historia de Occidente ha estado dominada por una forma invertida de concebir la realidad, que él identifica como "el programa metafísico". Este ha llegado a un punto en el que es preciso asumir su completa disociación respecto de las nuevas condiciones históricas. Nietzsche es consciente de que, desde sus inicios, la modernidad se ha ido distanciando de algunas de las premisas del programa metafísico. Pero tal divorcio no representa una respuesta suficiente. Es preciso ir más lejos. Es necesario romper, destruir, no solo parte del edificio sino el edificio entero y muy especialmente sus cimientos.

Para Nietzsche, por lo tanto, no se trata tan solo de alejarse de la ontología metafísica sino de romper con ella y de destruir sus premisas. "Hago filosofía con un martillo", señala Nietzsche, y su expresión es adecuada. Eso es exactamente lo que busca: demoler el edificio levantado por el programa metafísico. Para acometer esta tarea es preciso abolir sus cimientos, sus fuentes originales más importantes: el socratismo –que además del pensamiento de Sócrates incluye también el de Platón y de Aristóteles– y la tradición cristiana.

Nietzsche representa un hito sin precedentes en el desarrollo del pensamiento filosófico. Ningún otro filósofo se rebeló con tanto vigor contra el conjunto de la historia de la filosofía. Eugen Fink, discípulo de Husserl, lo entiende así y al inicio de su libro *La filosofía de Nietzsche* nos señala que el principal mensaje de este puede resumirse en una frase: "Hemos errado el camino". Desde hace alrededor de veinticinco siglos, la filosofía occidental emprendió un rumbo que, al comienzo, fue uno entre varios, pero que terminó por devenir hegemónico y nos llevó a un callejón sin salida. Gran parte de lo que durante este trayecto elaboramos en el terreno de la reflexión filosófica requiere ser reevaluado, destruido y vuelto a construir. En términos de Feuerbach, la tradición cultural de Occidente se sustenta en una "inversión", que hoy requiere ser "revertida" por completo.

Lo primero que sorprende en Nietzsche es su audacia y atrevimiento. Audacia para pensar por su cuenta y atrevimiento para confrontar tradiciones milenarias. No podemos dejar de pensar en Lutero, enfrentado a Carlos V y a los representantes de Roma durante la Dieta de Worms, en 1521, cuando rechaza abjurar sus críticas en contra de la Iglesia católica, que entonces concentraba el mayor poder de Occidente; un Lutero que declara que no puede "hacer algo en contra de su conciencia" y negar lo que esta le dicta. Pero no estamos estableciendo tan solo una analogía. Nietzsche va aún más lejos. Su crítica no se dirige a la Iglesia como institución y a sus prácticas, sino a la interpretación que esta hace del mensaje de Jesús y, en especial, a la moralidad que ella promueve. Sin duda, algo del espíritu de Lutero pulsa en él. No en vano su padre y sus dos abuelos fueron pastores luteranos. Nietzsche es un hijo pródigo de la Reforma.

Es importante advertir que en la propuesta de Nietzsche hay algunos puntos que merecen nuestra crítica, a los que, sin embargo, les otorgamos un papel secundario, pues su filosofía representa la influencia más importante de todo cuanto proponemos. No omitimos por esto otras influencias relevantes, pero su gravitación no siempre alcanza el nivel que le asignamos a Nietzsche. Esperamos en este capítulo demostrar al lector las razones de esta afirmación.

No obstante, cabe advertir que en nuestra interpretación de la filosofía nietzscheana realizamos un desplazamiento que es conveniente hacer presente. Si uno se pregunta ¿cuál es el suelo en el que Nietzsche abona su propuesta?, se suele responder que es el dominio de la moral y de los valores. Este pareciera ser el terreno en el que, antes que en cualquier otro, concentra su tarea de demolición. De allí que articule su contribución en esos términos, tal como lo hace en *El Anticristo*:

> "Mi (principal) afirmación es que todos los valores en los que la humanidad sintetiza su más alto desiderátum son valores decadentes"

y que, como él se ocupa de reiterarlo, su propósito consiste en efectuar una radical "transvaloración de los valores". No es menos cierto, sin embargo, que el alcance y las implicancias de lo que señala exceden ese terreno.

Si hemos errado un camino que se inició con Sócrates y que recogió los aportes de Pitágoras y de Parménides, ¿cómo podemos articular el carácter de lo que Nietzsche procura acometer? En nuestra opinión

–y siguiendo de cerca lo que el propio Nietzsche señala–, su filosofía permite ser entendida como un modo de colocarse en el lugar donde Sócrates se situó, pero en vez de tomar el camino que este siguiera –y en el que profundizan tanto Platón como Aristóteles–, opta por otro rumbo. Esto es, Nietzsche decide seguir el camino contra el cual, a partir de las opciones asumidas por Sócrates, se levanta posteriormente la ontología metafísica.

Tal como planteamos cuando examinamos el proceso que conduce a la ontología metafísica, cuando Sócrates produce el giro de una filosofía natural a una filosofía de la vida humana, las propuestas de Heráclito y de Parménides se le presentan como una encrucijada. Situado en ella, Sócrates opta por seguir a Parménides y desechar a Heráclito. Poco después, Platón y luego Aristóteles avanzan, siguiendo a Sócrates, hacia la articulación de una filosofía ontológica. Ambos no solo respetan la elección de Sócrates, sino que incorporan de manera explícita a otros adversarios: los sofistas y muy especialmente a Protágoras. Como consecuencia, la ontología metafísica, cuando se articula, no se limita a explicitar sus premisas, sino que declara expresamente su tajante oposición, tanto a Heráclito como a Protágoras, tal como examinamos en su momento.

Es en esta encrucijada donde se sitúa Nietzsche, como una forma de optar por un camino diferente y, por ende, por una ontología alternativa (aunque sin llamarla así). En sus escritos encontramos varias referencias que validan esta interpretación. Por ejemplo, en sus notas de 1875 señala:

"Sócrates, para confesarlo simplemente, se levanta tan cerca de mí, que estoy casi siempre conduciendo una batalla contra él".

En *El crepúsculo de los Ídolos* nos dice:

"Coloco a un lado con la más alta reverencia el nombre de Heráclito. Cuando el resto de los filósofos rechazaban la evidencia de los sentidos por mostrar esta pluralidad y cambio, él rechazó sus evidencias, que los conducía a sostener que las cosas tenían duración y unidad […] La razón es la causa de nuestra falsificación de los sentidos. Pero Heráclito estará siempre en lo cierto en esto, en que el Ser es una ficción vacía".

En su última obra, *Ecce Homo*, escribe:

"La doctrina de Zaratustra [vale decir, en su propia filosofía articulada en su obra *Así habló Zaratustra*] puede, a fin de cuentas, haber sido ya enseñada por Heráclito".

En relación con los sofistas, y en especial con Protágoras, las referencias son múltiples. Bástenos con recoger las siguientes, extraídas de sus notas personales de la década de 1870:

"El mundo posee su realidad solo en el hombre".

"[…] el pensamiento básico de la ciencia es que el hombre es la medida de todas las cosas. En último término, toda ley de la naturaleza es una suma de relaciones antropomórficas".

"El hombre como la última y empedernida 'medida de las cosas'".

No en vano el título de su última obra es *Ecce Homo*, que en latín significa "He aquí al hombre". Esta es la expresión que, según Juan 19:5, fue utilizada por Poncio Pilatos cuando presentó a Jesús a la muchedumbre para que esta emitiera sentencia sobre quien era acusado por los sacerdotes de profanar la religión y subvertir el orden. Pilatos optó por "lavarse las manos". Nietzsche pareciera repetir el ritual y nos presenta nuevamente al hombre, esta vez al ser humano terrenal que todos somos y que él coloca en el centro de su reflexión, para que volvamos a emitir sentencia. A lo lejos, uno alcanza a vislumbrar la sonrisa de Protágoras. Bastante más cercano, vemos el guiño de Feuerbach.

El carácter rupturista de la filosofía de Nietzsche aparece reiterado de muy distintas formas en el transcurso de su obra. Él entiende que está cerrando un largo período en la historia de la humanidad —al menos en el mundo occidental, marcado por el papel alcanzado por la metafísica— e inaugurando simultáneamente una nueva era.

Esto se expresa en los títulos de otras de sus obras. Una de ellas, como vimos, lleva el nombre de *El crepúsculo de los Ídolos*, quizás en referencia a la crítica que en su momento hizo Francis Bacon a los *idola* con los que se enfrentaba el desarrollo científico, muchos de los cuales estaban directamente asociados a la ontología metafísica. Pero Nietzsche va más lejos. En *Ecce Homo* señala:

"Lo que llamé ídolo en el título [de *El crepúsculo de los Ídolos*] es simplemente lo que ha sido llamado hasta ahora verdad".

Otra de sus obras tiene como título *Aurora* (traducida también como *Amanecer*), apuntando al nacimiento de la nueva era que él mismo procura inaugurar.

Nietzsche es consciente de ser el primero en transitar por esta senda. Y aunque recoge diversas influencias, en el trayecto se sabe solo. Pero esto no lo inhibe, más bien lo alienta. De allí que sostenga:

"El individuo ha luchado siempre para no ser absorbido por la tribu. Si lo intentas, a menudo estarás solo y a vez asustado. Pero ningún precio es demasiado alto por el privilegio de ser uno mismo".

O bien,

"ser independiente es cosa de una pequeña minoría: es el privilegio de los fuertes".

Lo que propone no viene del pasado, tampoco se lo encuentra en el presente. Se trata de un mensaje proyectado hacia el futuro y para el cual todavía no existen oídos. De ahí que Nietzsche no se haga demasiadas ilusiones y que en *El Anticristo* deba reconocer que

"este libro pertenece a muy pocos. Posiblemente ninguno de ellos haya nacido todavía... Solo me pertenece el día del pasado mañana. Algunos hemos nacido póstumamente".

Esa misma idea se reitera en *Ecce Homo*, al señalar "Soy un filósofo póstumo". ¿En qué consiste su propuesta? ¿Cuáles son sus elementos principales? A continuación, procuraremos recoger algunos de ellos.

Ser *versus* devenir

Nietzsche, pues, desecha el camino de Parménides, que sustentaba la noción del ser inmutable, y opta por aquel seguido por Heráclito, que proponía la noción del devenir. Ellos representan dos maneras radicalmente distintas de concebir la realidad. Para Nietzsche, el desarrollo de la mirada metafísica se sustenta en lo que califica como "el error del ser". Así, en *El crepúsculo de los Ídolos* observa:

"Nada, de hecho, ha tenido hasta ahora un mayor poder directo de persuasión que el error del ser, tal como este fue formulado, por ejemplo, por los Eleáticos: ¡pues cada palabra, cada frase que emitimos habla en su favor!".

Tal como lo hemos planteado, este error es inducido por la manera como articulamos el lenguaje cuando procuramos dar cuenta de las cosas. Proviene de la gramática y del uso que se hace del verbo "ser", que induce a la ilusión de que las cosas "son" de una determinada manera y que ello remite a algo inmutable. Nietzsche, sin embargo, nos advierte en *Aurora* que

"la humanidad ha confundido siempre la voz activa (siendo) con la voz pasiva (ser), ese es su eterno error gramatical".

Al hacerlo, hacemos del verbo un sustantivo y terminamos por transformarlo en sustancia. A partir de lo anterior, cabe entonces preguntarnos cómo "es" ese tal "ser" y proceder a asignarle diversos atributos. De haber sido una expresión que en algunas proposiciones (las llamadas proposiciones de identidad) unía (cópula) un sujeto gramatical con su predicado, procedemos a colocarlo en el lugar que ocupaba el sujeto gramatical, al que ahora le asignamos predicados. El ser, ese verbo que hacía de recurso gramatical para conocer las cosas, queda entonces convertido en el fundamento último de toda realidad. Con ello estamos de lleno en la ontología metafísica. Este es el "error del ser" del que Nietzsche nos habla.

Desde la perspectiva de Heráclito, este supuesto ser es una sustancia sin sustancia. En *El Crepúsculo de los Ídolos*, Nietzsche esgrime que "Heráclito estará siempre en lo cierto [...]: el ser es una ficción vacía". Según este último, todo cuando existe está en un proceso de permanente devenir, de permanente transformación. Nada se mantiene inmutable. Pero esto no solo afecta a todo cuanto somos capaces de observar: nos afecta también a nosotros mismos en cuanto observadores. Nunca nos bañamos dos veces en el mismo río. La segunda vez, tanto el río como nosotros, no somos los mismos.

El devenir de Nietzsche, como el de Heráclito, es, sin embargo, un trayecto sin dirección predeterminada. Estamos lejos de las visiones de Hegel y de Marx sobre la historia. Nietzsche se aleja de toda teleología. En sus apuntes personales, agrupados póstumamente bajo el título de *Voluntad de Poder*, nos advierte que "el devenir no persigue nada ni logra nada". Solo acontece. Más adelante, abunda en lo anterior y señala:

"1. El devenir no se dirige hacia un estado final. No fluye hacia el ser.

"2. El devenir no es meramente un estado aparente, quizás es el mundo del ser el que es aparente.

"3. El devenir posee un valor equivalente en cada momento: la suma total de su valor [va] siendo siempre la misma".

El devenir, para Nietzsche, tampoco es plenamente cognoscible. En la medida en que carece de una lógica interna y que no conduce a un fin, resulta imposible anticipar su curso. En su acontecer no existe un secreto a ser develado. Podemos generar interpretaciones con respecto al pasado, pero serán siempre eso: interpretaciones que procuran imprimirle un sentido al presente que nos corresponde vivir y a nuestras propias inquietudes.

Nuevamente, en *Voluntad de Poder* reitera esta posición:

"El carácter del mundo en estado de devenir es incapaz de ser adecuadamente formulado y se nos presenta como falso, como autocontradictorio".

"El mundo nos parece lógico solo en la medida en que lo hemos hecho lógico".

"Los medios de expresión lingüísticas son inútiles para expresar el devenir".

Esto no significa que el devenir sea arbitrario. Esta vez, es la voz de Leucipo —el ya mencionado filósofo materialista— la que pareciera escucharse: "Nada sucede por azar, sino todo por razón o necesidad". Nietzsche reitera lo mismo en *Humano, demasiado humano*:

"[...] todo es necesario [...]".

"[...] no tiene sentido alguno alabar o culpar a la naturaleza y a la necesidad".

"Todo es necesidad: este es el nuevo conocimiento y este conocimiento por sí mismo es necesidad. Todo es inocencia: y el conocimiento es el camino a la intuición de esta inocencia".

A partir de esta última afirmación alcanzamos dos conceptos complementarios, que ocupan un lugar importante en la concepción de

Nietzsche. Por un lado, la noción estoica de la "inocencia del devenir", en la medida en que el devenir no tiene dirección ni sentido. Al tratarse de un acontecer inocente y necesario, no es pertinente responsabilizarlo o culparlo, tal como lo señalaban los estoicos. Podemos intervenir para participar en él y contribuir a generar o a evitar determinados resultados, pero, como tal, el devenir no es expresión de una voluntad impersonal frente a la cual podamos rebelarnos o tengamos que someternos. El devenir, en sí mismo, no es un agente. Los seres humanos, en cambio, sí lo somos.

Esto da lugar a una segunda noción que Nietzsche también adopta del pensamiento estoico. Se trata de la noción de *amor fati*, que podemos traducir como "amor al destino". De alguna forma, surge al reconocer que el devenir no posee dirección determinada, que se rige por la necesidad y que en su despliegue es inocente. En *Ecce Homo* profundiza este concepto y señala:

> "Mi fórmula para la grandeza en un ser humano es *amor fati*: que uno no aspira a nada diferente, ni hacia adelante ni hacia atrás, ni en toda la eternidad. Evitar tolerar apenas lo que es necesario, menos aún ocultarlo —todo idealismo no es sino mendicidad de cara a lo necesario—, pero "amarlo".

> "[...] lo que es necesario no me hiere: *amor fati* es su más íntima naturaleza".

Amor fati, por lo tanto, significa amor a lo que existe tal como existe, a lo que existió y a lo que existirá. Todo lo que sucede en la vida acontece por cuanto fue necesario y resulta de las condiciones que en su momento existían. Solo nos cabe aceptarlo, afirmarlo y amarlo, lo que nos conduce a uno de sus planteamientos más importantes: *aprender a amar la vida*. Es desde allí que nos cabe comprometernos con nuestra existencia, modificar nuestra disposición vital para modificar las condiciones que inciden en el devenir. Al hacerlo, evitamos colocar nuestras esperanzas en una vida distinta de esta, en una supuesta vida más allá de la que estamos viviendo.

Quizás algunos interpreten la expresión *amor fati* como una suerte de llamado a la resignación. Es lo que sucedió con los estoicos. Sin embargo, no es este el significado que Nietzsche le confiere. Como veremos, para él se trata de aquella disposición a partir de la cual habilitamos el mayor despliegue de nuestra capacidad transformadora, tanto del mundo como de nosotros mismos. Quien ama el destino ama la vida, no la desprecia ni vive a la espera de otra, y se compromete con ella.

Crítica al concepto metafísico de verdad y el papel del lenguaje

La ontología metafísica considera que es posible conocer cómo "son" realmente las cosas y, al hacerlo, acceder a su "ser". Nietzsche, como vimos, no cuestiona solamente ese concepto de "ser", calificándolo como el resultado de un grave error, sino también la posibilidad misma de tal conocimiento. Los seres humanos no podemos saber cómo "son" las cosas. ¿Qué nos lo impide? ¿Cuál es el problema?

Su respuesta toma distintos caminos. El primero es sostener que el ser humano se interpone en su intento por conocer las cosas. Nuestra mirada sobre el mundo está obstruida por nosotros mismos. Las cosas del mundo no están allí, ante nuestros ojos, dispuestas de tal forma que nos sea posible develar cómo son. Esta supuesta mirada está condicionada por nosotros. Tal como lo mencionamos, Nietzsche nos dice en *Aurora*:

"¿Por qué no ve el hombre las cosas? Se interpone a sí mismo: tapa las cosas".

Los seres humanos no vemos las cosas como son, sino como somos. Este lema implica que nuestra mirada está siempre contaminada por nosotros mismos. Heidegger profundizó en este concepto en su analítica del *Dasein*, en la obra *Ser y Tiempo*. Pero ya Kant, mucho antes, había avanzado en esta dirección al plantear que nuestros contenidos de conciencia resultan no solo de aquello que observamos, sino también de la manera como la conciencia estructura y confiere sentido a lo observado.

Nietzsche, sin embargo, va más allá de Kant. En su propuesta introduce un elemento adicional: el lenguaje. Foucault nos señala que Nietzsche es el primer filósofo moderno que hace del lenguaje un tema relevante de su filosofía. En los antiguos, el lenguaje había ocupado un papel importante. Lo vimos, por ejemplo, en la importancia que Heráclito le confería al *logos*, como asimismo en el lugar que los sofistas le otorgaban en sus enseñanzas. Pero tanto en Platón como en Aristóteles esto se altera significativamente, aunque sin desaparecer del todo. En el caso de Platón, son las ideas las que asumen un rol prioritario. En Aristóteles, como lo apreciamos en su *Lógica*, su *Poética* y su *Retórica*, el lenguaje asume un rol secundario y subsidiario de la razón, el conocimiento y la verdad. El lenguaje se subordina al desenvolvimiento de estos tres términos y nos permite transmitir a otros los resultados que ellos alcanzan.

Nietzsche es uno de los primeros filósofos en señalarnos que el lenguaje es una llave indispensable para comprender la conciencia humana. Desde su perspectiva, la realidad conforma un dominio a la vez separado e independiente del dominio del lenguaje. Este último no puede dar cuenta de la realidad tal como ella es. No hay siquiera posibilidad de establecer una correspondencia entre ambos dominios, pues no se tocan. El lenguaje es metafórico, tal como lo son las palabras. El significado de estas no remite a la realidad sino a otras palabras, que a su vez remiten a otras. En sus tempranas notas personales de la década de 1870, Nietzsche reitera esta posición:

> "[...] creemos que sabemos algo sobre las cosas cuando hablamos de árboles, colores, nieve y flores: y, con todo, solo poseemos metáforas sobre las cosas —metáforas que en modo alguno corresponden a las entidades originales—".

"Conocer no es sino un trabajo con las metáforas favoritas, una imitación que ha dejado de sentirse como imitación. Por lo tanto, por su naturaleza (el conocer) no puede penetrar en el reino de la verdad".

"Las verdades son ilusiones [de] las cuales hemos olvidado que son ilusiones; son metáforas que han terminado desgastándose y que se han visto despojadas de su fuerza sensual, monedas que han perdido su grabado y que ahora son consideradas como metal y no como monedas".

En *Humano, demasiado humano* vuelve sobre este asunto:

"La importancia del lenguaje para el desarrollo de la cultura yace en el hecho de que, en el lenguaje, el hombre yuxtapone al mundo dado otro mundo construido por él. [...] el hombre [...] creyó que a través del lenguaje alcanzaba el conocimiento del mundo".

Esto implica que, aunque el lenguaje pretende "revelar", a la vez necesariamente "esconde", "oculta". En *Más allá del bien y del Mal*, Nietzsche nos advierte:

"Toda filosofía 'esconde' también una filosofía; toda opinión es también un escondite, toda palabra, también una máscara".[42]

En *Voluntad de Poder*, Nietzsche da un paso adicional con el que sacude gran parte de los presupuestos anteriores. Nos dice:

"En la medida [en] que la palabra 'conocimiento' tiene algún significado, el mundo es cognoscible; pero es 'interpretable' de otras maneras, no posee 'un' sentido detrás suyo sino innumerables sentidos".

"La pluralidad de interpretaciones es una señal de fuerza. No deseamos privar al mundo de su carácter inquietante y enigmático".

---

42   Este será un tema que posteriormente profundizará Jacques Derrida.

Los seres humanos, para Nietzsche, vivimos en *mundos interpretativos*. En la medida en que todo permite no una sino múltiples interpretaciones, el concepto metafísico de verdad se derrumba. Las verdades definitivas, absolutas y universales invocadas por la metafísica no existen, fueron siempre una ficción. ¿Significa que cualquier cosa que digamos da lo mismo? ¿Cualquier cosa es equivalente a cualquier otra? De ninguna forma. De acuerdo con lo que aceptemos como válido, orientaremos nuestra acción en una u otra dirección y obtendremos resultados muy diferentes. Unos serán mejores, otros serán peores. Unos alcanzarán lo que tales acciones buscaban, otros fracasarán en su intento. La forma como interpretamos no da lo mismo. La diferencia entre una interpretación u otra no reside, según Nietzsche, en su verdad, sino en su poder. Dejemos que lo exprese él mismo:

"Todo está sujeto a interpretación; lo que hace que una determinada interpretación prevalezca en un momento determinado es función de su poder y no de su verdad".

El poder, sin embargo, es elusivo. La elección que en un determinado momento parece un acierto muchas veces se revela luego como un error. No se necesitan ejemplos para ilustrar el caso, pues todos hemos vivido experiencias de este tipo. Este es un rasgo inherente a todo conocimiento y no existe aquel capaz de sustraerse a un cuestionamiento de valor. Al reconocer esto contribuimos a disolver la arrogancia metafísica.

En *Voluntad de Poder*, Nietzsche señala:

"[...] lo que en realidad se necesita es que algo sea considerado verdadero, no que algo sea verdadero".

En sus notas personales tempranas, Nietzsche nos advertía:

"El *pathos* de la verdad está basado en la creencia".

"[...] toda posesión de la verdad no es sino en su raíz una creencia de que uno posee la verdad".

Tenemos la impresión de estar escuchando a los antiguos escépticos. Lo señalado equivale a sostener que, en último término, la verdad –cruzando el territorio de las pruebas y de los argumentos– se sostiene en la fe o en el deseo de que algo como lo que la metafísica entiende por verdad efectivamente exista y resulte accesible. ¿Implica esto que es preciso abandonar todo concepto de verdad? No. Implica tan solo que es necesario desprenderse de su connotación metafísica o incluso religiosa y, por lo tanto, de ese ídolo venerado por tanto tiempo que Nietzsche se propone derribar.

Pero es posible desarrollar otros conceptos de verdad, quizás más cercanos a los sofistas: un concepto de verdad que se reconoce parcial y provisorio, que nunca accede totalmente a lo que procura conocer sino –como sostendrá Husserl más adelante, siguiendo a los antiguos escépticos– que se limita a reconocer perfiles que dejan oculto, necesariamente, tanto un fondo impenetrable como también otros perfiles a los que no tenemos acceso.

Nietzsche se refiere a esta nueva noción de verdad como *perspectivismo*. Se trata de un concepto de verdad que reconoce que todo está en proceso de transformación, en el que las cosas cambian, mutan, devienen, transitan de una forma de ser a otra. Es un concepto de verdad que, por lo tanto, requiere concebirse necesariamente como dinámico y cambiante en el tiempo y que no es definitivo ni permite ser "fijado"; un concepto de verdad que se reconoce también como convención social, necesaria para instituir condiciones básicas y siempre dinámicas de orden social y asegurar modalidades de convivencia con los demás.

El concepto metafísico de verdad representa uno de los grandes obstáculos que nos impiden dar respuestas eficaces a las transformaciones que encaramos, pues nos ata al pasado y tiende a anquilosarnos, restringiendo nuestra flexibilidad para adecuarnos al presente y prepararnos para el futuro. Mientras no nos desprendamos de él, llegaremos tarde o no llegaremos, y las crisis nos habrán vencido una y otra vez. De allí la importancia de avanzar hacia una ontología diferente.

Crítica a la prioridad conferida a la razón

Nietzsche se opone al papel que la metafísica le confiere a la razón. No lo hace en defensa de una suerte de irracionalidad. Tampoco por cuanto sostiene que es necesario prescindir de ella. Sin duda, valora la capacidad racional de los seres humanos y la invoca en sus postulados. Lo que cuestiona es el carácter unilateral con el que la metafísica invoca a la razón, constituyéndola en el criterio fundamental para orientar la vida, a costa de despreciar la emocionalidad a la vez que el cuerpo. Nietzsche califica a la metafísica como unilateral por cuanto subordina a la razón otras dimensiones de la existencia humana, pero también por cuanto el ser al cual se dirige es concebido como uno y homogéneo. Si el camino privilegiado para acceder al "ser" es la razón, si tal "ser" es uno y homogéneo y si entendemos por verdad el acceso a dicho "ser", esta –la razón– requiere desplazarse por un solo camino, llegar a una sola respuesta, y todo cuanto la contradiga es falso. Esta premisa es coherente, por lo demás, con los principios básicos de la lógica aristotélica.

En un párrafo de sus notas posteriores, dirigido muy posiblemente contra Parménides y también contra Aristóteles, Nietzsche escribe:

> "La ley de contradicción proveyó la fórmula: el mundo verdadero, aquel hacia el cual uno se dirige para definir el camino, no puede contradecirse a sí mismo, no puede cambiar, no puede devenir, no tiene inicio ni final.
> "Este es el más grande error que hasta ahora ha sido cometido, la fatalidad esencial del error sobre la tierra: se creyó poseer un criterio de realidad en las formas de la razón, cuando lo que sucedía era que uno disponía de ellas para dominar la realidad y para tergiversarla de manera astuta.

"Y pongan atención: ahora el mundo devino falso, precisamente debido a las propiedades que constituyen su realidad: el cambio, el devenir, la multiplicidad, la oposición, la contradicción, la guerra".

Ese error que define la mirada metafísica hacia el mundo se expresa de igual forma en la mirada que dirige hacia el ser humano individual, concebido como una unidad homogénea. En esos mismos apuntes, Nietzsche consigna:

"El supuesto de un sujeto único es quizás innecesario, ¿no es quizás igualmente permisible suponer una multiplicidad de sujetos cuyas interacciones y luchas son la base de nuestro pensamiento y nuestra conciencia en general? 'Mi hipótesis': El sujeto como multiplicidad".

Los seres humanos, de acuerdo con esta concepción, somos "polifónicos", conformados por voces muy distintas, heterogéneas y contradictorias. El supuesto de que estamos regidos por la noción de identidad, por el criterio de la unidad, requiere por lo tanto ser revisado. La razón no se dirige a un solo punto ni es unívoca su respuesta. Pero hay más: la razón no puede prescindir de otras dimensiones del ser humano, tal como lo propone la metafísica. No se trata de abrirnos tan solo a dimensiones diferentes. Se trata, por el contrario, de reconocer que la razón misma está afectada y, entonces, contiene esas otras dimensiones que la metafísica desprecia. Nos referimos, por supuesto, al cuerpo y a la emocionalidad. Para Nietzsche, el cuerpo es el sustrato de todo cuanto conforma al ser humano y ello incluye a la propia razón. De allí que escriba:

"Esencial: partir del 'cuerpo' y emplearlo como guía. Es un fenómeno más rico, que permite una capacidad más clara de observación. La creencia en el cuerpo está mejor establecida que la creencia en el espíritu".

El rescate de la emocionalidad en el pensamiento filosófico moderno no es mérito de Nietzsche. Esto ya lo había hecho Spinoza en la segunda mitad del siglo XVII. Sabemos, por lo demás, que la lectura que Nietzsche hace de Spinoza tuvo un impacto muy importante en su pensamiento. La filosofía moderna había relegado casi por completo a Spinoza y fue mérito de Nietzsche haberlo situado en primer plano. Desde su perspectiva, prescindir de la emocionalidad –a la que se refiere como "pasiones"– implica renunciar a comprender cabalmente al ser humano, su comportamiento y su vida.

En *El crepúsculo de los Ídolos* Nietzsche nos advierte:

"'Exterminar' las pasiones y deseos solo para alejarnos de sus locuras y consecuencias desagradables nos parece hoy en día una aguda forma de locura".

"[...] atacar las pasiones en sus raíces significa atacar la vida en sus raíces".

Su invocación al *amor fati* está asociada, según constatábamos, a dos dimensiones emocionales: la disolución del resentimiento y de la culpa y la recuperación del amor por la vida. Ambas, en su opinión, pertenecen al núcleo básico de la moralidad cristiana, dando lugar a lo que llama también una "moralidad de rebaño". Una moralidad en la que el individuo coarta su capacidad de superarse a sí mismo y de celebrar su existencia. Esta moralidad contamina emocionalmente el alma e induce a los individuos a colocar sus esperanzas no en esta vida, sino en una supuesta vida posterior.

La prioridad que la metafísica confiere a la razón y el desprecio que despliega por la emocionalidad le impiden, según Nietzsche, entenderse adecuadamente a sí misma. El fundamento de la propia metafísica, en su opinión, se sitúa en el dominio de la emocionalidad. La invocación a un ser inmutable es una respuesta al reconocimiento de nuestra profunda vulnerabilidad y un mecanismo para apaciguar el miedo. La metafísica posee, a su entender, un carácter terapéutico. Busca curarnos de la precariedad de la existencia para conferirnos un sentido de seguridad, de estabilidad, que nos provea la tranquilidad que añoramos.

El miedo es una emocionalidad compleja. Muchas veces tiende a esconderse, a no mostrarse a cara descubierta. Muy a menudo se oculta detrás de otras emociones, algunas de las cuales aparentan ser sus opuestas. Se trata de emociones secundarias, que suelen representar tan solo formas de manifestación de un miedo que las antecede. No es extraño, por lo tanto, descubrirlo detrás del odio, los celos, la indiferencia, la timidez e incluso la arrogancia. Consciente del importante papel que el miedo ejerce en nuestras vidas, Nietzsche exclama en *Ecce Homo*, como eco de lo señalado por los estoicos, y en especial, por Epicteto:

"[...] no debimos haber aprendido nunca a tener miedo".

Vana exclamación de esperanza. Quizás el desafío consista en aprender cómo hacernos cargo del miedo, para así evitar que nos someta y nos ciegue.

Consideramos que la relación que Nietzsche plantea entre el miedo y la metafísica es reveladora, por cuanto muestra un camino para poder superar a esta última. Antes de hacerlo, recordemos la interpelación de Nietzsche a Sócrates por elegir el camino del ser inmutable de Parménides. Lo interesante es que no cuestiona los fundamentos racionales de tal elección. Por el contrario, su pregunta se dirige, en último término, a los miedos que inducen a Sócrates a escoger ese camino.

Ahora bien, si el fundamento inicial de la metafísica no reside solo en el dominio de la racionalidad, sino también en la emocionalidad –y particularmente en el miedo que determina su elección–, cabe entonces pensar que, si buscamos un camino alternativo (desprovisto de los elementos de estabilidad del primero), es muy posible que no baste con demoler racionalmente su edificio. Además de su cuestionamiento racional, quizás sea necesario hacerse cargo también de las condiciones emocionales –y muy especialmente del miedo– que estuvieron presentes en su gestación. De ser así, esto implicaría vincular el proyecto de una nueva ontología al dominio de la ética, de los valores, que es precisamente lo que Nietzsche procura llevar a cabo.

Crítica a la noción metafísica de sujeto y la prioridad de la acción

Uno de los rasgos de la filosofía moderna, tal como lo expusimos, consiste en colocar al ser humano como punto de partida de su reflexión. Al hacerlo, sin embargo, lo hace confiriéndole al individuo, concebido como sujeto, el papel determinante. Gran parte de la filosofía moderna temprana es, efectivamente, una "filosofía del sujeto". Este es considerado como la forma particular de ser que todo individuo asume y, como tal, se le asignan los atributos que la ontología metafísica otorga al ser. La noción de sujeto, por lo tanto, deriva y es tributaria de la noción metafísica del ser.

Uno de los "golpes de martillo" de Nietzsche va precisamente dirigido a la noción de sujeto. En un primer momento vimos cómo su crítica se había dirigido a la presunción de que el sujeto es "uno" y cómo nos proponía concebirlo como múltiple, diverso y contradictorio. Pero su crítica va más lejos. La metafísica sostenía que el ser antecede a la acción. Recordemos el *dictum* de santo Tomás de Aquino: *Agere sequitur esse* ("La acción sigue al ser"). Esto significa que, dado cómo somos, actuamos, reaccionamos, nos relacionamos con los demás y, en definitiva, vivimos. El ser, constituido en sujeto, determina el conjunto de nuestra existencia.

Nietzsche objeta esa relación y procede a cuestionar que exista algo así como el sujeto. Postular su existencia, como ya vimos, es un error inducido por la gramática, que suele anteponer un sujeto a todo verbo.[43] Veamos cómo Nietzsche argumenta el caso.

---

43 Un tema reiterado por Nietzsche es aquel que se refiere a las trampas que nos tiende el lenguaje. Esta es una idea que será luego desarrollada por filósofos como Bertrand Russell y Ludwig Wittgenstein. Ambos apuntan a lo que señalan tanto el filósofo Ludwig Schajowicz como Denise Bostdorff, profeso-

En *La genealogía de la moral* escribe:

"[...] ello se debe tan solo a la seducción del lenguaje [...] el cual entiende y malentiende que todo hacer está condicionado por un agente, por un 'sujeto'. "Es decir, del mismo modo como el pueblo separa el rayo de su resplandor y concibe el segundo como un hacer, como una acción de un sujeto que se llama rayo, así la moral del pueblo separa también la fortaleza de sus exteriorizaciones, como si detrás del fuerte hubiera un sustrato indiferente, que fuera dueño de exteriorizar y, también, de no exteriorizar fortaleza. Pero tal sustrato no existe; no hay ningún 'ser' detrás del hacer, del actuar, del devenir, el 'agente' ha sido ficticiamente añadido al hacer, el hacer es todo [...] nuestra ciencia entera [...] se encuentra sometida aún a la seducción del lenguaje y no se ha desprendido de los hijos falsos que se han infiltrado, de los 'sujetos'".

En *La voluntad de poder* insiste en esta idea:

"[...] nuestra costumbre gramatical de añadir un obrador a toda obra".

"El concepto de sustancia es una consecuencia del concepto de sujeto: ¡no a la inversa! Si soltamos el alma, el 'sujeto', la precondición para la sustancia desaparece".

"El concepto de realidad, de ser, es derivado de nuestro sentimiento de sujeto. El sujeto: interpretado dentro de nosotros, de manera que el ego cuente como sustancia".

"[...] todo cambio debe tener un autor, pero esa conclusión es desde ya mitología: ella separa aquello que efectúa del efecto".

---

ra de estudios de la comunicación. Schajowicz nos reitera que "el pensador cree habitualmente servirse del lenguaje, pero es el lenguaje el que se ha servido de él". Por su parte, Bostdorff nos reitera lo mismo: "A veces usamos el lenguaje y a veces el lenguaje nos usa a nosotros". Sin que nos demos cuenta, todos estamos sujetos a ello. Esto apunta al dominio que el lenguaje ejerce sobre los seres humanos y a las diversas formas de sometimiento que frecuentemente desplegamos frente a él. En la ontología metafísica logramos percibirlo de manera flagrante.

"Nos separamos nosotros mismos, los obradores de sus obras, y usamos este patrón en todas partes –buscamos un obrador en cada evento–".

"El 'sujeto' no es algo que crea efectos, sino una ficción".

En *Más allá del bien y del Mal*, criticando a Descartes, apunta en la misma dirección:

"[...] un pensamiento viene cuando 'él' lo desea y no cuando yo lo deseo, de manera que es una falsificación de los hechos del caso sostener que el sujeto 'Yo' es la condición del predicado 'pensar'".

Y, por último, en *Humano, demasiado humano* reitera:

"[...] inventamos entidades, unidades, que no existen".

¿Es plenamente satisfactorio este argumento? No estamos seguros. Tenemos la impresión de que, en el proceso del devenir nietzscheano, en el cual se confiere un rol activo al ser humano, una noción no metafísica del sujeto resulta necesaria. Él mismo lo reconoce cuando, eludiendo la noción de sujeto, introduce la de "actor" invocada por el estoicismo. Para Nietzsche, nosotros nos asignamos, no una sino múltiples veces, papeles que luego, como actores, ejecutamos. Su posición, sin embargo, resulta contradictoria. Por un lado, nos habla del sujeto "como multiplicidad"; por otro, cuestiona la propia noción de sujeto. Y por último, introduce la noción estoica del actor de nuestras acciones. ¿No implica esto reintroducir la noción de sujeto con un nombre diferente?

Desde nuestra perspectiva, la noción de sujeto representa un recurso para dar cuenta de una forma particular de ser, no como algo fijo e inmutable sino concebida como expresión de un "estar siendo" que se manifiesta en los comportamientos y en el actuar de un determinado individuo. El sujeto y su particular forma de ser dan cuenta, por un lado, del hecho de que del actuar distinto de individuos diferentes cabe concluir que son distintos. Pero, por otro lado, ellos operan como un recurso interpretativo que busca establecer en un individuo una determinada coherencia frente a las diferencias que exhiben sus diversas acciones.

Lo mismo acontece en relación con nosotros mismos. En este caso, añadimos algo más, pues consideramos que escogemos las acciones que ejecutamos. Pero aquí nos preguntamos: ¿somos totalmente libres en nuestras elecciones? No lo creemos. Pocos conceptos son tan problemáticos como el del "libre albedrío". Nuestras acciones son siempre resultado de las condiciones inherentes al momento de tomar uno u otro camino.

En la decisión intervienen, por ejemplo, mi pasado, con mis aprendizajes y traumas; los deseos y aspiraciones que me proyectan hacia el futuro y que me inclinan hacia determinados resultados, mi emocionalidad, mi diálogo interno a través del cual sopeso alternativas, etc. Lo que nos interesa señalar es que las acciones no son resultado del azar. Por el contrario, están condicionadas por varios factores, lo que cancela el supuesto libre albedrío. La invocación del libre albedrío expresa un afán reduccionista que evita la complejidad inherente a toda toma de decisiones.

Una de las grandes trabas que pesa sobre esta evidencia es la presunción de que cada persona es un fenómeno individual. Sin negar que somos individuos y que, como tales, encarnamos formas distintas de ser, solemos tener dificultad para reconocer el carácter profundamente social de nuestra forma de ser. Nuestra individualidad es el resultado, por un lado, de nuestra biología, pero también de nuestra historia de interacciones sociales en un determinado contexto histórico.

A esta individualidad aludimos cuando nos referíamos al efecto transformador de la conectividad social en su acepción más fuerte. Esto implica, entre otras cosas, que con nuestras interacciones intervenimos y transformamos la forma de ser de los demás, de manera equivalente a como los demás nos transforman a nosotros. Cuando un filósofo como Nietzsche escribe sus obras, esto es precisamente lo que procura: transformar a sus lectores, a fin de incidir en cómo imprimen sentido a su existencia y en cómo se comportan, alterando las condiciones de determinación de su actuar. ¿Fue libre Nietzsche de hacer o no hacer esto? Solemos creer que somos libres de decidir por tal o cual acción. Pero esto es ilusorio. Una vez que la acción se decide y ejecuta, la determinación se impone por sobre esa supuesta libertad.

En este intento por avanzar hacia una concepción no metafísica del sujeto le conferimos, en efecto, más importancia a la acción que al sujeto que la ejecuta. En este punto cerramos filas con Nietzsche. Esto implica que, si bien aceptamos que nuestras acciones nos habilitan a revelar el tipo de ser que las lleva a cabo, de la misma forma aceptamos que de alterar nuestra forma de actuar transformamos el tipo de ser que éramos y devenimos un sujeto diferente. La acción, desde esta perspectiva, se convierte en la palanca fundamental del devenir.

Pero dentro de la prioridad que le conferimos a la acción, cabe destacar que hay una, entre todas las posibles, que adquiere un papel decisivo. Nos referimos a la acción de aprendizaje, entendiendo por tal toda acción dirigida, en general, a la transformación de nuestra capacidad de acción. Por lo tanto, el aprendizaje nos conduce a cambiar nuestra forma de ser y a incidir en nuestro propio devenir. En consecuencia, oponiéndonos a lo sostenido por santo Tomás de Aquino, en el sentido de que "la acción sigue al ser", sostenemos que es la acción la que constituye al ser y, por lo tanto, es el ser quien sigue a la acción.

La noción de voluntad de poder

Lo señalado nos conduce a otro de los bastiones de la filosofía de Nietzsche: la noción de voluntad de poder. Del mismo modo como el concepto de acción nos llevó a valorar la acción de aprendizaje, la acción nos conduce a privilegiar la noción de poder.[44] Esta posee dos acepciones.

---

44   Ver Rafael Echeverría, *Ontología del lenguaje*, J. C. Sáez Editor, Santiago de Chile, 2003, cap. XII, pp. 372-412.

La primera apunta a la capacidad de someter a determinados agentes –sean estos individuos o sistemas sociales– a la voluntad de otros. En este sentido, el poder se ejerce sobre otros agentes. Ello nos conduce a asociarlo, por ejemplo, a diferentes modalidades de dominación y de sumisión.

Pero hay una segunda acepción. Aquí, el poder se refiere a capacidad de acción (sea esta individual o social) y, como derivada, al diferencial de la capacidad de acción cuando observamos el actuar de diferentes agentes. En esta acepción, la noción de poder aparece en expresiones como "yo puedo hacer tal o cual cosa", "yo no puedo hacer tal otra". Así, señalamos que una determinada persona es más poderosa que otra, no por cuanto someta a un mayor número de voluntades sino porque, con sus acciones, puede generar resultados que consideramos valiosos y que otros no pueden alcanzar.

Es importante, por lo tanto, distinguir el poder como dominación del poder como capacidad de acción. Cabe advertir que ambas acepciones se involucran mutuamente en la medida en que los resultados que logran determinados individuos pueden remitir tanto a su capacidad de dominio sobre otros como a su capacidad de desenvolvimiento. Con todo, se trata de acepciones diferentes.

Para comprender adecuadamente el concepto de voluntad de poder, es preciso referirnos a Baruch Spinoza. Con muy pocos pensadores se siente Nietzsche identificado como con Spinoza. Nietzsche lo descubre en 1881, año en el que publica *Aurora*, momento de su vida en el que ya había hecho avances importantes en su pensamiento. En relación con este encuentro, escribe:

"Estoy asombrado, realmente maravillado. Tengo un predecesor. ¡Y qué uno! Casi no conocía nada de Spinoza: que yo lo buscara precisamente ahora fue un 'acto de instinto'. No solo que su tendencia general es igual a la mía –de convertir el conocimiento en el más poderoso de los impulsos– sino que además me identifico con cinco puntos de su doctrina. Este, el más inaudito y más solitario de los pensadores, es el más cercano a mí precisamente en esas cosas: niega el libre albedrío, las finalidades, el orden cósmico/ético, lo no egoísta, lo malo [...]. Mi soledad es ahora al menos una soledad a dúo".

En la *Ética* –su obra más importante–, Spinoza plantea uno de los ejes fundamentales de su filosofía:

"[...] cada cosa se esfuerza, en cuanto está a su alcance, por perseverar en su ser."

"Perseverar en su ser" consiste en hacer todo cuanto sea posible para seguir siendo. Según Spinoza, esta no es, sin embargo, una disposición pasiva, sino que requiere acudir a las potencialidades que todo ser lleva consigo para actualizar su ser. Spinoza se expresa usando el léxico de Aristóteles que, según nos dice, trasciende su filosofía. Este tránsito entre las potencialidades del ser y su desafío de permanente actualización se realiza a través de lo que Spinoza denomina *conatus*, que representa el ímpetu de vivir como impulso de autoperseveración. Como tal, se relaciona con la lucha, la contienda y también con el esfuerzo, la capacidad de acción. En los seres humanos, se trata de avanzar en la construcción del ser que son, de acuerdo con sus propias potencialidades. Eso implica expandir su capacidad de acción y, consecuentemente, desarrollar y expandir también el ser que cada uno somos.

Nietzsche coloca este concepto en el centro de su propuesta filosófica. Apoyándose en el reconocimiento de que capacidad de acción es poder, sostiene que los seres humanos tienden naturalmente a desarrollar su capacidad de acción y, con ello, a hacer crecer el ser que son. Están dotados, por lo tanto, de aquello que denomina *voluntad de poder*. El ser humano es un tipo de ser que se siente impulsado a hacer uso de sus capacidades para ser más de lo que se descubre siendo y, en consecuencia, impulsando su devenir. Su ser, en definitiva, no es algo dado que la persona se sienta impulsada a conservar, a preservar. De lo que se trata es de *perseverar* en su cultivo y expansión. El ser que un determinado individuo devendrá representa un desafío cuya realización está en sus manos. Este es el gran mensaje de su Zaratustra: "Yo soy lo que tiene que superarse a sí mismo".

El término "voluntad de poder" ha sido frecuentemente malinterpretado. Muchas veces, "poder" fue entendido en el sentido exclusivo de dominación o sumisión. No es a ello a lo que apunta Nietzsche.

El concepto del *Übermensch*

De la noción de voluntad de poder se deduce este nuevo concepto que Nietzsche bautiza con el nombre de *Übermensch*, habitualmente traducido, equívocamente, como "superhombre". La expresión alemana *über* implica superación, trascendencia; *mensch* significa hombre o, en un sentido más amplio, ser humano. *Übermensch*, por lo tanto, apunta a un ser humano comprometido tanto con la transformación del mundo como con su propia transformación, mediante su propia superación personal, de manera de ir más allá de sí mismo, lo que lleva a Nietzsche a señalar en *Así habló Zaratustra:*

"El hombre es una cuerda tendida entre la bestia y el *Übermensch*: una cuerda sobre un abismo".

El ser humano es un animal que, sin desconocer sus restricciones, está dotado de la capacidad de llegar a ser más de lo que *está siendo*. En otras palabras, no somos solo como somos hoy: podemos llegar a ser distintos y, sobre todo, a ser mejores.

En *Más allá del bien y del Mal*, Nietzsche nos advierte:

"Lo mejor que somos, eso no lo conocemos —no podemos conocerlo—".

La vida es un llamado a descubrirlo. En *Ecce Homo*, Nietzsche nos conmina con una breve sentencia: "Deviene quien tú eres". Desde la metafísica, esa frase no tiene sentido: ¿cómo es posible devenir lo que ya soy? Si creemos que el ser que somos es esencialmente inmutable, ¿cómo podemos llegar a ser diferentes? Enfrentándose a esta posición, Nietzsche acude a la noción de promesa. Y lo hace de dos maneras. Por un lado, señalando que, a diferencia de cualquier otro ser vivo, el ser humano es un animal capaz de hacer promesas. Y, por otro, afirmando que el ser humano mismo es una promesa abierta, que se ejecuta en el futuro y cuya posibilidad de ser replanteada estará siempre vigente en la medida en que estemos vivos y, por lo tanto, que dispongamos de un futuro.

Si actuamos de acuerdo con el libreto de nuestros ideales, devendremos el personaje que representamos. Basta con comportarse como tal para llegar a serlo.

En *Humano, demasiado humano* consigna:

"Nuestro destino nos dirige, incluso cuando todavía no sabemos lo que encierra; es el futuro el que regula el presente".

Tomemos algunas de las aserciones que a este respecto nos presenta en *Voluntad de Poder*:

"Transformar la creencia de 'es así y así' en la voluntad de 'llegaré a ser así y así'".

"Todos los eventos que resultan de la intención son reductibles a la intención de incrementar el poder".

"Finalmente no es solo el sentimiento de poder sino el placer de crear y en la cosa creada: pues toda actividad entra en nuestra conciencia como conciencia de una 'obra'".

La doctrina del eterno retorno: un alcance crítico

Creemos pertinente referirnos a la *doctrina del eterno retorno* postulada por Nietzsche. Debemos confesar que esta doctrina no nos resulta convincente ni relevante. Quizás estemos muy equivocados y nuestra posición sea expresión de nuestras propias limitaciones. En un sentido estricto, esta doctrina establece una suerte de principio cósmico, o una regla abstracta de comportamiento. Nietzsche relata que durante una estadía en Sils-María, en el verano de 1881, esta doctrina se le presentó como una "revelación", que luego convirtió en la principal doctrina de su personaje Zaratustra.

Sus premisas son fundamentalmente dos. Por un lado, Nietzsche afirma que el mundo es un sistema cerrado, cuyas fuerzas y elementos básicos son finitos. Por otro lado, sostiene que estas fuerzas operan en un proceso de tiempo abierto, que es, por lo tanto, infinito.

Esta apertura del tiempo apunta tanto hacia el pasado como hacia el futuro. De ello Nietzsche deduce que todo cuanto sucede –por tratarse de la combinación de elementos constitutivos finitos, que operan en la infinitud del tiempo– no puede sino repetirse una y mil veces, infinitamente. De este modo, las situaciones "concretas" que en un determinado momento encaramos se repetirán inevitablemente en el futuro.

Se trata de un argumento que nos conduce a los límites de lo racional. Y esto es parte de su problema, pues para que esta doctrina pueda expresarse estamos obligados a pensar con categorías humanas una supuesta realidad cósmica que, en rigor, nos trasciende, que está fuera de lo que nos es posible pensar y en la cual proyectamos nociones, como la del tiempo, que no podemos extrapolar más allá de nuestra existencia. Nietzsche pareciera olvidar su propia noción sobre el carácter humano y metafórico del lenguaje.

Prescindamos de lo anterior y tracemos hipótesis a partir de este argumento. Lo que Nietzsche nos dice es que lo que en un determinado momento vivimos se va a repetir exactamente igual "en el orden del tiempo". Esto implica que alguien exactamente igual a nosotros va a estar en una situación idéntica a la que hoy nos toca vivir, en la que todos los elementos que constituyen mi situación serán también los mismos. Esto supone que los contextos de tales situaciones también deberán ser iguales. Pero si los contextos requieren ser iguales, el pasado, que es parte de ese contexto, también debe ser igual. Y si el pasado debe ser igual, los pasados de tales pasados también deberán serlo, tal como los pasados de esos mismos pasados y así al infinito. Empezamos entonces a descubrir los problemas de la doctrina nietzscheana y a tener la impresión de que resulta insostenible, o que es irrelevante.

Hay algo, no obstante, que nos parece rescatable. Pero esto implica no tomarla en su sentido concreto, apuntando a dimensiones de contenido, sino como una estructura formal que, frente a situaciones muy diversas y dentro de los parámetros acotados de la existencia humana, tiende a cumplirse.

La promesa que somos los seres humanos en un proceso de devenir no está necesariamente fijada a un momento determinado de nuestra vida. En la medida en que esta condición conduce a superarnos, a devenir seres diferentes de cómo éramos, las promesas que fuimos o nos hicimos, inevitablemente se transforman de acuerdo con las transformaciones que nos afectaron o que realizamos. Esto implica que la promesa debe actualizarse constantemente, pues aquellas efectuadas en el pasado devienen obsoletas. Las transformaciones que acometemos de nosotros mismos modifican también nuestros sueños y aspiraciones. Se trata, por lo tanto, de una promesa recurrente, que se corrige y se altera una y otra vez.

El proceso de superación no tiene punto de clausura. Permanece vigente mientras estemos vivos y solo culmina con nuestra muerte. No somos nosotros quienes lo cerramos: es la muerte la encargada de hacerlo. Mientras estemos vivos y conscientes, podremos decir o hacer algo que transforme quienes éramos.

Esto demuestra lo absurdo que resulta atarnos, por ejemplo, al valor de ser leales a aquello que fuimos en el pasado o a las convicciones y creencias que tuvimos en un momento determinado. Comprometernos con nuestra superación con el afán de ser mejores y en el camino que nos conduce hacia niveles de creciente excelencia es el gran privilegio de los seres humanos. Este es uno de los elementos fundamentales de la ética propuesta por Nietzsche.

El carácter lúdico y estético de la vida

La propuesta de Nietzsche no está dirigida solamente a la esfera del conocimiento. Tal como lo hiciera Sócrates, su objetivo final es la vida. En el caso de Sócrates, sin embargo, el camino para aprender a "bien vivir" es el del conocimiento. Nietzsche quiere mostrarnos una senda distinta, no solo al pretender suscitar un gran cambio en nuestra existencia sino también al revisar los parámetros a partir de los cuales la evaluamos y diseñamos.

¿Cuál es entonces su concepción de esta nueva vida? Hay dos elementos que consideramos importantes y que todavía no hemos mencionado de modo explícito: vivir según la noción de juego y concebir la vida como una obra de arte.

Estos son, finalmente, los dos ejes de su principal contribución. Su filosofía no surge de la academia ni está dirigida principalmente a ella. Nietzsche pretende que su filosofía circule por la calle. De allí su estilo aforístico e interpelativo. De allí que en *Así habló Zaratustra* no sea un académico quien habla sino un sabio, un profeta, que luego de aislarse en la montaña bajó al pueblo para entregar un mensaje. Zaratustra no baja una sola vez. Luego de una primera incursión, comprende que su mensaje original había sido un error y decide bajar por segunda vez para corregirlo.

¿Quién es Zaratustra? Cito de mi libro *Mi Nietzsche*[45]:

---

45   Rafael Echeverría, *Mi Nietzsche*, J. C. Sáez, Santiago de Chile, 2021.

"Zaratustra fue un profeta persa de una época difícil de precisar. Algunos estudios lo sitúan alrededor del 700 a.C. Otros sugieren que habría sido muy anterior. Los griegos lo llamaban Zoroastro. Era un profeta de gran influencia cuando los persas tenían bajo su protectorado a Asia Menor. Éfeso, la ciudad-estado en la que vivía Heráclito, estuvo precisamente bajo dicho protectorado durante la vida del filósofo. Se le ha atribuido a Zaratustra el haber sido el primero en destacar la importancia de la separación del bien y del mal, fundamento de toda moralidad".

"Nietzsche, que busca precisamente cuestionar las bases de la moral tal como la conocemos, hace del propio Zaratustra su principal portavoz. En una primera aparición, representa a Zaratustra cumpliendo con la misión que le hemos históricamente atribuido. Luego lo hace retirarse a las montañas, oportunidad en la que, según Nietzsche, comprende que se equivocó. Ello determina un segundo retorno de Zaratustra, esta vez con un mensaje radicalmente opuesto al primero. Se trata de deshacer su primera doctrina y en rigor 'deshacer' aquella línea que separaba en forma absoluta y tajante el bien y el mal, y colocar tal demarcación 'sobre' los hombres. En *Ecce Homo*, Nietzsche nos señala: 'Zaratustra fue el primero en considerar la lucha entre el bien y el mal como la gran rueda en la maquinaria de las cosas: su contribución consiste en la transposición de la moralidad en el reino metafísico, como una fuerza y un fin en sí mismo [...] Zaratustra creó el más calamitoso de los errores, la moral; por lo tanto, le correspondía ser él el primero en reconocerlo'."

"La aparición de este segundo Zaratustra, que viene a deshacer su primer error, nos muestra, por lo tanto, un personaje radicalmente diferente del primero. Muchos han sostenido que ese Zaratustra es, en rigor, una reencarnación de Heráclito. Nietzsche reconoce esta estrecha relación entre Zaratustra y Heráclito. En *Ecce Homo* nos dice: 'La doctrina de Zaratustra 'puede', al final de cuentas, haber sido ya enseñada por Heráclito'".

La presencia de Heráclito en la segunda aparición de Zaratustra es importante, pues permite examinar el primero de los ejes previamente apuntado: la importancia del juego. Vamos a ello.

En su fragmento 52, Heráclito señala: "Lo eterno (*aión*) es un niño que juega a las damas; su reino es el de un niño". A través de la noción de lo eterno, Heráclito está apuntando a la divinidad, posiblemente a Zeus. Nos está sugiriendo que, a diferencia de los seres humanos que para existir nos vemos obligados a trabajar, los dioses prescinden del trabajo y se limitan a jugar sin ningún objetivo o finalidad. No se ven compelidos a lograr nada. Nietzsche señala que, en la visión de Heráclito, Zeus es comparable a un niño (*paidós*) que construye pilones de arena en la playa y que, cuando las olas los destruyen, sin molestarse, simplemente vuelve a construirlos desde la inocencia del juego (*paidiá*).

En su *Vida de los filósofos más ilustres*, Diógenes Laercio relata que Heráclito se retiró al templo de Artemisa, diosa a la que le consagró su obra. Allí solía encontrárselo jugando a los dados con los niños. Al ver a sus conciudadanos observándolo algo desconcertados, él los habría interpelado de este modo: "¿Qué os admiráis, perversos? ¿No es mejor hacer esto que gobernar la república con vosotros?".

Luciano de Samósata, escritor sirio en lengua griega del siglo II perteneciente a la llamada "Segunda Sofística", nos señala que, estando Heráclito llorando, un vendedor le pregunta qué lo aflige. Heráclito habría respondido:

"Las cosas humanas son lamentables y mueven al llanto: nada hay que no sea juguete del destino".

Para luego añadir:

"Así, es lo mismo la alegría y la tristeza, el conocimiento y la ignorancia, lo grande y lo pequeño, lo alto y lo bajo que circulan y cambian en el juego del tiempo".

"'Y ¿qué es el tiempo?', le pregunta el vendedor, a lo que Heráclito responde: 'Un niño que juega a las damas en la concordia y la discordia'".

Es interesante recoger algunas reflexiones de Nietzsche entregadas durante sus clases en la Universidad de Basilea, en la que se desempeñó como profesor de lengua, literatura y filosofía griegas, de 1869 a 1879, año en el que debió abandonar su cátedra por motivos de salud. En su curso sobre los filósofos preplatónicos,[46] refiriéndose a Heráclito, sostiene:

"[...] el devenir y perecer carecen de cualquier consideración moral, es como un juego infantil o como una creación artística. Ahora bien, puesto que Heráclito no era un artista, se quedó con el juego de niños".

"En este [el niño] se halla la inocencia, pero, sobre todo, el dejar surgir y aniquilar. No tiene que existir ni una gota de injusticia en el mundo. El fuego siempre vivo, la eternidad, juega, construye y destruye: la contienda, esa contraposición de las diferentes propiedades, solo puede captarse, conducida por la justicia, como un fenómeno artístico".

En *Así habló Zaratustra*, Nietzsche retoma la noción de niño de Heráclito. Lo hace en una de sus secciones más importantes, en la que el profeta persa revela las tres etapas que, metafóricamente, el espíritu debe atravesar para alcanzar los valores necesarios para asumir el ideal del *Übermensch*. Se trata de un camino que va desde el espíritu de la gravedad y de la pesadez hacia el espíritu de la liviandad y de la inocencia. Son las etapas del camello, del león y del niño.

La primera etapa es la del espíritu de la carga en la que, al igual que el camello, el espíritu se arrodilla para que los demás lo carguen y que su fortaleza se regocije. En ella nos humillamos, luchamos contra nuestra soberbia, nos sacrificamos en vez de comprometernos con nuestras propias causas. Amamos a quienes nos desprecian y tendemos la mano cuando nos causan miedo. Como el camello, el espíritu corre al desierto con su carga.

---

46 Ver Friedrich Nietzsche, *Los filósofos preplatónicos*, Editorial Trotta, Madrid, 2003.

En la segunda etapa, el espíritu se transforma en león. Pero para ello se ve obligado a luchar contra el dragón que, mientras el león dice "Yo quiero", lo interpela diciéndole "Tú debes". El espíritu del león busca ser libre. Y al hacerlo se enaltece a sí mismo, busca imponer su voluntad y enarbola un "No" frente a quienes lo desafían. El camello no puede acceder al niño sin antes rebelarse y enfrentar al dragón del "Tú debes", para que el "Yo quiero" alcance la inocencia y la liviandad que el niño requiere a fin de desplegar su auténtica creatividad. Es después de este enfrentamiento que se produce el tránsito hacia la inocencia y el juego.

Zaratustra hace explícita esa fusión entre Nietzsche y Heráclito:

"Inocencia es el niño, y olvido, un nuevo comienzo, un juego, una rueda que se mueve por sí misma, un primer movimiento, un santo decir sí".

En *Ecce Homo*, Nietzsche vuelve a destacar la importancia del juego.

"No conozco otra manera para asociarnos con grandes tareas que 'el juego': como una señal de grandeza, esta es una proposición esencial".

Ya en *Más allá del bien y del Mal* nos advertía que el acceso a la madurez no consiste en abandonar el niño que fuimos, que se comprometía por completo y seriamente en sus juegos, sino en seguir siéndolo, esta vez a partir de la conquista de la autonomía de la que entonces carecíamos:

"Madurez del adulto: significa haber reencontrado la seriedad que teníamos de niños al jugar".

Fiel al espíritu del pensamiento de Heráclito, Nietzsche nos propone alejarnos del "espíritu de la gravedad" propio de la ontología metafísica; desplazarnos de la pesadez que esta impone a la vida y del papel que le confiere a la culpa, al resentimiento y a la profunda resignación con la que encara la existencia. En este camino, Heráclito le proporciona las nociones de niño y de juego.

Pero Nietzsche añade otra dimensión no menos importante. Se trata de la noción de arte, que provee un sentido complementario a la inocencia. Tal como él mismo señalara, "Heráclito no era un artista", por lo tanto, no hace mayor referencia a este aspecto. Es en esta relación entre lo lúdico y lo estético, entre el juego y el arte, donde Nietzsche sitúa su ideal de *Übermensch*.

Veamos cómo Nietzsche introduce la dimensión estética de la vida, ya presente en el pensamiento estoico. En *Voluntad de Poder* indica:

"Debemos entender el fenómeno artístico básico que llamamos 'vida'".

"Estoy más de acuerdo con los artistas que con cualquier filósofo que ha existido hasta ahora: ellos no han perdido la fragancia de la vida, han amado las cosas de 'este mundo' –han amado sus sentidos–".

Esta idea había aparecido reiteradas veces en sus notas personales tempranas.

"[...] el único criterio que para nosotros tiene valor es el criterio estético".

"[...] en cada instante requerimos del arte para poder vivir".

"Los individuos más grandes son las personas creativas".

A diferencia de la metafísica, que es un engaño que se presenta como verdad, el arte es un engaño que se reconoce como tal y por lo tanto no engaña, no miente. Precisamente esto lo convierte en verdadero. Uno de los rasgos del arte, para Nietzsche, consiste en ser un engaño que no oculta serlo, una ficción que se reconoce como tal, una mentira que no miente.

"El arte funciona a través del engaño –sin embargo, ¿un engaño que no engaña? ¿Una ilusión que es siempre reconocida como ilusión? Por lo tanto, el arte trata 'la ilusión como ilusión'; por lo tanto, no desea engañar, 'es verdadero'".

"El placer artístico es el mayor tipo de placer, por cuanto habla de la verdad en la forma de la mentira".

El arte, para Nietzsche, expresa tanto el amor como el deleite por la vida. Aunque en él se represente o se honre un sentimiento trascendente –trátese de una obra de Bach o de la construcción de una catedral–, siempre está dirigido a la capacidad de disfrute y mantiene un vínculo directo con la capacidad de afirmación de la vida. Pero hay algo más: el arte es honesto. No pretende suplantar este mundo por otro. Aunque distorsione o corrija la realidad, no pretende suplantarla.

Todo ello culmina en una de las consignas más relevantes de Nietzsche: *el llamado a hacer de nuestra vida una obra de arte.* Se trata de una invitación a encarar nuestra existencia sin perder de vista que la más importante de todas nuestras obras es la propia existencia. Y no solo eso: cualquier otra obra debe estar al servicio de este *opus magnum* que es nuestra vida. En ese sentido, todos, por el mero hecho de existir, somos artistas, creadores del libreto que será nuestra existencia y artífices de su principal personaje y protagonista. La pregunta más importante que podemos hacernos es precisamente: ¿cuál es el personaje que haré de mí mismo?

Esa conjunción del niño, el juego y el artista es una de las intuiciones básicas que orientan a Nietzsche durante gran parte de su vida. La encontramos expresada en sus obras más tempranas –*La filosofía en la época trágica de los griegos*, de 1873–, que escribió cuando tenía tan solo veintiocho años. Allí nos habla de

"[...] un devenir y un perecer, un construir y un destruir, sin justificación moral alguna, eternamente inocente, solo se dan en este mundo en el juego del artista y del niño".

Son muchas las oportunidades en las que Nietzsche profundiza en el alma del artista. Al hacerlo, nos señala que uno de sus rasgos característicos es la tensión entre dos grandes fuerzas antagónicas: las dimensiones apolíneas y las dimensiones dionisíacas. Entre el orden, la luminosidad y la medida, por un lado, y el caos, la oscuridad interior y la desmesura, por el otro. Pero este es un tema que abordaremos en otro lugar.

****

Sostuvimos que Nietzsche representa un punto de ruptura radical con la ontología metafísica. En efecto, gran parte de su filosofía se propone destruir los cimientos en las que esta se había construido e instalar algunas de las primeras piedras de una ontología alternativa. Él no pretende construir un nuevo edificio. Es más, nos recuerda que no se trata de elaborar un nuevo sistema sino posiblemente edificios o sistemas diversos, construidos, sin embargo, sobre bases afines.

Nietzsche se concibe a sí mismo en un papel semejante al de Sócrates. Es consciente de que su rol no es el de Platón ni el de Aristóteles, ni el de tantos otros que siguieron el camino inaugurado por el primero. En ese sentido, su filosofía pretende ser *un punto de partida* al que podrán seguir otras contribuciones. Esto es un llamado y una invitación que, en buena medida, siguen estando sobre la mesa, a la espera de que muchos la asuman y tomen la senda que él nos abriera.

VI

Hacia la estructura de la ontología emergente

Comenzamos exponiendo el proceso de gestación de la ontología metafísica, desde el nacimiento de la filosofía en Grecia con los filósofos naturales, hasta culminar con los tres grandes filósofos propiamente metafísicos –Sócrates, Platón y Aristóteles– y la contribución de los sofistas. De inmediato procuramos dar cuenta de la naturaleza de esta primera concepción ontológica, examinando las que consideramos sus premisas básicas, para posteriormente situar el carácter que esta le confiere al ser humano y el lugar que la metafísica le asigna a la filosofía, el que conduce a su enclaustramiento.

Para dar cuenta de la nueva ontología emergente, nos parece prudente, en este capítulo, volver sobre la estructura ya expuesta de la ontología metafísica y, a partir de aquí, señalar los contrastes que la nueva ontología mantiene con ella. En el próximo y último capítulo de esta obra, abordaremos las diversas corrientes teóricas que, en nuestra interpretación, confluyen y sostienen esta nueva propuesta. Esto nos permitirá avanzar más allá de la crítica a la ontología metafísica y mostrar el territorio que hemos estado conquistando y que nos conducirá a superar la obsolescencia ontológica que la condujo a su caducidad.

Crítica a las premisas de la ontología metafísica

Utilicemos entonces las premisas de la ontología metafísica para establecer un primer contraste con la ontología emergente y avancemos hacia el nuevo horizonte ontológico que vislumbramos en el futuro.

El sinsentido de la realidad, del mundo y de la vida

Como recordaremos, la primera premisa de la ontología metafísica consistía en postular que este mundo y esta vida, en sí mismos, carecen de sentido, tal como en su momento lo hiciera la filosofía estoica. Se trata de una premisa con la que coincidimos. Para entrar en ella, nos parece importante establecer una distinción entre dos términos que muchas veces utilizamos indistintamente: mundo y realidad. Desde Kant, la filosofía moderna advierte que los seres humanos no accedemos a la realidad tal cual es. Solo disponemos de las interpretaciones que de ella hacemos. Esto implica reconocer que no sabemos cómo las cosas realmente son y, por lo tanto, que acceder al ser último de las cosas —principal consigna de la metafísica— resulta imposible.

Como lo advierte Nietzsche, incluso las imágenes que los sentidos nos proporcionan sobre la realidad están determinadas por nuestra capacidad sensorial y no disponemos de condiciones que nos permitan captar la realidad sin que se interponga nuestra mirada.

¿Significa eso que no hay una realidad independiente de nosotros? De ninguna forma. Negar que existe una realidad exterior nos impediría distinguir nuestras interpretaciones de la propia realidad y aceptar que vivimos en un entorno que es real. A través del examen de los resultados que generan nuestras acciones disponemos de un criterio que nos permite discriminar entre nuestras diversas interpretaciones. Para sobrevivir debemos aceptar que esa realidad es independiente de cómo la interpretamos.

Cabe examinar aquello que genera esta distancia crítica entre la realidad y las interpretaciones. A veces se responde que ello resulta del propio carácter de la realidad. Heráclito, por ejemplo, señala que "la naturaleza suele esconderse". Pero esa distancia crítica no remite a la realidad o a la naturaleza sino a nosotros, los seres humanos. La realidad como tal no juega a las escondidas: está allí en total inocencia. No posee voluntad, intención o finalidad.

Hoy aceptamos la interpretación de que la realidad opera sin someterse a otras leyes que las de la causalidad natural. La naturaleza no está sometida a una teleología ni a una dirección histórica predefinida. Así como la realidad no posee dirección, tampoco posee un sentido. Simplemente es como es.

Nietzsche apunta a lo anterior por medio de dos recursos. El primero, insistir en lo que llama "la inocencia del devenir". El devenir, el acontecer, no tienen un sentido predeterminado. Esto es exactamente lo que afirma la primera premisa de la ontología metafísica. El segundo recurso está presente en la noción del *amor fati*, del amor al destino, que Nietzsche adopta del estoicismo. Esto implica que, si el devenir de la realidad es inocente, debemos evitar resentirnos con ella. Los problemas que pudiera acarrearnos no remiten a ella sino a nosotros.

El concepto de mundo es diferente del concepto de realidad. Si la realidad no nos es dada, los seres humanos le conferimos sentido, la interpretamos y, al hacerlo, la articulamos como mundo. Los mundos apuntan a la conversión que hacemos de la realidad al dotarla de diferentes sentidos. Y tales sentidos son asignados según cómo somos nosotros. Cabe entonces preguntarse por los factores que intervienen en este proceso de conversión de la realidad en mundo.

Mencionemos algunos de estos factores. En primer lugar, debemos apuntar a la biología. Los seres humanos, como todo ser vivo, solo podemos hacer lo que nuestra biología nos permite, y la forma como nos representamos la realidad está condicionada por nuestra biología. Este es un problema que ya advirtió Descartes en sus *Meditaciones metafísicas*. Nuestras primeras representaciones de la realidad resultan del procesamiento que llevan a cabo nuestros sentidos y nuestro sistema nervioso.

El papel que juega nuestra biología se manifiesta, en primer lugar, en el hecho de que los seres humanos compartimos una determinada estructura biológica que nos distingue como especie. Tenemos una forma común de percibir la realidad, forma que es diferente de la de otros seres vivos. La nuestra no es necesariamente mejor ni peor: es distinta. El principal criterio que nos permite evaluarla es la capacidad de supervivencia que ofrece a las distintas especies. Además está el hecho de que, compartiendo una base biológica común con los miembros de nuestra especie, también tenemos con ellos diferencias, que generan a su vez diferencias en nuestras percepciones individuales.

El segundo factor de importancia que incide en el carácter de nuestras interpretaciones es nuestra historia personal, el conjunto de nuestras experiencias y el impacto que estas tuvieron en nuestra vida. Hoy, la neurobiología enseña que las experiencias producen cambios en nuestras conexiones neuronales, lo que se denomina "plasticidad sináptica" o neuronal.

Un tercer factor estriba en que los seres humanos somos una especie caracterizada por un alto nivel de *socialidad*.[47] Son muy pocas las especies que exhiben un nivel equivalente.[48] A diferencia de ellas, que logran tal socialidad a través de intercambios sensoriales e inte-

---

47 No confundir con "sociabilidad", que es un rasgo individual que se expresa en nuestra capacidad para ser más o menos sociables. Ser sociable es diferente de ser social. El tema que estamos abordando ha sido ampliamente desarrollado por el biólogo Edward O. Wilson y, aunque ha levantado algunas polémicas, consideramos que apunta a un fenómeno que merece ser destacado, (Ver Edward O. Wilson, *The Meaning of Human Existence*, W. W. Norton & Company, Nueva York, 2014).

48 Entre ellas, las hormigas, abejas, avispas y algunas especies roedoras de África.

racciones químicas, en los seres humanos es el lenguaje el que juega un papel determinante. Actualmente, la biología evolutiva acuerda que el rasgo básico principal que distingue a la especie humana y determina su modalidad de existencia es el lenguaje. Este representa el fundamento de nuestras relaciones con los demás, de nuestra capacidad de conferir sentido y de generar interpretaciones, a la vez que una dimensión insoslayable para sopesar nuestras acciones. El lenguaje, por lo tanto, es condición ineludible para comprender adecuadamente cómo somos.

Asimismo, el sentido que les asignamos a la realidad y al acontecer está condicionado por nuestros propios parámetros culturales. Los mundos que construimos, así como las interpretaciones que generamos, remiten a un sustrato cultural del que no nos es posible prescindir. Todo sistema social tiende a producir modos de conferir sentido. Transitamos por diversos sistemas sociales que, a su vez, forman parte de otros sistemas sociales. Los elementos culturales que poseen son muchas veces afines, otras veces opuestos. Ellos representan las hebras a partir de las cuales tejemos nuestras propias interpretaciones, como también los nudos que tenemos que deshacer mediante nuevos desarrollos interpretativos.

Pero hay un factor adicional que resulta relevante para entender cómo configuramos nuestros mundos, y concierne a la esfera de lo ontológico. Más allá de las condiciones biológicas que compartimos como miembros de una misma especie, los seres humanos tenemos una modalidad particular de existencia, una forma de "estar en la vida" que nos es característica. De mantenernos solo en el nivel biológico, no nos sería posible acceder a esta esfera que, si bien se sustenta en la biología, representa un dominio fenoménico diferente.

Todos los seres humanos compartimos una determinada manera de existir y de relacionarnos con nuestro entorno. Podemos, por lo tanto, describirla como "genérica". Algunos apuntan a ella aludiendo a lo que llaman "la condición humana". No es un mal nombre. Pero la contribución más importante es la aportada por Martin Heidegger, en lo que llama el dominio ontológico.[49]

Esa modalidad genérica de existencia posee una estructura conformada por componentes igualmente genéricos, que Heidegger denomina "existenciales". La existencia de todo ser humano individual se despliega dentro de esa estructura y reconoce esos mismos elementos genéricos. Cada ser humano, no obstante, reproduce dicha estructura existencial de una manera singular. Participando de ella, le asigna diferentes valores, contenidos específicos y ponderaciones.

El dominio propiamente ontológico, por lo tanto, nos proporciona un mapa que permite una mejor comprensión de los seres humanos individuales. Esta comprensión nos conduce a formular, primero, y enseguida a enriquecer y perfeccionar la propia "forma" ontológica. Ambos niveles no solo se complementan sino que se enriquecen mutuamente, sin que uno esté por sobre el otro, sin que uno sea verdadero y el otro falso, sin que uno sea aparente y el otro manifiesto.

Resumiendo, podemos señalar que los individuos existen en una realidad cuyo carácter resulta inaccesible. De esa realidad configuran mundos, imprimiendo sentido a las realidades naturales y sociales en las que habitan. Pues bien, esa formar de conferir sentido y de configurar mundos se rige tanto por rasgos que tales realidades les revelan en su quehacer existencial, como también, y de manera muy importante, por el carácter genérico de sus modalidades de existir y de las exigencias que estas imponen.

Un aspecto fundamental que nos proporciona la filosofía ontológica de Heidegger es haber planteado que los seres humanos nos en-

---

49 El reconocimiento del dominio de lo ontológico es relativamente nuevo. Hasta hace poco, a pesar de que el término ya había sido acuñado, este dominio no lograba ser adecuadamente identificado. Cuando examinábamos fenómenos humanos y detectábamos algunas dimensiones que no eran propiamente individuales, tendíamos a buscar su fundamento en el terreno de lo social o de lo colectivo. Sin embargo, con el afianzamiento de la noción de lo ontológico, entendimos que la categoría del individuo puede pertenecer, además de al sistema de oposición entre lo individual y lo social, también a uno distinto, en el que lo opuesto a lo individual no es lo social sino lo ontológico.

contramos obligados a "hacernos cargo" de esa misma existencia para no comprometerla y perderla. Este es uno de los aspectos decisivos de la existencia humana. Ese hacernos cargo de nuestra existencia nos hace estar constantemente preocupados por preservarla.

Para preservar la existencia encaramos al menos dos desafíos. En primer lugar, el desafío de generar aquello que nos permite reproducir las condiciones materiales que necesitamos para su preservación. Este es un primer vector que define nuestra mirada sobre la realidad y representa uno de los ejes fundamentales que inciden en la configuración de nuestros mundos. Vemos la realidad en términos de recursos para sobrevivir y para desarrollar las mejores condiciones posibles de existencia. En la realidad exterior en la que nos desenvolvemos no existen casas, ni caminos, ni mesas, ni amigos, ni médicos. Todos ellos no son, en rigor, objetos de una realidad independiente de nosotros sino objetos que pertenecen a nuestros mundos, recursos de nuestro existir. No estamos negando su existencia. Solo señalamos que esta tiene lugar *en función* de los mundos que constituimos. Existen como tales solo en referencia a nosotros y no como parte de una realidad que nos es independiente. Desde la mirada de cualquier otro ser vivo, distinto del ser humano, no sería este el carácter que asumen.

Pero, como ya vimos, nuestra existencia no solo nos desafía a identificar y reproducir las condiciones materiales que su preservación exige. En segundo lugar, los seres humanos somos un tipo de animal que, para preservar su existencia, debe conferirle sentido. Este es un rasgo genérico, situado en el dominio propiamente ontológico. Cada individuo, sin embargo, puede alimentarse de sentidos diferentes.

Tenemos que ser capaces de reproducir el juicio "Mi vida tiene sentido". No se trata de que este juicio nos acompañe siempre. Muchas veces lo perdemos. Pero cuando eso sucede, nos sentimos obligados a reencontrarlo. De allí que, al constatar que nuestra vida y nuestro mundo no son portadores de sentido, se nos imponga el desafío de encontrarlo. La primera premisa de la ontología metafísica señalaba que este mundo y esta vida no tenían sentido y reconocía que los seres humanos necesitamos de ese sentido que el mundo y la vida por sí mismos no nos proporcionan. Y dijimos que acordamos con esa premisa. Nuestras diferencias residen en los factores que describimos a continuación.

Sobre la necesidad de buscar el sentido en un mundo que se encuentra más allá de aquel que se presenta a nuestros sentidos

En su segunda premisa, la ontología metafísica afirma que ese sentido que requerimos reside en un mundo diferente, concebido por Platón como el mundo trascendente de las ideas y, por Aristóteles, como un mundo que está más allá de las apariencias, en un nivel no perceptible por los sentidos. La metafísica postula, por lo tanto, que ese sentido existe, solo que en una esfera distinta de la de los sentidos, a la que debemos dirigirnos para encontrarlo.

Desde hace siglos, los seres humanos hemos abrigado la ilusión de que este sentido proviene de algún lugar fuera de nosotros. Es importante reconocer que muchas veces hemos vivido sin tener que salir a buscarlo, pues este nos lo proveía la cultura en la que estábamos inmersos. Pero todo cuanto la cultura nos proporciona es algo que nosotros mismos alguna vez le proporcionamos. Así y todo, son muchas las ocasiones en que la cultura tampoco logró saciar nuestra necesidad de sentido.

Y cuando esto sucede, nos preguntamos: ¿dónde se encuentra?, ¿dónde hay que buscarlo?, ¿qué o quién provee ese sentido? Esos "dónde" nos suelen lanzar a una búsqueda más allá de nosotros, de nuestros mundos inmediatos. En esto consiste precisamente el camino de la metafísica. Ella diseña los caminos que nos conducen a ese "más allá", a esa esfera trascendente, con la promesa de que allí encontraremos por fin la fuente del sentido.

Pero, tal como lo planteamos, las cosas, el mundo y la vida no requieren, en su despliegue, de ningún sentido. Las crisis de sentido pertenecen exclusivamente al dominio de lo humano. Podremos buscarlo afuera y creer incluso que lo hemos encontrado, pero cada vez con mayor frecuencia, en la medida en que el poder de la ontología metafísica se va apagando, nos vemos obligados a reconocer que lo que creíamos haber encontrado tiende a disolverse en la nada.

Esta sensación da lugar a la experiencia del nihilismo, aquella donde la vida carece de sentido. Uno de los grandes temas abordados por Nietzsche es precisamente el nihilismo, resumido en su consigna "Dios ha muerto". Con el tiempo, en la medida en que estas crisis de sentido se suceden, la confianza en que tales esferas efectivamente existen,l sufre un desgaste progresivo. Cada vez se nos hace más difícil encontrar el sentido que demanda nuestra existencia. Cabe entonces preguntarse: ¿no estaremos formulando mal el problema? ¿No estaremos buscando el sentido donde no corresponde?

El sentido que requerimos no es algo que podamos encontrar más allá de los sentidos. No se trata de encontrar un sentido oculto en algún lugar lejano al que nos es preciso acceder. El sentido que nos hace falta no requiere ser descubierto o revelado. La fuente del sentido no está en la realidad, ni en el mundo, ni en la vida. Todos ellos no tienen ni se rigen por un sentido predeterminado.

El único lugar en el que ese sentido se encuentra es en la necesidad que impone nuestra existencia de disponer de él. Somos nosotros la única fuente de sentido. Siempre fuimos nosotros quienes lo hemos conferido, incluso cuando sostuvimos que procedía de esferas trascendentes. Éramos nosotros, los seres humanos, quienes lo colocábamos en esferas trascendentes para luego someternos a él. Éramos nosotros quienes, al hacerlo, nos engañábamos.[50]

Pues bien, cuando esto sucede, cuando nos descubrirnos huérfanos del sentido que demanda nuestra existencia, aparece el malestar

---

50 Pero este engaño conlleva consecuencias. Nos acostumbró a esperar que tal sentido nos llegara de alguna parte y, de alguna forma, "nos fuera concedido". La doctrina de la gracia, en el cristianismo, apunta precisamente en esta dirección. Pero sucede que esta doctrina devino cada vez más esquiva, como si Dios se hubiese ausentado y hubiese dejado de responder a nuestras llamadas.

que hoy nos toca enfrentar. Muchos de nuestros comportamientos se caracterizan por un esfuerzo tendiente a proveernos el sentido que requerimos. Así, creamos fetiches y desarrollamos hábitos que nos distraen y nos alejan del desgarramiento existencial que nos aflige.

Fue tanto el tiempo que vivimos gracias al subterfugio, al autoengaño, que cuando estos mundos se secaron, nos encontramos de pronto en el desierto, sedientos. Pero, de nuevo, siempre fuimos nosotros los promotores de este engaño.

Dado que no podemos prescindir del "imperativo del sentido", nuestra única salida es reaprender lo olvidado: esto es, conferir nosotros mismos, esta vez sin subterfugios, sentido al vivir. Debemos conferirlo, esta vez de manera directa, sin hacerlo rebotar en una fuente que situábamos en un lejano más allá, para luego someternos a sus designios. Aprender a conferir sentido a nuestras vidas, a nosotros mismos, es hoy uno de los desafíos más importantes que enfrenta la humanidad.

En una reflexión dirigida en esta misma dirección, Nietzsche señala en *El Anticristo*:

"Cuando se coloca el centro de gravedad de la vida no en la vida sino en el 'más allá' –en la nada– se le ha quitado a la vida el centro de gravedad".

El ser y sus atributos

La tercera premisa de la ontología metafísica sostiene que en esos mundos trascendentes se encuentra el Ser, que es aquello que confiere sentido a la vida y que sostiene todo cuanto existe, haciéndolo tomar las formas que asume y comportarse conforme a él. Un Ser que está replegado del mundo sensible pero que es el principio (el gran *arjé*) de todo cuanto existe: su fundamento, su origen, su gobierno y su medida. La existencia está, por lo tanto, subordinada al Ser, el Espíritu que todo lo mueve. Cada cosa, cada mundo, cada vida, etc., tiene su propio ser, pero todos ellos no sin modalidades de un Ser final y único. Ese Ser termina identificándose con Dios.

Se trata de un aparente salto al vacío. ¿Cómo fue posible llegar allí? ¿De dónde apareció esta entidad que todo lo gobierna? Ya tendremos la oportunidad de reflexionar sobre ello. Por el momento, apuntemos brevemente a dos factores. El primero, tal como lo acabamos de examinar, es la necesidad de encontrar el sentido que nos falta.

El segundo, como ya vimos, apunta al hecho de tropezar con lo que llamamos una de "las trampas que nos tiende el lenguaje". Al hecho de que, para hablar sobre las cosas, utilizamos conjugaciones del verbo "ser" para asignarles a ellas predicados, atributos, a través de los cuales se da cuenta de cómo "son". Estas expresiones del verbo ser hacen lo que en lógica se llama "cópula" ("unión", en latín) entre un sujeto y un predicado. Pues bien, estas expresiones "copulares" asociadas al verbo ser son ahora convertidas en manifestaciones del ser de las cosas. Sin que necesariamente nos diéramos cuenta, el verbo "ser", que cumplía una función gramatical precisa, fue convertido primero en una entidad, en un sustantivo, y luego en "la" entidad que subyace detrás de todo lo que existe, gobernándolo.

El uso de esta expresión en el lenguaje ordinario, previo a esta suerte de conversión mística, no implicaba ningún problema. Todo lenguaje requiere de operadores lógicos o gramaticales, tales como el verbo "ser", para generar significados. Mientras nos mantenemos allí, no hay problema. Pero cuando ese operador lógico o gramatical del lenguaje ordinario se convierte en una entidad metafísica y se le confiere vida propia, los problemas se multiplican.

Esta transposición de funciones no es tan pronunciada en algunos idiomas, como sucede por ejemplo en inglés con el término *being*, que en vez de "ser" equivale a un "siendo". Pero en uno u otro caso, sea como gerundio o como verbo en infinitivo, el término deviene y es tratado como sustantivo y convertido en entidad. Para evitar caer en esta trampa del lenguaje, basta con cuidarse de no convertirlo en una entidad metafísica. El tratamiento metafísico del verbo "ser" ha sido abundantemente examinado por la filosofía. Al menos tres pensadores resultan relevantes a este respecto: Nietzsche, Russell y Wittgenstein.

Nietzsche es de los primeros en advertirnos las trampas que nos tiende la gramática. En *Humano, demasiado humano* nos habla de la forma en que los seres humanos "nos hemos permitido caer por completo en los malos hábitos de un pensamiento ilógico", proyectando "concepciones equivocadas sobre las cosas".

En *Crepúsculo de los Ídolos* señala:

"La razón en el lenguaje: ¡oh, qué vieja hembra engañadora! Me temo que no nos vamos a desembarazar de Dios porque creemos aún en la gramática".

En *Más allá del bien y del Mal* nos conmina a

"[...] liberarnos de la seducción de las palabras".

Bertrand Russell, uno de los creadores de la lógica moderna, critica severamente a la metafísica por caer una y otra vez en los extravíos a los que nos induce el lenguaje. Refiriéndose, por ejemplo, a Hegel, escribe en su obra *Our Knowledge of the External World*:

"Este es un ejemplo de cómo, por falta de rigor desde el inicio, vastos sistemas de filosofía están construidos en confusiones estúpidas y triviales, las que, solo por el hecho increíble de no ser intencionales, uno estaría tentado de caracterizar como simples juegos de palabras".

Por último, Ludwig Wittgenstein, uno de fundadores de la filosofía del lenguaje, sostiene que, en general, la reflexión filosófica permite ser caracterizada como "una batalla contra el embrujo de nuestra inteligencia por el lenguaje".

En su opinión, muchos problemas filosóficos son fruto de una descontextualización, que los arranca de su "uso natural" en el lenguaje ordinario. Una vez que estos abusos son localizados y rectificados, la raíz de dichos problemas desaparece. Fiel a lo anterior, Wittgenstein acomete una fuerte crítica a diversas categorías filosóficas, incluida la categoría del "ser". Desde su punto de vista, la metafísica cae una y otra vez en estos errores.

Existe otro término, vinculado al ser, al que le daremos un tratamiento equivalente. Se trata de la categoría de "alma". Para la metafísica, el alma es, junto con el cuerpo, una de las dos sustancias que constituyen a la persona. Esto da cuenta del dualismo que la ontología metafísica introduce en su acercamiento al ser humano. De estas dos sustancias, el cuerpo es frecuentemente considerado como un lastre o una suerte de prisión en la que el alma se encuentra cautiva. Al cuerpo se lo concibe mortal, mientras que al alma se la suele aceptar como inmortal. Se considera que, en el momento de la muerte, el alma se libera del cuerpo y se proyecta hacia la eternidad.

Nuestra concepción del alma humana es diferente. Utilizamos dicho término acercándonos al sentido que le confiere el lenguaje ordinario para referirse a la forma particular de ser de un individuo. Todos somos de una forma particular, aunque aceptemos que dicha forma es dinámica y se transforma en el tiempo. Tal como lo señaláramos, ese "ser" es en rigor un "siendo" que se despliega y cambia durante su existencia. No podemos desconocer que los individuos "somos" distintos, ni que estamos en un proceso de transformación. Esa diferencia en nuestras formas de ser es lo que nos permite hablar del alma, como una manera de dar cuenta de ella. Esto no supone asignarle al alma sustancia alguna, como tampoco proyectarla más allá de la muerte. Se trata de un término acotado a la forma particular de ser que, como individuo, *estamos siendo* y que permite diferenciarnos de los demás.

Una vez que el Ser ha sido convertido en entidad metafísica, la ontología metafísica le asigna atributos, a fin de especificar cómo "es" el "ser" del Ser. En el lenguaje de Aristóteles, se trata de concebir "el ser en cuanto ser". De manera general, podemos señalar que son tres sus atributos más destacados: la inmutabilidad, la unidad y la homogeneidad.

La inmutabilidad es una herencia directa de Parménides, aunque existe un rasgo también presente en la escuela pitagórica. Pero no es descartable, como lo sugiriera Nietzsche al indagar en el caso de Sócrates, que este atributo también represente un recurso para apaciguar el miedo ante la muerte, al permitirnos desarrollar la ilusión de inmortalidad. En el mundo de los griegos, y por muchos siglos después, la ilusión del Ser fue capaz sostenerse. Había muchos elementos relativamente estables que parecían conferirle sustento. Pero con el desarrollo de la modernidad, esa estabilidad fue desapareciendo y hoy es prácticamente inexistente.

Esto se traduce en que Parménides pierde fuerza persuasiva y es el pensamiento de Heráclito, su contemporáneo –que sostenía que todo está en un proceso de permanente devenir–, el que se presenta como una opción más afín a la sensibilidad de nuestra época. Hoy, la ilusión de un Ser inmutable choca con un mundo que por todos lados parece desmentirla.

Tomemos ahora los otros dos atributos: el Ser es uno y homogéneo. La noción de inmutabilidad del Ser facilita concebirlo como uno. No nos olvidemos de que el ejercicio de la filosofía está asociado, desde sus orígenes, al esfuerzo por encontrar la unidad en la diversidad. Eso es lo que representa la pregunta por el *arjé*. Este rasgo es consecuente con el tránsito del politeísmo al monoteísmo y facilitará, más adelante, el desarrollo de una teología metafísica. No olvidemos por otro lado que, tanto en la numerología egipcia como en las doctrinas pitagóricas inspiradas en ella, el "uno" tenía una significación especial. Para los egipcios, el "uno" no era considerado propiamente un número. Este representaba la unidad absoluta que todo lo contiene, que integra a todos los opuestos. El "uno" es la antesala del orden pues para que podamos hablar de orden se requiere que haya más de uno. Así concebido, el Ser, siendo uno, es necesariamente homogéneo pues, de lo contrario, si se disgregara en elementos múltiples, ello conllevaría a su degradación en la diversidad.

Para una perspectiva ontológica distinta de la metafísica, la multiplicidad y el reconocimiento de la diversidad representan su punto de partida. Uno de sus problemas centrales para generar conocimiento es el orden. Conocer, hacer inteligible el mundo, implica observarlo desde una mirada ordenadora. Pero ese orden, ¿pertenece a aquello que se busca conocer o es algo introducido por el propio conocimiento? Para Nietzsche son nuestras interpretaciones las que introducen orden en aquello que se procura conocer. Esta perspectiva resultará central en su concepción respecto del alma humana.

Desde la perspectiva de una nueva ontología y sin abandonar la búsqueda por entender cómo las cosas "son" –y, por lo tanto, sin renunciar a su conocimiento– emergen atributos opuestos a los que la ontología metafísica le asigna al Ser. Las cosas no son inmutables sino que están sujetas a procesos de permanente transformación. Intentar comprenderlas nos conduce –trátese de una esfera trascendente o inmanente– a un punto desde el cual pueden iniciarse procesos cada vez más elevados o profundos de reflexión. Las cosas suelen ser múltiples y contradictorias. Pero no se trata de un postulado metafísico ni de una suerte de propiedad abstracta inherente a todo lo existente. Ello debe demostrarse siempre de manera específica, de acuerdo con el carácter de la entidad o el fenómeno que procuramos conocer.

****

Creo pertinente hacer una aclaración sobre esta multiplicidad a la que acabamos de aludir. Un área en la que ella se manifiesta con especial claridad es en la literatura. La buena literatura, particularmente aquella considerada clásica, se caracteriza por combinar una mirada dirigida hacia lo múltiple con otra, orientada hacia las profundidades del alma individual. A través de la lectura se despliega un trayecto ilusorio que nos conduce en ambas direcciones. Esta literatura posee un carácter arquetípico que nos permite explorar no solo nuestra propia alma, sino también las condiciones genéricas de la existencia humana.

Tomemos algunos grandes autores de la literatura occidental. Cuando leemos a Shakespeare nos sorprende la profundidad con la que logra penetrar en el alma de personajes tan diversos como Hamlet, Otelo y Yago, Ricardo III, Julieta y Romeo. Entonces nos preguntamos, ¿cómo logra esto? Si tomamos a Cervantes, ocurre algo similar respecto de su Quijote. Al leer estas obras, descubrimos que cada uno de estos personajes lo llevamos en nosotros mismos. El autor solo logra que se nos manifiesten.

Volvamos al caso de Gustave Flaubert, que es excepcional. No puede sino sorprender la profunda exploración del alma de su personaje, esa mujer provinciana llamada Emma Bovary. Se cuenta que luego de publicada *Madame Bovary*, su personaje cautivó de tal forma a los lectores que muchos se preguntaron quién podía haberle servido de modelo. Se iniciaron diversas consultas para averiguarlo, lo cual obligó al propio Flaubert a intervenir, quien confesó: *"Madame Bovary, c'est moi"*. El alma de esa mujer única no era sino la del propio Flaubert. Pero al leer la novela, el lector también se reconoce en ella. Madame Bovary, como dijimos, es parte de nuestra propia alma.

El caso de Fiódor Dostoyevski no es menos sorprendente. La profundidad con la que aborda sus personajes nos asombra. Basta con tomar una sola de sus obras, *Los hermanos Karamazov*, para reconocer cuán distintos son cada uno de estos tres hermanos —Iván, Dimitri y Aliocha— y cuán profundamente penetramos en ellos. Pensemos también en los personajes de Rodión Románovich Raskólnikov, su hermana Dunia y Sonia, la prostituta, de la obra *Crimen y castigo*. O en el príncipe Mishkin, ese conmovedor personaje de *El príncipe idiota*. Una vez que los conocemos, los personajes de Dostoyevski podrían acompañarnos de por vida.

A inicios del siglo xx hubo en Europa una explosión literaria más autobiográfica, en la que los escritores tematizaban sus propias vidas. Entre ellos cabe mencionar a Rainer M. Rilke, en Austria; a Franz Kafka, en Bohemia; a Marcel Proust, en Francia; a James Joyce, en Irlanda; a Fernando Pessoa, en Portugal. Si tomamos, por ejemplo, los *Cuadernos de Malte Laurids Brigge*, de Rilke, descubrimos que no solo nos llevan a conocerlo muy profundamente sino que también nos permiten conocernos mejor a nosotros mismos. Pessoa hace algo equivalente en su *Libro del desasosiego*. Pero va más lejos. Sabiéndose múltiple, crea distintos autores que piensan cada uno a su manera, poseen diferentes sensibilidades y a veces incluso polemizan entre sí. Autores entre los cuales el propio Pessoa es tan solo uno más. Así nacen sus heterónimos Alberto Caeiro, Alexander Search, Álvaro de Campos, Bernardo Soares, Ricardo Reis. Todos habitantes del alma de Pessoa.

Mencionemos, por último, al gran poeta norteamericano Walt Whitman que, en su *Canto a mí mismo*, de profunda autoexploración personal, no puede sino exclamar:

"¿Que me contradigo?
Muy bien, entonces me contradigo.
(Soy grande, contengo multitudes)".[51]

Es difícil expresarlo mejor. ¿Quién no podría reconocerse en esta afirmación? La literatura nos muestra el carácter múltiple y contradictorio del alma humana. En ello reside nuestra capacidad de empatía, el hecho de poder colocarnos en el lugar del otro, de comprenderlo, pues aquello que define su forma de ser, tan distinta de la nuestra, vive también en nosotros. Terencio, aquel esclavo romano liberado y convertido en literato, planteaba esta misma idea en su obra *El enemigo de sí mismo* cuando señalaba: "Hombre soy; nada humano me es ajeno".[52]

---

51 *"Do I contradict myself? Very well, then I contradict myself. (I am large, I contain multitudes)"*, Walt Whitman, *Song of Myself*, Part. 51.

52 "Homo sum, humani nihil a me alienum puto".

La noción metafísica de verdad

Tal como lo hemos planteado, para la ontología metafísica la verdad resulta del acceso al ser de las cosas. Para una ontología radicalmente diferente, de raigambre existencial y hermenéutica, los seres humanos no podemos acceder al ser de las cosas. En todo lo que conocemos imponemos nuestra impronta y ella define el carácter de nuestras interpretaciones. Esto no niega el conocimiento, pero altera su carácter. Los seres humanos solo generamos interpretaciones y estas jamás son absolutas, definitivas, inmodificables.

Nuestras verdades son formas humanas de conferir sentido y no de acceder a sentidos definitivos que nos trascienden. Nuestras verdades son tales hasta el momento que dejan de serlo, y no hay verdad que quede exenta de este destino. Podemos entonces señalar que, mientras la noción metafísica de verdad clausura y congela el sentido, desde una mirada ontológica opuesta el sentido queda abierto a transformaciones futuras e impredecibles.

Como dice Protágoras, "El hombre es la medida de todas las cosas" y los hombres están permanentemente resignificando los sentidos previamente otorgados. Si, como señalara Platón oponiéndose a Protágoras, "Dios es la medida de las cosas", a esa medida los seres humanos no tenemos acceso. La hermenéutica, la filosofía de los fenómenos interpretativos, termina por arrebatarle parte importante de su territorio a la metafísica.

Es necesario evitar un malentendido. No estamos sosteniendo que debemos prescindir de la noción de verdad. Por el contrario, esta es una noción que requerimos, tanto para orientar nuestra existencia como para convivir con los demás. Solo estamos cuestionando la noción metafísica de verdad: la idea de una verdad absoluta y definitiva que está por encima de nosotros y a la que debemos someternos. Pero esta no es la única noción posible de verdad. Hay muchas otras. Existe la noción científica de verdad, que nos concede tanto la capacidad de anticipar como la de generar los fenómenos explicados. El arte, en su habilidad para interpelarnos y mostrarnos dimensiones que reconocemos como significativas en nuestra vida, también nos proporciona un concepto diferente de verdad. La manera como determinadas prácticas espirituales resuenan en nosotros también nos aporta un particular concepto de verdad. Pero ninguna de ellas es absoluta. En este mundo ningún ser humano es infalible. La verdad no es una, es múltiple.

Tal como lo hemos dicho, la verdad es un mecanismo imprescindible de regulación social, que ejerce un papel muy importante en nuestra convivencia con los demás. Nos permite establecer acuerdos y desacuerdos, tomar partido en favor o en contra de determinados objetivos, o nos habilita a hablar del pasado a partir de trasfondos comunes. Hoy en día, ya sea desde el pensamiento posmoderno o desde determinadas políticas populistas, el valor de la verdad se ve frecuentemente puesto en cuestión. Tenemos a la vista las nefastas consecuencias que resultan de ello.

No se trata, sin embargo, de poner en cuestión el principio lógico de contradicción, que señala que cuando dos proposiciones que pertenecen a un mismo dominio se contradicen no pueden ser simultáneamente verdaderas. Tal contradicción nos obliga a disolverla o a resolverla. Muchas veces, esto implica reconocer, por ejemplo, que lo que se nos presentó como una contradicción fue resultado de no haber distinguido adecuadamente dominios diferentes. Pero es importante reconocer que aceptar el principio lógico de la no contradicción —válido para nuestros razonamientos— no implica desconocer el papel de las contradicciones, tanto en el dominio del devenir como en las relaciones que nuestras interpretaciones mantienen con nuestras experiencias. Negar estas contradicciones en ambos ámbitos conduce a un absurdo.

No obstante, cabe aceptar la coexistencia de interpretaciones diferentes, no contradictorias, en el abordaje de una misma realidad. Lo anterior lo expresa adecuadamente Isaiah Berlin[53] cuando señala que —a diferencia de lo postulado por la metafísica, de que toda pregunta tie-

---

53   Isaiah Berlin, *The Crooked Timber of Humanity*, Princeton University Press, Princeton, 1947.

ne solo una respuesta verdadera– toda pregunta permite infinitas respuestas, sin que necesariamente entren en contradicción. Al aceptar lo anterior, socavamos la raíz de la arrogancia metafísica que nos conduce a sentirnos portadores de una verdad única y a rechazar a quienes piensan distinto de nosotros. Por lo tanto, reconocer el carácter múltiple de la verdad posee también importantes efectos en nuestras modalidades de convivencia, al promover el respeto mutuo.

¿Cuál es entonces el fundamento de la verdad? Sabemos la respuesta que nos entrega la metafísica. Su fundamento y autoridad reside en el Ser del que ella logra dar cuenta. Pero cuando esta concepción del Ser es puesta en cuestión, ¿cuál es ahora su fundamento? Desde esta nueva mirada ontológica creemos que solo podemos dar una respuesta: su fundamento son las condiciones de la existencia humana, orientadas a preservar las condiciones materiales que la sostienen; a generar un mayor sentido de vida y crecientes posibilidades hacia el futuro, y a mejorar las modalidades de convivencia, haciéndonos cargo del conjunto de los miembros de la sociedad.

Nietzsche engloba todo esto bajo un término: poder. No el poder de unos sobre otros sino el poder entendido como capacidad de acción conjunta en favor de modalidades más plenas de existencia.[54]

Reiteremos lo que planteaba Nietzsche, a diferencia de lo que apunta el idealismo metafísico, que coloca en las ideas el fundamento de la realidad:

> "Todo está sujeto a interpretación; lo que hace que una determinada interpretación prevalezca en un momento determinado es función de su poder y no de su verdad".

La nueva ontología hace de la existencia humana el fundamento de la verdad y, por consiguiente, de las ideas. Así como la existencia es

---

54 Sobre el tema del poder, ver Rafael Echeverría, *Ontología del lenguaje*, J. C. Sáez Editor, Santiago de Chile, 2003, cap. XI.

necesariamente fluida, así lo son también las interpretaciones y las verdades que construimos a partir de ellas.

Toda interpretación remite, por lo tanto, a las condiciones existenciales desde las cuales emergen. Acercándose a lo que nos plantea el pragmatismo filosófico, Nietzsche declara:

"Ignoro lo que pueden ser los problemas puramente intelectuales".

Son las condiciones de existencia, entonces, las que definen las interpretaciones que prevalecen, hasta que una interpretación diferente nos lleve a corregir o a superar las anteriores. Para determinar la subsistencia de estas interpretaciones, el muro que separa la reflexión filosófica de las prácticas cotidianas de los seres humanos debe ser derribado. El valor de la filosofía se determina, en último término, en la práctica cotidiana del conjunto de los miembros de la sociedad.

La prioridad de la razón

La ontología metafísica proclamaba que la razón era el camino privilegiado para conocer el ser de las cosas y alcanzar la verdad. Hemos argumentado que tal verdad no era sino la noción que de ella suscribía la ontología metafísica. En este apartado buscamos centrarnos en el camino de la razón. Es importante reiterar que no estamos en contra de la razón. Nuestra propia argumentación así lo atestigua. Es el papel que la metafísica le asigna a la razón lo que requiere ser cuestionado. Esto involucra en lo fundamental dos cuestiones. Por un lado, la relación entre la razón y el lenguaje. Por el otro, el papel que, al conferirle tal prioridad a la razón, se les asigna a la emocionalidad y a la corporalidad.

Tal como lo señalamos, la prioridad que la metafísica asigna a la razón sume al lenguaje en un papel secundario y hasta irrelevante. El lenguaje se convierte en una suerte de sirviente de la razón, que permite su despliegue, designa las entidades con las que ella opera y comunica sus resultados. El centro de gravedad y la soberanía son otorgados a la razón. De allí que el tema del lenguaje, con excepción hecha de la lógica –a la que la razón debe someterse–, haya permanecido ausente de la reflexión filosófica. Cabe advertir, sin embargo, que la preocupación por la lógica no es sino la expresión del interés por examinar el lenguaje de la propia razón.

Con Nietzsche resurge el interés filosófico por el lenguaje. Desde entonces, asistido por el nacimiento de la lingüística moderna a fines del siglo XIX e inicios del siglo XX, el interés por el lenguaje vuelve a renacer con gran ímpetu. Ello lleva a reconocer que la razón que la metafísica ensalza está necesariamente subordinada al lenguaje; que es parte del lenguaje o, como diría Wittgenstein, que es tan solo uno de los posibles "juegos de lenguaje". Solo un ser con capacidad de lenguaje puede llegar a convertirse en un ser racional. El lenguaje antecede a la razón y esta se subordina al carácter que define el lenguaje.

Esta revalorización del lenguaje se convierte en uno de los rasgos de la filosofía del siglo XX. Pero es importante reconocer que durante un primer período estuvo marcada por un interés especial en los llamados "lenguajes formales", como la lógica y la matemática. Lenguajes que lograban superar las ambigüedades y la falta de precisión del lenguaje ordinario del que participaba el conjunto de la sociedad.

Esta inclinación inicial por los lenguajes formales se debió tanto a los avances en las matemáticas como a los desarrollos que dieron lugar al nacimiento de la lógica moderna, en los que destacan figuras como Giuseppe Peano, Gottlob Frege, Russell y Alfred North Whitehead. Será solo más adelante, especialmente a partir de las contribuciones de Moore y de Wittgenstein, que el énfasis por los lenguajes formales se revierte y, sin despreciar su relevancia, se reconoce que todo lenguaje formal no solo es un derivado del lenguaje ordinario sino que la preocupación por este último debe ocupar el lugar central.

Junto con lo anterior se produce un desarrollo paralelo que refuerza el desplazamiento de los lenguajes formales al lenguaje ordinario.

A partir de los avances de la biología evolutiva, adquiere cada vez más fuerza la noción de que el lenguaje es el rasgo evolutivo fundamental que distingue al género humano de los demás seres vivos. Esta noción no niega que la emergencia del lenguaje en los seres humanos remite, a su vez, a transformaciones previas en el cerebro y la laringe, o a la asunción de la postura erecta. Pero se acepta que estos desarrollos solo producen un salto cualitativo cuando se combinan para dar nacimiento al lenguaje. Es este el que produce los cambios más sobresalientes en las condiciones de existencia humana y que marcan la separación con los primates, nuestros antecedentes evolutivos más cercanos.

Todo lo anterior confluye en la revalorización que la filosofía hace del lenguaje y en la modificación de la relación de subordinación a la razón que la metafísica le imponía a este último. Somos racionales solo por cuanto somos seres lingüísticos. Esta afirmación nos permite ir un poco más lejos. Para la metafísica, la razón era un atributo del alma humana, que se consideraba una sustancia distinta y separada del cuerpo. Hoy, sin embargo, estamos obligados a reconocer que la razón remite al lenguaje y que este no es sino una propiedad emergente de determinados desarrollos biológicos que tienen lugar en el transcurso del proceso evolutivo.

Aceptar lo anterior no solo conduce a resituar el lugar que le conferíamos a la razón; también socava los fundamentos que sostienen que el alma y el cuerpo son dos sustancias diferentes y separadas. Ahora, el alma permite ser concebida como una propiedad emergente que remite a las condiciones biológicas propias de los seres humanos. Hoy aceptamos lo que llamamos el postulado de la determinación biológica, que señala que los seres humanos, como cualquier otro ser vivo, solo podemos hacer lo que la biología nos permite. No estamos señalando que todos los fenómenos humanos sean propiamente biológicos. Muchos de ellos remiten a esferas que no poseen carácter biológico. Pero se trata de esferas emergentes que, en último término, remiten a condiciones biológicas de base. El enfoque sistémico, con sus conceptos de fenómenos y dominios fenoménicos emergentes, avala lo anterior, lo cual disuelve la idea de que la naturaleza humana sea dual, como lo concebía la metafísica, y nos permite avanzar hacia una concepción unitaria del alma humana.

Esta hipótesis no es del todo original. Spinoza la proponía en la segunda mitad del siglo XVII. De ser cierta, la separación tajante entre la razón, por un lado, y la corporalidad y la emocionalidad, por el otro, deviene insostenible. Lo mismo sucede con la subordinación de estas dos últimas a la primera y, sobre todo, con el desprecio metafísico hacia el cuerpo y la emocionalidad.

Los seres humanos somos en todo momento seres biológicos –dotados de un cuerpo– y emocionales, aun cuando estamos concentrados en el ejercicio de la razón. Los temas sobre los cuales reflexionamos, los caminos de reflexión que escogemos y descartamos, los objetivos que perseguimos con nuestras reflexiones y lo que determina que en un determinado punto detengamos la reflexión, todos ellos operan siempre desde un sustrato emocional. Nietzsche señala en su obra *La gaya ciencia*:

"Los pensamientos son sombras de nuestros sentimientos –solo que más oscuros, vacíos y simples."

Detectar las emociones en las que se sustentan muchas de nuestras razones, sobre todo aquellas que no remiten a procedimientos estándares ya establecidos, representa un arte. Durante mucho tiempo la apelación a razones no ha sido sino un escudo para esconder o justificar nuestros nudos emocionales. Abrirnos a la importancia que en nuestra existencia tienen el cuerpo y la emocionalidad nos conduce a superar la mirada unilateral y distorsionada de la ontología metafísica.

Cuando examinábamos la estructura de la mirada metafísica, luego de ofrecer nuestra interpretación sobre sus premisas fundamentales. hacíamos dos observaciones más. Dado que este capítulo busca establecer un contraste con lo que entonces planteamos y hacer de bisagra con la ontología emergente, creemos necesario referirnos nuevamente a esos dos alcances.

El primer alcance, recodará el lector, apuntaba a lo que Jacques Derrida denomina "la metafísica de la presencia", refiriéndose a la presunción metafísica de que la realidad, aunque velada, se expone, se presenta directamente a nuestros sentidos y, por lo tanto, de alguna forma "está allí a la vista", permitiéndonos acceder a su ser a través de la razón.

Tal como lo hemos expuesto, la ontología emergente cuestiona tal presunción y sostiene que lo que vemos no es una manifestación directa de la realidad sino una construcción que hacemos a partir de cómo somos. Nuestra mirada transforma la realidad, lo que nos impide conocer cómo ella realmente es. Los seres humanos no tenemos acceso a la realidad como tal. Solo podemos generar interpretaciones que remiten a nuestra propia forma de ser.

De ello se deduce un giro ontológico radical, pues se anula la posibilidad de determinar el carácter de la realidad en sí misma. Sin embargo se nos abre otro camino: comprender cómo somos los seres humanos para develar de qué modo interpretamos la realidad. Ya hemos dicho que antes de precipitarnos a comprender la realidad exterior o, si se quiere, la naturaleza —tal como procuraron hacerlo, por ejemplo, los filósofos naturalistas y tal como la propia metafísica considera que es posible hacerlo—, es preciso indagar —siempre a través de interpretaciones— en cómo somos los seres humanos. Esta exploración será la gran contribución de Heidegger.

No es, por lo tanto, a partir de la comprensión de la realidad que debemos proceder a la comprensión del ser humano, tal como lo concebía la ontología metafísica, sino a la inversa. Es a partir de la comprensión del ser humano que nos es posible comprender la realidad. Esta interpretación llevará siempre nuestra impronta.

Nuestro segundo alcance se hace cargo de los múltiples efectos que resultan del enclaustramiento de la filosofía acometida por los filósofos metafísicos. Desentrañar el carácter del ser humano y de sus condiciones de existencia no es tan solo de interés para los filósofos. Los resultados de esa reflexión nos afectan a todos y ayudan a mejorar sustancialmente la manera como vivimos. Tales resultados, por lo tanto, presionan por derribar las murallas del enclaustramiento metafísico y por retornar al espacio público, donde, por lo demás, se gestó la propia filosofía.

Lo anterior no implica la clausura del espacio académico, pues la filosofía requiere, como tantas otras disciplinas, de niveles adecuados de formación en muchas de sus prácticas investigativas, tal como sucede en múltiples áreas, sean científicas o artísticas. La existencia de un espacio académico restringido del que participan quienes cumplan con determinadas condiciones requiere ser protegida. Pero es necesario hacer permeable este espacio, de forma que sus resultados lleguen a la calle. Esto supone la necesidad de diseñar modalidades múltiples de interacción y de influencia mutua entre el espacio académico y el espacio público.

Al hacerlo, creemos que el prejuicio de que la filosofía es inútil en la formación de los seres humanos comunes tenderá a disolverse y volveremos a valorar el quehacer filosófico, como se diera en la Antigüedad. Esto, por lo demás, estuvo presente en los filósofos naturalistas, en los sofistas, en el propio Sócrates y en los filósofos helenísticos. La nueva ontología requiere, en consecuencia, desarrollar una vocación para recuperar la calle y llegar nuevamente a la plaza. Debemos, por lo tanto, transitar de una *filosofía académica* a una *filosofía agórica*, que vuelva a sembrar las semillas de la inquietud filosófica en los seres humanos comunes. Esto ha sido, por lo demás, parte importante del trabajo que hemos procurado acometer.

Algunos giros fundamentales de la ontología emergente

A partir de la revisión crítica de la estructura de la ontología metafísica comenzamos a vislumbrar el perfil de la nueva ontología emergente. Lo efectuado, sin embargo, está determinado por la estructura de la ontología que procuramos superar. Lo que hicimos fue reaccionar a sus premisas, por lo que ellas fueron las que condujeron el análisis y delimitaron nuestras reacciones. Con todo, este análisis nos ofrece una visión preliminar del nuevo territorio. Pero el proceso está en ciernes. Nuestra propuesta se sitúa todavía en la frontera entre la ontología tradicional y la emergente. Ahora tenemos que atravesar esa frontera para asentarnos en el nuevo territorio ontológico, lo que nos obligará a reiterar algunas de las ideas ya expresadas, pero, al hacerlo, estas se mostrarán con un mayor nivel de autonomía. Este recurso nos servirá, a la vez, como una recapitulación de los ejes involucrados en esta nueva ontología.

El giro antropológico: del ser de la realidad al ser humano

Este es un desplazamiento que se produce progresivamente durante todo el desarrollo de la filosofía moderna. Uno de los rasgos de la ontología metafísica, tal como hemos visto, es que subordina la comprensión del fenómeno humano a la de la realidad en general. El pensamiento moderno, sin embargo, establece una primera distancia al definir su punto de partida en el ser humano e introduce, por lo tanto, una perspectiva antropocéntrica.

Cada recordar, no obstante, que esto ya se había insinuado en la antigua filosofía griega a través de los sofistas, y muy especialmente con Protágoras. Pero la influencia de sus planteamientos no duró mucho. La ontología metafísica, especialmente a partir de Platón, se opone a estas ideas y restituye el lugar que les corresponde, primero a la noción del Ser y, desde allí, a Dios. Sin embargo, la mirada antropocéntrica no desaparece: será recogida por algunas de las filosofías helenísticas, como es el caso del epicureísmo, que, sin negarlo, tiende a prescindir de Dios y vuelve a colocar el centro de gravedad en el ser humano y en su búsqueda de la felicidad y del bienestar. La influencia de la filosofía metafísica, por lo tanto, no deviene plenamente hegemónica, como sucederá a partir de la Edad Media.

Desde los inicios mismos de la modernidad, y debido en parte a la recuperación del pensamiento helenístico, se observa nuevamente un desplazamiento hacia el ser humano, de la mano de los humanistas. Luego lo vemos en René Descartes, cuya reflexión filosófica se inicia a partir del reconocimiento de su propio pensar, para interrogarse desde allí por la realidad exterior y, finalmente, por Dios, su creador. Su trayecto invierte el supuesto proceso original de la creación iniciada por Dios, que pasaba luego por la creación del mundo y, en último término, concluía con la del ser humano. Para los modernos, el camino del conocimiento humano revierte el camino del proceso de la creación que nos entrega el judeocristianismo.

No seguiremos el itinerario completo del pensamiento moderno, aunque destacaremos tan solo algunos hitos. Uno de ellos es Kant. Este no solo se concentra en examinar el papel de la conciencia humana en toda forma de conocimiento sino que nos plantea, en su *Manual de lógica*, que la pregunta central de la filosofía —y de la que depende el resto de las respuestas— es la pregunta por el ser humano. Ludwig Feuerbach, tal como lo señalamos, es otro hito importante en esta dirección, al hacer de la perspectiva antropocéntrica el fundamento de la religión, como asimismo de la filosofía idealista de Hegel.

Cabe advertir, sin embargo, que Hegel había acometido algo que hubiese escandalizado a los metafísicos antiguos: hacer una metafísica desde la perspectiva de la temporalidad y de la transformación histórica. No olvidemos que los metafísicos clásicos minimizaban la transformación y, por consiguiente, también el tiempo. Pero ello contraviene el espíritu de la modernidad y no es ese un camino que Hegel se muestra dispuesto a seguir. Y aunque su reflexión termina con la proclamación del fin de la historia, sostiene a la vez que esto se cumple como expresión del propio desarrollo histórico.

Cuando más adelante Heidegger retoma la reflexión propiamente ontológica, dirigida a pensar filosóficamente el carácter de la realidad, sabe que no puede hacerlo como lo hicieran los antiguos. Recordemos que Aristóteles definía el carácter de la metafísica como "la respuesta a la pregunta sobre el ser en cuanto ser". Heidegger, como filósofo moderno, no acepta esa caracterización. Y cuando él articula el carácter de su emprendimiento filosófico, lo hace señalando que su ontología es "la respuesta a la pregunta por el ser que se pregunta por el Ser".

No se trata, como sostuviera Aristóteles, de examinar el Ser que subyace detrás de todas las cosas. Para la filosofía moderna, eso dejó de ser un camino posible. Es el ser humano quien se pregunta por el Ser, y la pregunta fundamental, por lo tanto, es la pregunta por el ser humano. Solo luego de haber entendido cómo somos los seres humanos podremos descifrar la forma en que la realidad se nos presenta. Esto da cuenta de lo que llamamos el giro antropológico, que acompaña el desarrollo de una nueva ontología.

El giro existencial: de la abstracción del ser a las condiciones concretas de la experiencia de la existencia

Para entender la realidad, por lo tanto, debemos anteponer la pregunta por el ser humano a la pregunta por el ser genérico. Pero hay otro giro importante involucrado en la nueva mirada ontológica. Esta última se caracteriza también –muy particularmente a partir de Hume y de Kant, y luego de Feuerbach y de Husserl– por fundar todo recurso abstracto del pensamiento en las condiciones concretas de la experiencia. Para muchos modernos no es posible, por lo tanto, concebir un abordaje abstracto del "ser" del ser humano. El "ser del ser humano" debe ser inducido de las formas concretas de existencia que acompañan a todos los seres humanos. Esta es la tarea que acomete Heidegger. Su preocupación consiste en indagar en cómo se le presenta al ser humano la experiencia de su existencia.

El foco de la filosofía de Heidegger está puesto en lo que él llama el *Dasein* (*Sein*, en alemán significa "ser"; *da*, significa "ahí"). El *Dasein* es un ser situado ahí, en el mundo, en el tiempo y el espacio, en las condiciones propias de su existencia. Es a partir del examen de las formas concretas de existencia que, según Heidegger, es posible entender cómo somos y qué nos hace ser así.

Nuestra modalidad de existir, por lo tanto, define el tipo de ser que somos. Así, no hay una brecha, como sucede con la metafísica, entre las condiciones concretas de nuestro existir —situadas en el mundo sensorial de los fenómenos— y nuestra modalidad compartida de ser. Siguiendo a Husserl y su propuesta fenomenológica, Heidegger se desplaza del dominio de la conciencia de la experiencia humana —en el que Husserl originalmente se situaba— al dominio de la existencia humana. El concepto de ser en el que indaga Heidegger deja de ser abstracto, separado del dominio de los fenómenos. Se trata de un concepto de ser empíricamente inducido, de una fenomenología de la existencia.

Esto implica que la presunción metafísica de que nuestra existencia está determinada por cómo somos opera a la inversa, pues no podemos realmente saber cómo somos sino a través del entendimiento de las formas de existencia que como especie compartimos. Todo individuo, todo miembro de la especie humana, participa de una modalidad genérica de existencia, propia del ser humano. Entender esa modalidad genérica de existencia define el propósito de la filosofía de Heidegger, particularmente de su filosofía temprana, contenida en su obra *Ser y Tiempo*, de 1927.

El giro de un ser inmutable, unitario y homogéneo, al devenir de un ser múltiple y contradictorio

La nueva ontología implica un desplazamiento estratégico fundamental respecto del núcleo de la ontología metafísica. Tal como señalamos en su momento, esta última surge teniendo como uno de sus objetivos demostrar que, en la confrontación que se produjo entre las concepciones de Parménides y de Heráclito, no solo había que inclinarse hacia el primero sino que había también que rechazar tajantemente los planteamientos de

Heráclito. La metafísica se inclinaba por la noción de ser de Parménides y buscaba demostrar que la noción de devenir de Heráclito era insostenible.

Pues bien, siguiendo a Nietzsche cuando afirma que el proyecto metafísico nos ha llevado a un callejón sin salida y que es preciso volver a su origen y tomar el camino opuesto al escogido por los metafísicos, la nueva ontología reivindica a Heráclito y vuelve a abrir el camino del devenir y de la transformación.

Pero, a diferencia de las circunstancias históricas que regían entonces, lo hace bajo condiciones muy diferentes, que nos confrontan tanto con desafíos ligados a las olas de transformación del mundo actual como a las transformaciones que nos imponen a nosotros mismos. Las nuevas condiciones históricas hacen que la supuesta inmutabilidad del ser, invocada por la metafísica, no encuentre asidero, lo cual nos obliga a alejarnos del concepto metafísico de la inmutabilidad del ser y aceptar el devenir histórico.

Desde la perspectiva del devenir, nuestra mirada se altera radicalmente. El devenir no remite a una sustancia, como lo postulaba Aristóteles, sino a un proceso. Proceso que obliga al término "ser" a preservar su estatus original de verbo. En el proceso del devenir, las cosas no dejan de ser, pero ese ser es dinámico, está en transformación permanente, es siempre un "siendo" que se altera sucesivamente en el tiempo. Del verbo ser en su expresión en infinitivo se transita tan solo a su expresión en participio presente, en gerundio, en su modalidad activa de "siendo". Las cosas nunca dejan de ser de determinada forma, lo que permite entenderlas, pero esas formas están sujetas a transformación en su proceso de desenvolvimiento.

Ese "siendo" de todas las cosas, propio del proceso de transformación que es el devenir, conduce a atributos muy diferentes del ser postulado por la ontología metafísica. Lo primero que cae en descrédito es, evidentemente, el atributo de la inmutabilidad, pues contradice la noción de devenir. Afirmar el devenir implica sostener que las cosas están sujetas a transformaciones en el tiempo. Y si, además, tales transformaciones resultan radicales, se hace imposible sostener los atributos de unicidad y de homogeneidad.

En este punto se abre un ámbito de indagación que consideramos particularmente poderoso. Nos referimos al dominio de lo genérico, al que precisamente recurre la nueva ontología cuando se concentra en examinar el fenómeno humano. Se trata de acceder a la dimensión subyacente que determina la estructura de posibilidades para entidades (individuos) que, siendo diferentes, comparten una forma de ser y, en tal sentido, conforman entre ellas un mismo "género", o "especie".

Lo interesante de esta modalidad de indagación, presente en la comprensión del fenómeno humano, es el hecho de que puede realizarse sin tener que dar un salto fuera del análisis propiamente fenoménico. No requiere de una ruptura con el mundo de los fenómenos. Se trata de una estructura que se manifiesta en la diversidad concreta y, por lo tanto, a nivel del fenómeno de individuos distintos que comparten una modalidad genérica de ser. Todos ellos se desenvuelven en una determinada estructura subyacente de posibilidades, aunque difieran en aquellas posibilidades que concretan en su devenir.

En este caso, a diferencia de lo que sucede, por ejemplo, con Aristóteles, de lo que se trata es de identificar los mecanismos específicos que aseguran la concreción de ciertas, y no otras, posibilidades. Al relevar esta estructura genérica, los seres humanos podemos recurrir a ella de manera de colocarla al servicio del tipo de ser al que aspiramos. En otras palabras, se trata de un tipo de conocimiento que, como veremos, posee importantes consecuencias prácticas.

El giro de la prioridad del sujeto a la prioridad de la acción

Para la ontología metafísica, la noción de sujeto, tal como lo hemos señalado, es tributaria de la noción de ser. El sujeto es el ser en cuanto agente de las acciones acometidas por un determinado individuo. En su momento constatamos cómo Nietzsche se oponía a esta noción. En su argumentación crítica reconocíamos dos aspectos: una crítica a que el sujeto fuera uno, cuando plantea que debiéramos considerarlo múltiple.

Pero luego constatábamos que su crítica iba más allá, al postular que tal entidad –el sujeto– no existe como tal. Para Nietzsche, tal sujeto es una ficción carente de fundamento y la acción lo es todo. Esta argumentación representa un adecuado punto de partida para reevaluar la noción de sujeto.

Para la ontología metafísica, el ser, concebido como sujeto actuante, determina la acción. Actuamos de acuerdo con cómo somos. Desde nuestra perspectiva sostenemos que en la ecuación sujeto-acción, que sintetiza la fórmula metafísica, lo único concreto es la acción. Que tal individuo hizo tal o cual cosa es algo que podemos afirmar en la medida en que dispongamos de antecedentes concretos para señalarlo. Podremos discutir sobre el carácter de tal acción o sobre las intenciones que el individuo involucrado tuvo al realizarla, pero que "César cruzó el Rubicón" es algo que podemos constatar o desmentir. De igual forma, podemos también constatar al individuo –a César– o a los individuos involucrados en tal acción.

Pero en el tránsito de la noción de individuo a la noción de sujeto suele añadirse algo que no es trivial. Por lo general, este tránsito suele conllevar la posibilidad de describir el carácter del sujeto involucrado o, dicho de otro modo, la forma particular de ser que ese individuo encarna. Solo así la formula metafísica aludida adquiere sentido. Solo así podemos señalar que la acción remite a un ser. Si no podemos describir a ese ser, no resulta posible especificar el tipo de acciones que emprenderá.

Pues bien, aquí reside el primer problema. No tenemos modo de saber cómo es un individuo sino a partir de sus acciones. El ser de un individuo cuyas acciones desconocemos nos es también completamente desconocido. Por lo tanto, si no lo observamos al actuar, no tenemos manera de referirnos a su forma de ser.

¿Cómo es posible entonces que hablemos de la forma de ser de diversos individuos? Lo hacemos por cuanto proyectamos un punto de referencia a partir de las múltiples acciones que cada uno realiza, conformando así la figura de un ser que le confiere coherencia a tales acciones. Se trata de una operación equivalente, aunque inversa, a la que realiza un pintor cuando determina la perspectiva a la que somete las imágenes de su cuadro. La posición y el tamaño de cada una de las imágenes son determinados a partir de ese punto de referencia. En nuestro caso, el proceso es inverso. Son las acciones las que nos permiten establecer el carácter —la forma de ser— de los individuos que las ejecutan.

El sujeto, por lo tanto, en cuanto descripción de una forma particular de ser que emprende acciones, no es sino una construcción que hacemos como observadores de sus acciones. Es una interpretación motivada por nuestra necesidad de entender mejor a quienes nos rodean. Su estatuto de realidad, de este modo, reside en nuestras interpretaciones. Y ello supone todas las limitaciones propias de nuestras interpretaciones. En sentido estricto, no sabemos cómo los demás individuos son. Cuanto más, solo sabemos cómo actúan. El tipo de ser que les atribuimos no es sino una ficción necesaria, requerida por nuestras condiciones de existencia.

Supongamos que el lector concordara con lo señalado. Si lo hiciera, es muy posible que, no obstante, quisiera hacer una objeción: "De acuerdo. Pero ello solo es válido cuando doy cuenta de los sujetos que son los demás. Sin embargo, yo también soy un sujeto. Soy un individuo que actúa y que observa sus propias acciones. Y cuando se trata de mí, yo sí sé cómo soy. Yo conozco lo que me lleva a actuar como lo hago. Conozco mis necesidades, mis objetivos, mis intenciones". A lo cual responderíamos: "¿Realmente nos conocemos? ¿Cuántas veces descubrimos que detrás de nuestras aparentes necesidades había otras, muy diferentes? ¿Que detrás de nuestros objetivos había otros de carácter opuesto?". Sostenemos que la presunción de que nos conocemos representa una de nuestras ilusiones más absurdas.

Al inicio de la *Genealogía de la moral*, Nietzsche señala:

"Nosotros [los seres humanos] los que conocemos, somos desconocidos para nosotros mismos: eso tiene un buen fundamento. No nos hemos buscado nunca [...]".

Esta frase induce a múltiples reflexiones y posee diferentes sentidos. Somos desconocidos para nosotros mismos, en primer lugar, porque no hemos indagado suficientemente en nosotros con el rigor y la profundidad necesarios. Hay dimensiones de cómo somos a las que, pudiendo acceder, les hemos dado la espalda.

También nos desconocemos por cuanto creemos que somos y seremos de una determinada manera, con la que nacimos al mundo, sin reconocer que nuestra forma de ser está en permanente transformación. Hoy no somos como fuimos, mañana no seremos como somos hoy y ese mañana todavía no está determinado.

Pero también nos desconocemos por cuanto el ser que somos, incluso restringidos a un momento determinado, es, en último término, insondable, tal como nos señalaba Heráclito cuando nos advertía que "los límites del alma humana no los hallarás, cualquiera sea el camino que recorras, tan profundo es su fundamento".

Por último —lo que nos obliga a redimensionar los demás alcances que acabamos de mencionar— nos desconocemos por cuanto ese ser, ese sujeto al que la metafísica invoca es inaccesible.

En este contexto consideramos necesario situar los planteamientos de Nietzsche sobre la noción metafísica del sujeto. Este último, como expresión de un ser actuante, no es único sino múltiple y polifónico; sus voces no solo son diferentes sino también opuestas y contradictorias. El sujeto es una ficción necesaria para conducir nuestra existencia y convivir con los demás. Y, por último, si bien resulta posible configurar un sujeto a partir de sus acciones, no es menos cierto que las acciones, en la medida en que cambien, transforman a su vez el ser que hasta entonces habíamos sido. En este sentido, la nueva ontología proclama lo contrario a lo que sostiene la metafísica: *la acción genera ser*. En último término, la vida es un juego que se desarrolla en el terreno de la acción. Es en este dominio donde se decide nuestra vida y donde finalmente se configuran el ser que estamos siendo y el que llegaremos a ser.

El giro de verdades absolutas a interpretaciones

Este es otro punto que ya hemos abordado. Lo traemos nuevamente por cuanto consideramos que no puede faltar en esta recapitulación del tránsito de la ontología metafísica a la nueva ontología.

La noción metafísica de verdad es uno de los aspectos distintivos de la ontología metafísica y uno de los que mayor impacto tienen en configurar nuestra forma de vivir y de convivir con los demás. Representa, por lo demás, uno de los obstáculos mayores para responder con eficacia a los desafíos que nos plantea la historia. Esta noción logra paralizarnos, comprometiendo nuestra capacidad de ser flexibles frente a los embates de las transformaciones actuales.

Pero, sobre todo, este es el factor determinante para conducirnos hacia modalidades de convivencia que han devenido anacrónicas, que han perdido su capacidad de generar cohesión social, que están resquebrajadas y que requieren, con una urgencia cada vez mayor, ser sustituidas. Mientras no seamos capaces de acometer lo anterior, no dispondremos de una base de estabilidad suficiente para construir las nuevas instituciones sociales que hoy necesitamos. Dicho en pocas palabras, en este desplazamiento reside la posibilidad de diseñar la nueva ética de vida y de convivencia que las nuevas condiciones históricas exigen.

Tal como lo hemos sostenido una y otra vez, la ontología metafísica no solo se sostiene en una determinada noción de ser como fundamento de toda realidad sino que se apoya en un particular concepto de verdad, que es una proyección de esa noción de ser. Como sostuvimos, el concepto metafísico de verdad resulta de lograr supuestamente acceder al ser de las cosas. En la medida en que la metafísica concibe que el ser es el fundamento de toda realidad y que dicho ser es inmutable, uno y homogéneo, su concepto de verdad posee esas características.

No olvidemos, cuando Sócrates busca la idea universal de la piedad, en el diálogo platónico *Eutifrón*, de qué manera sostiene que esta no depende de los dioses sino que es a la inversa: los dioses dependen de ella. La verdad metafísica rige por sobre los mismos dioses.

Lo anterior nos condujo a señalar que la ontología metafísica introducía o reforzaba la arrogancia en las relaciones sociales, aquel rasgo, la *hubris* (asociada también a la arrogancia y al desprecio a los demás), que los griegos consideraban como uno de los peores vicios. Lo anterior nos condujo a señalar que la ontología metafísica introducía o reforzaba la arrogancia en las relaciones sociales. Quien se cree poseedor de esta verdad metafísica se escuda en ella, la utiliza como una coartada que lo lleva a arrogarse derechos sobre los demás. Quien no coincida con lo que él o ella cree verdadero será segregado, despreciado, excluido e incluso exterminado.

Basta con considerar la historia de la humanidad para descubrir que su libreto fue escrito en clave del concepto metafísico de verdad. Piénsese en las motivaciones detrás de las guerras, en las acciones terroristas, en los campos de concentración, en los Gulag, en la Inquisición, por mencionar tan solo algunos ejemplos dentro de una infinitud de situaciones más o menos equivalentes. Si nos preguntamos qué había detrás de todo esto, no vemos necesariamente una predilección de los seres humanos por la maldad. Detrás de tales experiencias había, muchas veces, personas que consideraban estar haciendo el bien, pero operaban bajo el supuesto de que lo que pensaban era verdadero, metafísicamente verdadero. La verdad metafísica también es dogmática. Por lo tanto, no solo proclama sus diversos contenidos sino que también hace alarde de su soberanía, de la plena validez de sus conceptos.

Derribar la noción metafísica de la verdad equivale, en consecuencia, a echar abajo la viga maestra de la ontología metafísica. Una vez logrado este cometido, el resto del edificio, tarde o temprano, tenderá a ceder, pues no tiene sustento. De allí el empeño de Nietzsche por socavar esta noción.

El giro de la prioridad de la razón a la prioridad del lenguaje

Para la ontología metafísica, la razón representa el atributo fundamental de lo humano. Con la ontología emergente, y muy especialmente con Nietzsche, aparece el lenguaje como una noción fundamental en la reflexión filosófica y en particular en el abordaje del fenómeno humano. Se trata, en rigor, de una reaparición, pues el lenguaje tuvo un protagonismo muy significativo durante el desarrollo de la filosofía antigua, tanto en Grecia como en Roma.

Recordemos, por ejemplo, el papel determinante que Heráclito y los estoicos le asignaban al *logos*; la importancia que los sofistas le conferían al lenguaje; los diálogos *Crátilo* y *Sofista*, de Platón; el papel menor que le otorgaba Aristóteles en *Lógica*, *Retórica* y *Poética*; y luego, en Roma, los aportes en el dominio de la gramática. Pero después el problema del lenguaje comienza a ralear en la filosofía, lo que coincide con la creciente hegemonía que alcanza la ontología metafísica.

Con Nietzsche, el lenguaje vuelve a asumir un papel relevante. Ello acontece en al menos dos planos. El primero, en su crítica a la metafísica, cuando la acusa de caer en la trampa que nos tiende el lenguaje. El segundo, sin embargo, cuando el mismo Nietzsche dirige su mirada al ser humano y sostiene que el lenguaje juega un papel central pues nos constituye como somos y fija límites en nuestras posibilidades de ser. En su concepción, los seres humanos estamos cautivos en el lenguaje.

Más adelante, Heidegger añade otra dimensión. Desde su perspectiva, el lenguaje representa para los seres humanos una suerte de cárcel que, a su vez, los acoge y contiene. "El lenguaje", dirá Heidegger, "es la morada del ser". Esto implica que nuestra indagación en las condiciones de la existencia humana no pueda prescindir de él, por el hecho de que es a través del lenguaje que los seres humanos construimos los mundos que habitamos. Más adelante, Ludwig Wittgenstein —fundador de la filosofía del lenguaje—, con inquietudes muy diferentes, señalará algo similar al sostener que "todo lenguaje es una forma de vida".

Detengámonos brevemente en la contribución de Wittgenstein, pues nos interesa destacar algunos aspectos útiles para el desarrollo de la nueva ontología. Kant ya se había preocupado por establecer los límites de la conciencia. Para Wittgenstein, los límites de la conciencia están determinados y remiten a los límites inherentes al lenguaje, y estos constituyen el tema principal de sus indagaciones filosóficas.

Cabe señalar, sin embargo, que Wittgenstein realiza no una sino dos contribuciones filosóficas en torno del lenguaje. La primera, contenida en su obra *Tractatus logico-philosophicus*, de 1921, y la segunda, en su obra póstuma, *Investigaciones filosóficas*, de 1953. Esta última representa, en rigor, una crítica y un distanciamiento respecto de la primera. En ella Wittgenstein acomete un giro ya insinuado en la filosofía de Heidegger, sobre el carácter del lenguaje.

Tres elementos de la contribución filosófica de Wittgenstein son importantes en relación con el tema que estamos abordando. Hasta entonces, la filosofía se había concentrado en lo que podemos llamar "los lenguajes formales", como lo son las matemáticas y la lógica, considerados antaño como las expresiones superiores del lenguaje. Un destacado colega de Wittgenstein, George Edward Moore, había criticado este abordaje y reivindicado que todas las modalidades "formales" del lenguaje eran, en rigor, derivadas del lenguaje ordinario y que era este el que requería, en primer lugar, ser indagado y comprendido. Wittgenstein compartía la teoría de Moore y en sus *Investigaciones* el lenguaje ordinario ocupa el centro de su reflexión.

El segundo elemento se dirige a examinar el fundamento que subyace detrás del significado de las palabras. Hasta entonces predominaba la idea de que las palabras remitían a significados determinados por su etimología. De allí, por ejemplo, el hábito de muchos pensadores de indagar en el origen de las palabras. Wittgenstein cuestiona tal presunción y sostiene que el sentido o significado de las palabras remite a su uso. Pues bien, tal uso cambia con frecuencia con el tiempo y según el lugar, lo que se traduce en que una misma palabra pueda tener significados muy diversos.

El tercer elemento de su concepción, y uno de los más importantes, indica que los seres humanos diseñamos distintos "juegos de lenguaje", que poseen sus propias reglas y sirven para diferentes propósitos. Esta noción de "juegos de lenguaje" nos permite diferenciar, por ejemplo, el lenguaje de la seducción, el lenguaje de la enseñanza, el lenguaje meramente informativo, etc. Pero también nos ayuda a reconocer los lenguajes formales como otros de tantos "juegos de lenguaje" desarrollados a partir del lenguaje ordinario.

A partir de lo anterior nos resulta posible volver a examinar la importancia que la ontología metafísica le confiere al sistemático desprecio de la racionalidad por el lenguaje ordinario y, en última instancia, a su subordinación a la razón. De nuevo, como podemos apreciar, esto produce una inversión entre ambos términos. Para comprender cómo somos los seres humanos y nuestras modalidades particulares de existencia, el lenguaje ordinario tiene prioridad sobre los "juego de lenguaje" sustentados en la racionalidad, sin que ello signifique cuestionar su valor. Esta es una contribución que, a nuestro modo de ver, debe alimentar la ontología emergente.

El giro de la práctica del conocimiento a las prácticas cotidianas

La importancia que la metafísica le confería a la razón –tanto como camino privilegiado para alcanzar la verdad como en cuanto atributo esencial de lo humano– convertía el conocimiento en una de sus esferas más importantes. De todas las prácticas que los seres humanos despliegan durante su existencia, ninguna alcanzaba la relevancia del pensamiento. En los inicios de la modernidad, ese supuesto todavía se mantenía y no es extraño que, si nos detenemos por ejemplo en Descartes, constatemos que el conjunto de su reflexión filosófica tiene como punto de partida su propia práctica como filósofo, la práctica del pensar. De allí que la primera premisa de su sistema filosófico sea precisamente el *cogito*, "pienso, luego soy".

Cuando llegamos a Heidegger, el trayecto de Descartes tiende a cerrarse. Heidegger comprende que la práctica del pensar filosófico, la práctica teórica, no es el mejor punto de partida para profundizar en las condiciones genéricas de la existencia. El filósofo deja de ser el mejor representante del conjunto de los seres humanos. Estos no logran verse representados por él y mucho menos por su práctica teórica. Y si lo que buscamos es dar cuenta de las condiciones de existencia del conjunto de la especie humana, la práctica de la reflexión filosófica no es evidentemente el punto de partida más adecuado.

Descartes, con todo, tiene un mérito. Si bien su reflexión filosófica parte de su práctica filosófica, en su intento por romper con el pensamiento escolástico entonces predominante –inspirado en santo Tomás de Aquino y este, a su vez, en Aristóteles– se ciñe a un lenguaje simple, directo y transparente. Su compromiso se establece con ideas que son "claras y distintas", más apegadas al sentido común, ese sentido que, como él mismo describe, suele ser "el menos común de los sentidos", tan penetrado está de premisas filosóficas de dudosa validez. De allí que su principal herramienta reflexiva, su principal método de pensamiento, sea la duda.

Cuando llegamos a Heidegger, sentimos que nos falta la claridad de pensamiento de Descartes. El carácter académico de su filosofía contrasta con la filosofía más cristalina de Descartes, que surge no de las selectas aulas de la universidad sino de su experiencia como soldado, descansando al calor de una estufa, en una cabaña precaria de la ciudad alemana de Ulm.

Con todo, Heidegger lleva a cabo un giro importante en relación con la filosofía cartesiana, que supone un elemento de gran sanidad: su reflexión no parte de su práctica reflexiva como filósofo. Heidegger reconoce que esta no resulta útil para entender la existencia humana en su expresión genérica. En consecuencia, su reflexión se concentra en prácticas cotidianas con las que todo ser humano puede identificarse.

Entre estas, en el análisis de Heidegger, destaca el papel que le confiere a la práctica del carpintero. Se trata de una actividad con la cual todo ser humano puede identificarse. No olvidemos que Heidegger fue hijo de un tonelero y siempre se sintió parte del entorno campesino en el que creció, en la zona rural de Baviera cercana a la Selva Negra, por lo demás no tan distante de Ulm, donde tres siglos antes se inspiraba Descartes. Fue allí, en su pequeña cabaña de Todtnauberg, que Heidegger escribió gran parte de *Ser y Tiempo*.

Dos giros fundamentales en la concepción del lenguaje

Este tema ya ha sido parcialmente tratado y creemos necesario retomarlo, por cuanto representa otros giros que la nueva ontología acomete en relación con la metafísica. Tal como se desprende de lo señalado, para la ontología emergente el lenguaje humano adquiere una importancia crucial, pues representa uno de los rasgos que nos distinguen de otros seres vivos y, a la vez, constituye una dimensión imprescindible para comprender el tipo de existencia que llevamos los seres humanos. Si, como hemos reiterado, vemos la realidad como somos y no como es; si, al hacerlo, generamos interpretaciones; y, por último, si la búsqueda de sentido es un imperativo de nuestra existencia, el lenguaje se nos revela en toda su importancia, pues participa de todo cuanto acabamos de mencionar. Esta importancia, por lo demás, fue reconocida tanto por Nietzsche como luego por Heidegger, los filósofos más importantes en iniciar el giro ontológico al que hemos apuntado.

Sin embargo, la concepción que sobre el lenguaje prevalecía en vida de Nietzsche –y al menos durante buena parte de la vida de Heidegger, incluyendo los años en los que escribe *Ser y Tiempo*, su obra más importante– impedía conferirle el lugar que termina por alcanzar en la nueva mirada ontológica. Esto último solo se logra con el nacimiento de la filosofía del lenguaje y con sus interpretaciones sobre el carácter de este. Como veremos, tales interpretaciones acometerán dos relevantes giros en relación con la comprensión tradicional que teníamos de él.

Se suele aceptar que la filosofía del lenguaje, rama del quehacer filosófico que nace en el siglo XX, se inicia con Ludwig Wittgenstein, de quien ya hemos hablado. Tal como lo señalamos, Wittgenstein nos ofrece no uno sino dos acercamientos filosóficos centrados en el lenguaje. Se trata de dos intentos que buscan especificar los límites del lenguaje. En el segundo, sin embargo, Wittgenstein realiza un importante giro, que no estaba presente en su primera obra, el cual resultará fundamental para impulsar el desarrollo de la nueva ontología.

En efecto, en el *Tractatus* observamos que las reflexiones de Wittgenstein siguen fieles a lo que, apoyados por Derrida, hemos llamado una "metafísica de la presencia", sustentada en la presunción de que la realidad, aunque velada, se nos presenta directamente a nuestros sentidos. En sus *Investigaciones*, sin embargo, Wittgenstein corrige su postura previa e imprime un cambio fundamental en su comprensión del lenguaje. Hasta entonces, desde la mencionada metafísica de la presencia, el lenguaje había sido considerado como una capacidad de los seres humanos que les permitía "designar" las cosas. En sus *Investigaciones*, Wittgenstein procede a concebirlo como "constitutivo" de la realidad de la que procura dar cuenta.

En otras palabras, el lenguaje contamina la realidad a la que se refiere, tal como en su momento lo advirtió Nietzsche al señalarnos que la mirada del ser humano se interpone a las cosas, sin profundizar mayormente en las implicancias que de ello se deducen. Una vez que el lenguaje pasa a ser considerado como "constitutivo", sin negar la existencia de una realidad exterior, se reconoce que no hay una relación de continuidad y estricta correspondencia entre lo expresado y aquello de lo que se habla, como lo suponía la metafísica de la presencia. Este supuesto de continuidad ya estaba presente en la noción aristotélica de verdad, concebida precisamente como una relación de correspondencia con la realidad. Desde una concepción constitutiva, la posibilidad de esa correspondencia aparece obstruida, dado que el lenguaje participa en la construcción de lo expresado.

Pero luego de la publicación de *Investigaciones filosóficas* de Wittgenstein, la filosofía del lenguaje acomete un segundo giro, no menos importante que el primero. Este es realizado por John Langshaw Austin, profesor de la Universidad de Oxford. Hasta entonces, el lenguaje había sido considerado como algo fundamentalmente pasivo y descriptivo, lo cual era coherente con el carácter designativo que se le confería. Se le atribuía, por lo tanto, un papel meramente "contable". Austin pone en cuestión esa concepción. Al final de su carrera, a partir de unas conferencias que ofrece en 1955 en la Universidad de Harvard, en Estados Unidos, escribe *Cómo hacer cosas con palabras*, que será publicado en forma póstuma en 1962. Allí, Austin lleva a cabo otra modificación central al sostener que el lenguaje es activo y transformador. El lenguaje, en rigor, es acción y cuando hablamos, actuamos. Esto conduce a Austin a desarrollar la noción de "actos del habla".

Tal como lo hemos señalado en diversas oportunidades, creemos que Austin se queda corto. No solo el habla es acción: el lenguaje en su conjunto lo es. El lenguaje no se agota en el habla: también incluye la escucha e incluso el silencio, al que los seres humanos solemos asignarle sentido y a partir del cual muchas veces alteramos nuestro comportamiento. Ello nos condujo a sustituir la noción de "actos del habla" por la noción más amplia de "actos de lenguaje". Pero luego nosotros mismos nos hemos corregido, pues esta noción separa el lenguaje de un concepto que creemos fundamental: el de las conversaciones, que sustenta el propio desarrollo del lenguaje y hace explícito su carácter social fundamental.

Esto se tradujo en un segundo desplazamiento, todavía más inclusivo, que nos llevó a acuñar la idea de *competencias conversacionales*. Esta incluye al lenguaje, pero incorpora también otros elementos no menos importantes en nuestras prácticas conversacionales, como la emocionalidad, la corporalidad y otros soportes materiales en los que ellas se apoyan. Si, como plantea Buber, el ser humano es un ser dialógico –vale decir, conversacional–, este tipo de competencias reviste una importancia fundamental para procurarnos una modalidad de existencia y de convivencia más plena y satisfactoria.

Pero volvamos a Austin. A partir de su contribución, nuestra comprensión del lenguaje se modifica y adquiere una relevancia que no estábamos en condiciones de comprender. Su aporte, sin embargo, no solo modifica nuestra concepción del lenguaje sino que, a la vez, expande nuestra manera de concebir la acción humana. Esta deja de estar restringida a una actividad física y pasa entonces a incluir nada menos que todas las acciones que ejecutamos con el lenguaje, lo cual supone múltiples y fundamentales implicancias. Toda interpretación, por ejemplo, es reconocida como una acción que realizamos a través del lenguaje y posee efectos transformativos que requieren ser reconocidos. Por otro lado, nuestra declaración de que la acción genera ser, sin la ampliación del concepto de acción que acomete Austin, queda truncada, faltándole algo que resulta esencial. Con la contribución de Austin podemos profundizar en la comprensión de la existencia humana y alcanzar dimensiones determinantes. Los dos vuelcos que se producen en nuestra comprensión del lenguaje –el de Wittgenstein y el de Austin– poseen, por lo tanto, una importancia que no puede ser ignorada y contribuyen de manera significativa al desarrollo de la "ontología emergente".

Breve alcance sobre la hasta ahora llamada "ontología emergente"

El lector se habrá dado cuenta de que hasta ahora nos hemos referido a la concepción sobre el carácter de la realidad que busca sustituir la ontología metafísica por términos como "ontología emergente" o "nueva ontología". ¿Sería posible asignarle un nombre que apuntara a alguno de sus rasgos específicos? ¿No sería posible caracterizarla de otra forma?

Esta es una pregunta interesante. Es cierto que en este libro nos hemos cuidado de hacerlo. Este es el resultado de un esfuerzo por procurar ser inclusivo y, además, por evitar una cierta arrogancia. En rigor, si tuviésemos que caracterizar esta "ontología emergente" apuntaríamos a tres rasgos fundamentales y que situamos por encima de otros: se trata de una ontología existencial, hermenéutica y centrada en el lenguaje. Faltando cualquiera de ellos, resultaría muy difícil nominarla.

Es existencial por cuanto arranca de la premisa –repetida tantas veces en este texto– de que vemos la realidad de acuerdo con cómo somos y no según cómo son. Y para dar cuenta de cómo somos evitando la metafísica, celebramos que Heidegger se haya esmerado por deducir nuestra forma de ser supeditando la noción de ser a un análisis fenomenológico sobre nuestra experiencia con la existencia. Esto no implica eliminar la noción de "ser" sino abordarla a partir de nuestras condiciones concretas de vida. Muchos filósofos que han sido muy importantes en el desarrollo de esta ontología emergente tienden a destacar su dimensión existencial.

Es hermenéutica –siendo esta la rama de la filosofía que profundiza en el fenómeno de nuestras interpretaciones–, por cuanto se trata de una comprensión de la realidad que se sustenta en una crítica inmisericorde a la noción metafísica de verdad, pilar central de la ontología metafísica que buscamos superar. No es de extrañar que sea esta entonces la dimensión que otros filósofos escojan para caracterizarla.

Nos queda el atributo del lenguaje, rasgo determinante de nuestra existencia y fundamento de las interpretaciones que generamos. En el pasado nos hemos inclinado por llamar "ontología del lenguaje" a esta ontología emergente. Incluso, uno de nuestros libros lleva ese título. Nos pareció que, de los tres rasgos inicialmente mencionados, era el adecuado y quizás el más inclusivo.

Sin embargo, en este libro hemos optado por prescindir de este término pues no queremos que, por llamarla así, queden excluidos aportes que en el desarrollo de esta nueva ontología han sido y seguirán siendo determinantes. Lo que está en juego supera con creces el carácter acotado de cualquier aporte que podamos haber hecho.

VII

Red teórica que sustenta el giro ontológico

Lo expuesto en este texto es expresión que una inquietud que hemos arrastrado durante muchos años. En *El búho de Minerva: introducción a la filosofía moderna*, escrito a mediados de la década de 1980, hicimos varias referencias a la idea de que gran parte de las corrientes filosóficas allí examinadas podían remitir a un mismo núcleo de presupuestos, al que entonces llamamos –a falta de un mejor término– un "paradigma de base". En esa época no habíamos profundizado en la filosofía de Nietzsche –lo que explica una de las mayores deficiencias de aquel libro, pues su filosofía no fue incluida en él– como tampoco habíamos incursionado lo suficiente en la filosofía de Heidegger.

Esto se manifestaba en el hecho de que entonces no comprendíamos cabalmente el concepto de ontología, tal como aquí lo hemos expuesto. De haberlo comprendido, no habríamos acuñado el término "paradigma de base" y hubiésemos preferido hablar de "ontología", pues este concepto expresa exactamente lo que en aquel momento teníamos en mente: la concepción subyacente acerca del carácter de la realidad y de cómo debemos abordarla para conocerla. En la medida en que logramos compenetrarnos con la filosofía de Nietzsche –quien no usa el término ontología– y profundizar en la filosofía de Heidegger –que lo coloca en el centro de su contribución–, concluimos que, efectivamente, existe ese núcleo de presupuestos que alimenta corrientes filosóficas diversas y que el mejor término para referirse a él es "ontología".

Con todo, hay algo que quisiéramos rescatar en torno de la noción de paradigma, tal como fuera entendida en el célebre libro de Thomas Kuhn, *La estructura de las revoluciones científicas*, de 1962.[55] Kuhn llama paradigma al núcleo de presupuestos desde los cuales se desarrollan determinadas corrientes científicas. En algunas oportunidades, estos presupuestos son puestos en cuestión, marcando un punto de ruptura con el desarrollo científico (acometiendo una "revolución científica") y postulando una manera diferente de explicar el dominio de fenómenos que conforman una determinada disciplina.

A partir de ese momento se produce una confrontación entre la manera previa de explicar los fenómenos y la emergente. Esta confrontación, señala Kuhn, es desigual. La modalidad antigua lleva mucho tiempo de desarrollo y, por lo tanto, es más completa que la emergente, que presenta inevitables carencias y debilidades. La primera también tiene a su favor el hecho de que su núcleo de presupuestos, ahora cuestionados, están fuertemente arraigados en la comunidad científica y en sus figuras de mayor prestigio, que suelen mostrarse resistentes a abandonarlos.

Pero, por otra parte, la nueva modalidad introduce, frente a esos mismos fenómenos, un tipo de abordaje que le permite revelar dimensiones que desde la antigua modalidad no lograban apreciarse. Esto genera expectativas de que, en la medida en que la nueva modalidad se

---

55   Las nociones de paradigma y, particularmente, de "revolución científica", fueron sugeridas, alrededor de treinta años antes que Thomas Kuhn, por Gaston Bachelard en su obra *Le nouvel esprit scientifique*, de 1934. Central en la concepción de Bachelard es su concepto de "ruptura epistemológica", a través del cual pone en cuestión la idea de un desarrollo científico que progresa de manera lineal y progresiva.

desarrolle, las posibilidades explicativas que ofrecerá serán muy superiores. Esta es su gran ventaja y el factor que impulsará su desarrollo. Pero este desarrollo debe concretarse y poder mostrar que aquella ventaja se acrecentará. La mencionada "revolución" tiene comprometida su capacidad de afirmar su futura legitimación de acuerdo con los desarrollos que lleve a cabo en un tiempo posterior. Su legitimidad, por lo tanto, no está asegurada en sus fases iniciales.

Mencionamos lo anterior pues esto es igualmente válido en función del giro ontológico del que hemos estado hablando. No basta con el aporte que realizan quienes desencadenan el giro. Lo que acontezca luego será determinante para asegurar su vigencia.

En este sentido, lo que procuraremos hacer es diseñar una interpretación que proponga los distintos soportes teóricos conceptuales que, a nuestro parecer, requieren ser tenidos en cuenta en procura de desarrollar y expandir esta nueva ontología. Reiteramos que se trata de nuestra interpretación, que, como toda interpretación, puede ser corregida, cuestionada y transformada. No estamos invocando verdades definitivas. De no asumirlo así estaríamos violando las propias premisas de la nueva ontología.

Esta nueva ontología de carácter existencial, hermenéutica y centrada en la importancia del lenguaje, tal como lo hemos señalado, emerge luego de un proceso de distanciamiento de la ontología metafísica. Distanciamiento que, sin embargo, sigue apegado a algunos de los presupuestos de dicha ontología y que, a pesar de lo anterior, es de innegable importancia para concluir con el punto de ruptura que en un determinado momento se produce. Dentro del desarrollo filosófico de la primera etapa de la modernidad —y sin desconocer otras múltiples contribuciones— hay dos figuras que jugaron un rol destacado en generar las condiciones que expresan la ruptura. Me refiero a los aportes de Spinoza, en la segunda mitad del siglo XVII, y de Feuerbach, en la primera mitad del siglo XIX. Sin embargo no serán ellos quienes concreten esta ruptura.

El papel determinante de Nietzsche

Desde nuestra perspectiva, Nietzsche es quien acomete en los hechos la primera declaración de que la ontología metafísica ha devenido caduca. Su filosofía es un grito desgarrador en esta dirección, grito que él mismo reconoce que muy pocos, en su época, están en condiciones de escuchar. Es interesante destacar que sus libros prácticamente no se vendieron y, por lo tanto, no se leyeron.

Nietzsche nos convoca a volver la mirada hacia nosotros mismos –tal como él hace consigo– y someter a un cuestionamiento radical tanto los valores que hasta entonces han guiado nuestra existencia como aquellas creencias que la han dirigido.

Heidegger y la fenomenología de la existencia

Si no entendemos cómo somos, difícilmente podremos construir el tipo de mirada que, en las condiciones históricas actuales, necesitamos. Formado en la fenomenología de Husserl –que nos conmina a pensar los fenómenos volviendo directamente a ellos y prescindiendo de las interpretaciones previas–, y habiendo profundizado en la filosofía de Nietzsche, Heidegger acomete un proyecto que lo convertirá en el filósofo más importante del siglo xx.

Heidegger toma la reflexión fenomenológica desarrollada por Husserl y la reorienta al estudio de "la experiencia de la existencia" con el propósito de disponer de una base sólida para comprender cómo somos. Esto último es importante. Su camino para entender cómo somos no se sustenta en una reflexión abstracta sobre el ser sino en una indagación concreta en torno de las condiciones de la existencia humana. Pero no se trata de una reflexión restringida, como sucediera con Nietzsche, a su propia existencia para, desde allí, abrirse a la comprensión del fenómeno humano. Desde un principio, Heidegger procura comprender las condiciones genéricas de existencia inherentes a todo ser humano. En cuanto a sus aportes concretos, si bien nos apoyamos en ellos tanto en nuestros programas de formación como en el conjunto del desarrollo de nuestra propuesta, no los profundizaremos aún, pues proyectamos hacerlo en un libro en preparación. Sin embargo, no evitaremos referirnos al carácter de su contribución, dado el papel que juega en la nueva ontología.

En nuestra opinión, el corazón del aporte de Heidegger apunta a lo que se denomina "analítica del *Dasein*". Como ya lo señalamos, *Dasein* es el nombre que Heidegger le da al ser humano que se encuentra súbitamente arrojado en el mundo. Una vez que se descubre existiendo, pronto se reconoce vulnerable, finito, amenazado por la muerte, disponiendo de un ser que lleva consigo un vacío de ser. Se trata, por lo tanto, de un ser desgarrado, que se ve obligado a "hacerse cargo de sí" pues, de lo contrario, compromete y corre el riesgo de perder el propio ser del que fue dotado.

Esta conciencia del carácter de su existencia, ligada al imperativo de estar obligado a "hacerse cargo de sí", impone al ser humano dos desafíos. Por un lado, hacerse responsable de su supervivencia, pues no le está asegurada; de no hacerlo, se juega la vida, la propia existencia en la que se halla inmerso. Por otro lado, debe también hacerse responsable de llenar ese vacío de ser que lo constituye y desgarra y, por lo tanto, debe conferir sentido a su existencia.

El imperativo de "hacerse cargo" es llamado por Heidegger "cuidado", término que proviene del alemán *sorge*. La existencia humana está atravesada por el cuidado, que se expresa en una diversa gama de "inquietudes" conducentes a él. Hay quienes prefieren llamarlas "preocupaciones", término que nosotros eludimos por su connotación negativa. Desde nuestra perspectiva, las inquietudes suelen manifestar también una dimensión positiva. Disponiendo de este concepto (*sorge*) nos es posible ahora enriquecer la noción de la acción. En efecto, toda acción permite ser considerada como la expresión del "hacernos cargo" de diversas inquietudes. Toda acción remite a inquietudes, lo cual enriquece nuestra concepción de la acción humana, tal como sucedía también cuando la ampliábamos al lenguaje.

Esta forma de ser propia de los seres humanos determina la manera como observamos el mundo, como vemos las cosas. Su mirada, tanto del mundo como de sí mismos, está preñada por dos imperativos: la supervivencia y el sentido. Ambos determinan el carácter que conferimos al mundo así como a la vida. En su mirada sobre el mundo, el ser humano convierte las entidades que lo pueblan en amenazas y posibilidades en relación con su existencia, en obstáculos o en recursos para vivir. Si le pedimos a alguien que describa lo que existe a su alrededor, nos dirá posiblemente que hay sillas, mesas, platos, casas, caminos, amigos, adversarios, familiares, etc. Pero también ríos, árboles, nubes, días y noches. Todos esos términos llevan la impronta de una percepción construida en función de esa matriz existencial inherente al ser humano. Si sacáramos del cuadro al ser humano, todo el resto, en tanto fue descrito, desaparecería o modificaría su carácter. No hay caminos, ni casas, ni amigos sino en función de nosotros mismos, lo que nos confirma aquello en lo que hemos estado insistiendo: vemos las cosas de acuerdo con cómo somos y no según ellas son.

De la misma manera, nuestra necesidad existencial nos lleva a cubrir la realidad exterior y nuestra vida con un envoltorio de sentido. Así, transformamos esa realidad en "mundos" conformados a partir de nuestras necesidades y carencias.

De este análisis surge algo más. En la medida en que los seres humanos actuamos movidos por nuestras inquietudes, la atención al mundo que nos rodea se hace selectiva. Las inquietudes conducen nuestra atención, concentrándola en todo cuanto está relacionado con ellas, ya sea a modo de oportunidades o de obstáculos. Lo que se encuentra más allá de este umbral no solo recibe una atención más tenue sino que se nos hace, en ocasiones, invisible.

Esa invisibilidad, sin embargo, suele romperse cuando aquello se convierte en posibilidad o en obstáculo en nuestro proceso de hacernos cargo. Esa ruptura implica, por lo tanto, el ingreso de aquello que antes no percibíamos en nuestro umbral de atención. De allí surge la noción de "quiebre", que ocupa un lugar importante en la ontología emergente y en nuestra propia propuesta.

La contribución filosófica de Heidegger representa, junto con la Nietzsche, uno de los dos pilares fundamentales de nuestra concepción ontológica, pues resulta indispensable para desarrollar una mirada basada en un sustrato ontológico diferente del metafísico. Quienes invoquen operar desde esta nueva ontología emergente y utilicen el calificativo de "ontológico" para caracterizar lo que hacen, sin familiarizarse con el aporte de Heidegger, estarán utilizando este adjetivo solo como nombre de fantasía.

El significado contemporáneo del término "ontológico" remite a su filosofía. Desgraciadamente, muchos hacen uso de este nombre sin realmente saber lo que esta involucra. La filosofía de Heidegger, por lo tanto, requiere estar plenamente presente –lo que no impide discrepar de algunos de sus planteamientos, como por ejemplo su caracterización de la filosofía de Nietzsche– en el desarrollo de la nueva ontología.

La hermenéutica y, en especial, el aporte de Gadamer

La hermenéutica es la rama de la filosofía que se ocupa de los fenómenos interpretativos. Toma su nombre de Hermes, dios griego de la comunicación, de la superación de límites y de la generación de nuevas posibilidades. Ya vimos la importancia que las interpretaciones poseen en la ontología emergente y cómo ellas permiten un notable distanciamiento del concepto metafísico de verdad.

Se trata de una disciplina que, en rigor, remite a la Antigüedad y que se inicia con los esfuerzos de interpretación de los relatos mitológicos o sagrados, sigue con las interpretaciones de las normas jurídicas y, más adelante, con la interpretación de textos literarios. Con Friedrich Schleiermacher, profesor de teología de la Universidad de Berlín, nace lo que será la hermenéutica moderna, a fines del siglo XVIII y particularmente a inicios del XIX.

Es Schleiermacher quien propone la noción del "círculo hermenéutico" a través del cual se establece la relación que en la generación de sentido existe entre la parte de un texto y el todo. Ello implica que el todo adquiere su sentido de acuerdo con el sentido de sus partes, a la vez que las partes también adquieren su sentido por referencia al todo que conforman. Posteriormente, el significado del círculo hermenéutico se extenderá a otros dominios como, por ejemplo, la relación de mutua determinación y condicionamiento entre quienes conforman una relación particular, o entre el individuo, por un lado, y la sociedad en su conjunto, por el otro.

Un segundo representante de la hermenéutica moderna es Wilhelm Dilthey, quien, examinando el dominio de los fenómenos interpretativos, distinguirá las interpretaciones de carácter explicativo —como las que se producen en las ciencias— de las interpretaciones definidas por el fenómeno del comprender, propias de las relaciones entre seres humanos, incluyendo las obras que estos generan.

Más adelante, la hermenéutica dará un salto a partir de la filosofía existencial de Heidegger, que plantea que los seres humanos habitan un mundo que construyen a partir de interpretaciones sustentadas en sus condiciones particulares de existencia. El mundo humano es concebido como un fenómeno interpretativo, a diferencia de la noción de realidad, que es independiente de la mirada humana.

Más allá de lo expuesto, Heidegger no va mucho más lejos. Será su discípulo Hans-Georg Gadamer quien, apoyándose en la filosofía existencial de su maestro, se dedicará al desarrollo de la filosofía hermenéutica. Simultáneamente, Paul Ricoeur, en Francia, también hará importantes contribuciones.

La nueva ontología cuenta, como una de sus fuentes de inspiración y desarrollo, con los aportes que provienen de la hermenéutica. Es importante destacar que, a través de ella, el lenguaje —a partir de su capacidad para generar interpretaciones y construir relatos y narrativas— adquiere una presencia que va más allá del papel que tanto Nietzsche, primero, como Heidegger, después, le habían conferido.

Martin Buber y la filosofía del diálogo

La importancia del lenguaje se hace también presente en la nueva ontología a partir de la contribución de Buber y su llamada "filosofía del diálogo". Así como Heidegger había exhibido algunos reparos en relación con Nietzsche, Buber también levanta objeciones a la filosofía de Heidegger. Es importante aceptar, por lo tanto, que el conjunto de fuentes teóricas a las que acudimos no es plenamente homogéneo, lo cual no opaca sus contribuciones al enriquecimiento y desarrollo de la nueva ontología.

De hecho, Buber critica a Heidegger por el papel excesivo que, en su opinión, le confiere en su análisis de la existencia a la relación entre el ser humano y las entidades que conforman su mundo. Esto lleva a Buber a sostener que Heidegger privilegia una relación "yo-ello", en la que el "ello" se refiere a las entidades o cosas del mundo, sin destacar suficientemente la relación "yo-tú" que el ser humano desarrolla con otros seres humanos. La obra más importante de Buber lleva precisamente como título *Yo y Tú*.

Uno de los grandes méritos de Buber consiste en situar el lenguaje en el lugar en que, a nuestro parecer, nace y se despliega: el ámbito de las relaciones humanas. Para Buber, el lenguaje es un fenómeno social: su *locus* original remite al diálogo y, si se quiere, al fenómeno de las conversaciones. No es concebible la existencia del lenguaje ni es comprensible su carácter si no reconocemos adecuadamente su dimensión conversacional. Es a través de ella que logramos adquirir el lenguaje y es a través de ella que este se desarrolla. De allí la importancia de la contribución de Buber.

En un primer momento, Buber distingue tres tipos de conversaciones: aquellas que desarrollamos con los demás, aquellas en las que conversamos con nosotros mismos y, por último, la conversación que todo ser humano sostiene con el misterio (el misterio de la vida, el misterio que se esconde detrás de cada ser humano, etc.). En un segundo momento, sin embargo, Buber pone en cuestión el segundo tipo de conversación: aquella que mantenemos con nosotros mismos. Afirma que para que exista una conversación —o, en sus palabras, un diálogo— es necesario que haya al menos dos interlocutores. La etimología del término "diálogo" da cuenta de ello: *día* en griego significa dos y *logos* significa palabra.

Basado en lo anterior, Buber pone en cuestión su postura inicial, en la que consideraba la conversación con uno mismo. ¿Cómo puede sostenerse una conversación, que requiere al menos de dos interlocutores, con un solo interlocutor? A partir de esta reflexión, Buber opta por eliminar este tipo de conversación. Desde nuestra perspectiva, comete un error. Que los seres humanos conversamos con nosotros mismos es un hecho. La razón es dialéctica o, como señala el mismo Buber, dialógica. Y ello es posible por cuanto, siguiendo a Nietzsche, no somos uno sino muchos y tenemos opiniones y posiciones no solo distintas: también contradictorias. Como tal, no constituye un error invocar este tipo de conversación.

Cabe preguntarse entonces: ¿de dónde proviene la objeción de Buber? Pensamos que se remite a la presunción metafísica de que el ser es uno y homogéneo. De ser así, claro, sería contradictorio postular que uno conversa con uno mismo. La solución no consiste en excluir tal tipo de conversación sino en revisar el supuesto metafísico que tiende a excluirla. Al modificar los supuestos de la unidad y de la homogeneidad podemos perfectamente aceptar que, en ese diálogo interior, nos desdoblamos y permitimos que en él se expresen aquellas dimensiones múltiples y contradictorias que nos constituyen. Al hacer esto siguen en pie los tres tipos de conversaciones que planteaba originalmente Buber, y creemos que presentan una importante ventaja.

La filosofía del lenguaje

Como veíamos, tanto la hermenéutica como la filosofía del diálogo abrían espacio al lenguaje en la nueva ontología. Pero no son los únicos aportes. Para permitir su desarrollo más pleno y comprensivo sería imposible ignorar, como vimos, las contribuciones de Wittgenstein, en especial con su segunda filosofía, así como las de Austin.

Como lo planteamos, la concepción del lenguaje en Wittgenstein acomete un importante giro desde una concepción "designativa" hasta una "constitutiva", giro del que Heidegger ya había participado. Austin, por su parte, efectúa un segundo avance, desde una concepción del lenguaje como "pasivo y descriptivo" a otra que lo considera "activo y transformador". Ambos autores resultan cruciales para el desarrollo de la nueva ontología. La concepción tradicional del lenguaje restringe la comprensión de su carácter y resulta muy difícil desarrollar desde allí una nueva mirada. Para alejarse por completo de la ontología metafísica se hace necesario acometer ese otro giro, al que previamente nos referimos, de la prioridad de la razón a la prioridad del lenguaje.

Pero Austin advierte algo no menos importante. Como señalamos, al reconocer que el habla es acción, admitimos el carácter activo del lenguaje, lo que nos conduce a considerar una profunda mutación del concepto de acción. Nuevamente, este es un cambio indispensable para situar la acción en un lugar de privilegio en la ontología emergente. La acción representa uno de sus conceptos fundamentales. Pero para que esta pueda ocupar el sitio que le corresponde, la concepción tradicional que la concebía ligada al movimiento físico requiere ampliarse.

Derrida y la red de filósofos inspirados en Nietzsche y en Heidegger

Tanto las contribuciones de Nietzsche como las de Heidegger tendrán un impacto determinante en los desarrollos filosóficos posteriores, particularmente en aquel conocido como "filosofía continental", por cuanto surgió en los países de la Europa continental, excluyendo a los países anglosajones, más comprometidos con lo que se ha denominado "filosofía analítica". Nietzsche y Heidegger marcarán una suerte de ruptura con las tradiciones filosóficas previas. Hoy en día, los filósofos continentales más destacados llevan consigo la marca de ambos, que se manifiesta también en algunos filósofos analíticos.

Esta influencia la percibimos, por mencionar solo algunos nombres, en Georges Bataille, Maurice Merleau-Ponty, Emmanuel Levinas, Gilles Deleuze y Jacques Derrida, en Francia; Gianni Vattimo, en Italia; Peter Sloterdijk y Byung-Chul Han (de origen surcoreano) en Alemania. La lista es más amplia. Todos ellos se caracterizan por tomar las contribuciones de Nietzsche y de Heidegger y proponer, a partir de ellas, desarrollos filosóficos extremadamente interesantes. No disponemos del tiempo necesario para examinar cada aporte en la tarea de impulsar la nueva mirada ontológica.

Queremos, sin embargo, detenernos brevemente en Jacques Derrida, quien, desde nuestra perspectiva, acomete aportes que consideramos imprescindibles. No en vano algunos filósofos se refieren a él como el Kant de la modernidad tardía, dado que Kant suele ser considerado el punto más alto en el desarrollo filosófico de la modernidad temprana. El filósofo norteamericano Richard Rorty lo llama "el Nietzsche del siglo XX", considerando que este último fue el filósofo más importante del siglo XIX.

La filosofía de Derrida se apoya precisamente en los aportes de Nietzsche y de Heidegger, pero los conduce más lejos. Su reflexión se inicia con *De la gramatología*, de 1967. En ella, Derrida se concentra en las concepciones del lenguaje que ofrecen Jean-Jacques Rousseau —en una obra sobre el origen del lenguaje que fue publicada póstumamente— y Ferdinand de Saussure, padre de la lingüística moderna. En ambos casos, Derrida detecta un vicio que califica como "fonocentrismo" y que consiste en darle preferencia a la oralidad, colocándola en el centro y por sobre la escritura. Rousseau, por ejemplo, calificaba la escritura como un "suplemento" del lenguaje oral. En ambos casos, al conferirle prioridad a la oralidad, se generan diversas contradicciones que Derrida se encarga de exhibir.

Derrida es consciente de que la oralidad antecede a la escritura. Sin embargo, sostiene que es en la escritura donde el lenguaje revela algunos rasgos que en la oralidad no logran detectarse con claridad. Para entender el carácter más profundo del lenguaje es necesario, por lo tanto, invertir el orden cronológico de su desarrollo y conferirle prioridad a la escritura. En ella se revela lo que en la oralidad quedaba oculto.

El tránsito de la oralidad a la escritura ha sido un tema en el que nos hemos interesado desde muy temprano, apoyándonos en escritores como Eric Havelock, Walter Ong y Jack Goody.[56] Durante la etapa oral de la historia de la humanidad, más allá de los intercambios conversacionales que el lenguaje permite, se desarrolló el género del relato, que frecuentemente acudía a la poesía para favorecer su memorización y en el que se daba cuenta de experiencias y de gestas, reales o imaginarias, en las que prevalecían las acciones acometidas.

Con el tránsito a la escritura, y de manera especial con el desarrollo del alfabeto en Grecia, emergen narrativas centradas en conceptos e ideas, que desencadenarán importantes cambios sociales en campos como la educación, las modalidades de gobierno, la justicia, el pensamiento y, en general, la cultura. A partir de dicho tránsito, el género ensayístico empieza a ganar una influencia creciente, desplazando el relato de acontecimientos y de gestas. Este es un factor determinante en el desarrollo y en la importancia que muy pronto la filosofía confiere a las ideas, como lo vemos en el caso de Sócrates y el desarrollo de la metafísica. No sería errado decir que la metafísica se sustenta en la escritura.

Pero la metafísica se apoya también en lo que Derrida llama "la metafísica de la presencia", noción a la que ya hemos aludido y que ocupa, por ejemplo, un papel destacado en la filosofía de Aristóteles. Desde esta metafísica se presume que la realidad se nos "presenta" directamente, aunque encubierta tras el velo —que algunos califican

---

56   Ver, por ejemplo, Rafael Echeverría, *Ontología del lenguaje*, Dolmen, Santiago de Chile, 1994.

como "el velo de la ignorancia"– que cubre el rostro de Aletheia, diosa griega de la verdad. Acceder a la verdad requiere, por lo tanto, de un acto de "descubrimiento", de "develamiento" (o "retiro del velo"). Derrida cuestiona esta concepción y, apoyándose en su indagación acerca de la escritura, postula que el lenguaje siempre preserva una dimensión oculta, que no se muestra ni puede ser plenamente develada. Podemos, sin embargo, identificar en el lenguaje huellas (*des traces*) de su fondo oculto.

En su crítica a la "metafísica de la presencia", Derrida se apoya en el planteamiento de Nietzsche de que el lenguaje, en sentido estricto, no "da cuenta" de la realidad ni puede hacerlo. Todo lenguaje es metafórico. Ello implica que el orden de la realidad y el orden del sentido generado por el lenguaje son dominios separados, autónomos el uno del otro, que, en rigor, no pueden corresponderse. El sentido de los signos a partir de los cuales surge el lenguaje nace no por referencia directa a la realidad sino para establecer una diferencia, una distinción, en relación con otros signos lingüísticos, tal como lo había señalado Saussure. El sentido se funda en un sistema de oposiciones que se rigen por exclusiones lógicas. Según Derrida, estas oposiciones no son simétricas ni recíprocas. Uno de los términos de la oposición adquiere prioridad sobre el otro, o un valor superior al otro. Esto se traduce en un estatus de presencia, de realidad, que el otro no alcanza, lo que determina que el lenguaje sea, en último término, autocontradictorio. No es capaz de cumplir con sus propias exigencias de coherencia. Esto se proyecta de la misma forma al pensamiento, haciendo imposible que este alcance la unidad y la coherencia que se propone, dejando abierto el propio sentido que genera. Nuestras interpretaciones, por lo tanto, nunca logran clausurarse, nunca alcanzan los atributos de absoluto, de universal y de definitivo. En otras palabras, y a pesar de lo afirmado por la ontología metafísica, el sentido y el pensamiento jamás se "clausuran". La presunción de Descartes de alcanzar un pensamiento sustentado en "ideas claras y distintas" es una mera ilusión. Todo lenguaje, toda interpretación, como lo planteaba Nietzsche, si bien ilumina, a la vez oscurece y oculta. El lenguaje es inherentemente ambiguo y oscuro.[57]

A partir de lo anterior, Derrida desarrolla una práctica que bautiza con el nombre de "deconstrucción", que consiste en seguir esas huellas, profundizar en ellas y descubrir las *aporías*, las contradicciones, las oposiciones que socavan el sentido que el lenguaje procura expresar. La práctica de la deconstrucción busca revelar y exhibir esas aporías, mostrar sentidos ocultos, procurando disolver algunas de esas contradicciones e identificar los resabios metafísicos en los que suelen sustentarse. Sin duda, esto representa un aporte, pero tras los nuevos sentidos que emergen, siempre se preserva un fondo inalcanzable. El orden que toda búsqueda de sentido procura entregarnos es, en rigor, un ideal inalcanzable.

Todo orden, señala Derrida, se sustenta en negaciones, en un fondo abismal. Todo orden segrega, excluye, margina. Todo sentido es y será siempre parcial y restringido. La coherencia de sentido que nos ofrece el lenguaje se levanta sobre un fondo incoherente y este es un rasgo inherente a toda interpretación.

Hay siempre una brecha insalvable entre el dominio de la realidad y el de las interpretaciones. Reconocer esa brecha no implica negar la realidad. Se trata tan solo de poner en cuestión nuestra capacidad de acceder a ella, tal cual ella es. Esto supone un profundo cuestionamiento a la noción metafísica de verdad a partir de la cual hemos organizado la existencia y nuestra convivencia con los demás.

Lo sorprendente es que aquello a lo que Derrida apunta no representa una completa novedad. Los primeros filósofos naturalistas, anteriores a los metafísicos, ya habían advertido esta cuestión. Lo percibi-

---

57 Cabe destacar que Heidegger, en *Ser y Tiempo*, dedica la primera sección de su obra a cuestionar la premisa de la tradición filosófica de que la reflexión debe iniciarse dando por supuesta la relación sujeto-objeto. Mientras el pensamiento arranque de tal supuesto estaremos atrapados en la ontología metafísica y no nos será posible reconocer aquello en lo que hemos insistido reiteradamente: no vemos la realidad y las cosas en función de cómo son sino según cómo somos. Nuestra mirada a la realidad está necesariamente estructurada de acuerdo con las coordenadas de la existencia humana y según la modalidad genérica de ser que compartimos los seres humanos.

mos en la idea de que el lenguaje posee un fondo inescrutable, planteada por muchos de los filósofos anteriores a Sócrates, Platón y Aristóteles. Anaximandro, tal como hemos dicho, lo hace cuando nos señala que el orden es siempre una transgresión sobre el caos originario del *apeiron*, transgresión por la que, tarde o temprano, deberemos pagar. Lo vemos en Heráclito, cuando señala en su "Fragmento 45" que, por mucho que en profundicemos, "nunca llegaremos al fondo del alma humana". Lo vemos incluso en Parménides que, a pesar de ser un antecedente de la ontología metafísica, nos advierte en el "Fragmento 9" que "todo está lleno a la vez de luz y de noche oscura".

Derrida pone en cuestión la presunción, propia de la ontología metafísica, de que podemos alcanzar verdades acabadas, absolutas, definitivas. Su filosofía nos advierte que el sentido, este elemento indispensable para sostener nuestra existencia, está siempre abierto. Ello se percibe en la estructura de la temporalidad: en relación con el pasado, el presente y el futuro. El sentido remite a un pasado que nos conduce por un camino sin fin. En el presente, las huellas del lenguaje nos conducen al fondo oscuro que el sentido siempre posee. Con respecto al futuro, el sentido siempre queda abierto a correcciones, cuestionamientos y superaciones.

Para dar cuenta de lo anterior, Derrida acuña un neologismo que busca sintetizar el corazón de su filosofía. Se trata del término "diferancia" (en francés, *différance*), el cual apunta al hecho de que toda nueva palabra, toda nueva interpretación, no solo establece una diferencia, aporta una distinción ante otras palabras o interpretaciones, tal como ha sido reconocido por la lingüística. También apunta a que el sentido no se clausura en ese momento sino que siempre queda "diferido" a las transformaciones que el futuro introducirá en él. La fonética de la palabra francesa *différance*, expresada oralmente, suele confundirse con la de la palabra *différence*, que solo significa diferencia, sin incluir la dimensión de lo diferido. Es en la escritura que logramos percibir que *différence* y *différance* son dos palabras distintas y conllevan sentidos distintos.

A partir de lo expuesto, Derrida hace un desplazamiento del plano interpretativo al plano social y nos muestra cómo en este último se detecta el mismo fenómeno de ocultamiento. Lo vemos, por ejemplo, en torno de la democracia, la justicia y la ética. Se trata de dimensiones que quedan siempre abiertas a la dinámica de las transformaciones históricas y, como tales, nunca se clausuran. Lo mismo podemos señalar en otros dominios, como los de nuestros gustos y sensibilidades.

Derrida acomete otro desplazamiento, por el que nos hemos sentido particularmente atraídos. Se dirige, esta vez, al plano espiritual. Él entiende que, si la existencia humana y los distintos órdenes que busca establecer descansan en un fondo oculto e inalcanzable —un fondo que nos será siempre misterioso—, este ofrece fundamento a la dimensión espiritual que acompaña a nuestra existencia. Una espiritualidad que consiste no solo en reconocer sino también en honrar —en oposición a darle la espalda— a esa dimensión desconocida de la vida que nos acompañará siempre.

El pragmatismo filosófico norteamericano

El cuestionamiento del concepto metafísico de verdad está asociado a una alternativa que nos permite distinguir los valores desiguales que podemos asignarles a diversas interpretaciones que giran en torno de los mismos fenómenos. El cuestionamiento del concepto de verdad no supone, en la nueva ontología, que cualquier interpretación da lo mismo y que no hay diferencias en su valor. Es de sentido común reconocer que no es así. De acuerdo con la interpretación que adoptemos, los resultados que seremos capaces de generar suelen ser muy diferentes. No estamos en el reino del relativismo. Las consecuencias que resultarían de ello tendrían efectos distintos, tanto en nuestra existencia individual como en nuestra convivencia con los demás.

Desde muy temprano, Nietzsche señalaba un camino para resolver este problema. Nos indicaba que lo que distingue el valor desigual entre distintas interpretaciones no es el valor de verdad que le asignamos a cada una de ellas sino el poder que nos confieren. Poder entendido como la capacidad de generar resultados superiores. De lo que debemos preocuparnos, por lo tanto, no es determinar el valor de verdad de cada interpretación sino de cuáles son las más poderosas, cuáles nos conducen a mejores resultados.

Una posición similar será desarrollada en Estados Unidos por Charles Sanders Pierce, cinco años más joven que Nietzsche. Pierce desarrolla su pensamiento en la segunda mitad del siglo XIX e inicios del silgo XX, y es considerado el padre del pragmatismo norteamericano, que tuvo una gran influencia en el desarrollo filosófico de Estados Unidos. Para Pierce, el valor de una nueva propuesta teórica, que establezca una diferencia en relación con las teorías existentes, debe determinarse por las diferencias prácticas que resultan entre estas. Son las diferencias las que evidencian el valor de una teoría.

Este planteamiento se convertirá en una suerte de "mantra" entre los pensadores norteamericanos, que a menudo suelen reaccionar ante una nueva propuesta con la pregunta: *"What difference does it make?"*. Lo que está involucrado en esta pregunta es la diferencia o ventaja que en la práctica resulta de la nueva concepción.[58] De allí que esta filosofía lleve el nombre de "pragmatismo" filosófico y se convierta en Estados Unidos en una suerte de principio de vida que se invoca al plantear que uno de los objetivos vitales que toda persona debería proponerse consiste en *"making a difference"*. Sin duda, esta ética de la vida alienta el emprendimiento, rasgo importante de la cultura norteamericana.[59] Algunos de los representantes del pragmatismo filosófico son William James, John

---

58   Esto se ve, por ejemplo, en uno de los libros de Russell Ackoff, titulado *Differences that Make a Difference*, 2010. Hay un sinnúmero de obras que llevan títulos semejantes en Estados Unidos.

59   Cabe destacar que la teoría económica del emprendimiento que fuera desarrollada por Joseph Schumpeter, uno de los tres economistas más destacado del siglo XX junto con John Maynard Keynes y Friedrich Hayek, está directamente inspirada en las lecturas que hiciera de la obra de Nietzsche.

Dewey y, más recientemente, filósofos como Hillary Putnam y Richard Rorty, entre otros.[60]

Consideramos que el pragmatismo filosófico es importante para el desarrollo de la nueva ontología en un plano diferente de aquel que acabamos de mencionar. Hemos sostenido que uno de los desafíos que se plantea la nueva ontología consiste en desenclaustrar la filosofía, en garantizar que no quede cautiva en la academia y en asegurar que llegue a los espacios públicos, a la calle, a la plaza. Pues bien, para lograrlo es condición necesaria que la filosofía esté en condiciones de demostrar que su propuesta hace una diferencia en las vidas concretas de las personas que habitan y circulan por tales espacios. Esto implica que el desarrollo de la nueva ontología debe realizarse sin perder de vista el imperativo de incidir en la posibilidad de expandir tanto nuestras condiciones de existencia como las de convivencia y, por lo tanto, de hacer una diferencia concreta en las vidas de los seres humanos comunes.[61]

****

---

60   La influencia que en nuestra propuesta ejerce el pragmatismo filosófico puede apreciarse, por ejemplo, en el uso que hacemos de dos modelos distintos. El primero es el Modelo osar (nombre conformado por las siglas de Observador, Sistema, Acción y Resultados), que elaboramos a partir de una propuesta inicial, menos elaborada, desarrollada por Chris Argyris, profesor de Psicología Industrial de la Universidad de Harvard, y su equipo. Este modelo ha sido expuesto detalladamente en mi libro *El observador y su mundo* (J. C. Sáez Editor, Santiago de Chile, 2010). El segundo se articula como nuestro Modelo dei (Diseño Estratégico de Identidad), que procura diseñar procesos eficaces de transformación, tanto individuales como organizacionales o sistémicos, conducentes al logro de objetivos y aspiraciones y a generar modificaciones en nuestras identidades.

61   La influencia del pragmatismo filosófico, tanto en nuestra propuesta como en nuestros programas de formación y en nuestras actividades de consultoría, no es desdeñable. Ello no solo se percibe precisamente en el hecho de que no nos demos por satisfechos con los desarrollos teóricos en los que nos involucramos, sino en que siempre procuremos llevarlos fuera del espacio académico, con el propósito de mejorar las condiciones de existencia individuales. Esto atañe también a los niveles de desempeño y a la capacidad de alcanzar los objetivos que se plantean diversas organizaciones o instituciones sociales. Lo que acometemos, por lo tanto, no se limita al desarrollo teórico, sino que asume también el desafío de mostrar cómo este último logra producir notables diferencias prácticas.

Estas son las fuentes principales a las que acudimos para el desarrollo de nuestra propuesta y que representan los fundamentos centrales de nuestra concepción. El territorio donde nace es, por lo tanto, la filosofía. La ontología emergente lleva, en consecuencia, carta de ciudadanía filosófica, lo que no excluye que también acudamos a contribuciones procedentes de disciplinas no filosóficas. Pero estas, es importante advertirlo, revisten una importancia menor.

Las razones por las que acudimos a ellas son diversas. Por un lado, por cuanto consideramos que hacen aportes que, más allá de los que proporciona la filosofía, contribuyen al desarrollo de las distintas temáticas. Esto podrá apreciarse enseguida. Pero, por otro lado, por cuanto estas disciplinas confieren a las reflexiones propiamente filosóficas una suerte de "cable a tierra" y contribuyen a evitar que dichas reflexiones "se extravíen".

Uno de los problemas que encontramos en el desarrollo de la ontología metafísica guarda relación con el hecho de que, al encerrarse en sí misma, suele realizar desplazamientos cuestionables, ya sea por caer en las "trampas del lenguaje" o porque se desentiende de fundar sus desarrollos en condiciones concretas de la existencia. A veces, incluso, la filosofía pareciera "enloquecer" e incluso "delirar". Nos hemos referido a estos problemas y a las críticas que filósofos como Russell y Wittgenstein esgrimieron ante tales situaciones. Estas críticas nos advierten de tales peligros y nos imponen evitarlos. Nada garantiza que logremos blindarnos completamente frente a ellos. Pero, por lo menos, nos persuade de tomar algunas medidas que pueden protegernos.

A continuación, haremos referencias a otras fuentes, esta vez no filosóficas, que confluyen también en el desarrollo de lo que postulamos.

La biología

Un primer "cable a tierra" lo representa la biología. Nosotros operamos bajo el siguiente axioma: nosotros, los seres humanos, como todo ser vivo, solo podemos hacer lo que la biología nos permite. Esto no impide, sin embargo, que realicemos intervenciones en nuestra biología, de tal forma de hacer lo que antes no podíamos. Este mismo axioma nos permite indagar en las condiciones biológicas que requieren activarse cuando desplegamos distintas acciones. Pero nuestra relación con la biología va más lejos y compromete dos áreas distintas que consideramos relevantes: la biología evolutiva y los avances más recientes en neurobiología.

Uno de los aportes fundamentales que nos entrega la biología evolutiva es aquel que apunta al papel que juega el lenguaje en nuestra diferenciación con otros seres vivos. Esta distinción no nos impide reconocer que son muchos los seres vivos que se comunican entre sí. Pero nos plegamos a una corriente de pensamiento que establece una diferencia entre la capacidad de comunicación y lo que es propiamente el lenguaje. Esto no niega que ciertas especies desarrollen incluso lo que podemos considerar capacidades mínimas de lenguaje, en la medida en que utilicen el sonido o aspectos relacionados con la corporalidad para establecer modalidades básicas de comunicación. Con todo, el nivel de desarrollo que el lenguaje alcanza en los seres humanos sigue siendo un rasgo que no encontramos en otros seres vivos.

Para lograr esta capacidad se requiere de condiciones biológicas que lo hagan posible, las cuales involucran determinadas capacidades como, por ejemplo, aquellas situadas en nuestra corteza cerebral o las que nos permiten emitir una amplia gama de sonidos. Sin estas condiciones no podríamos desplegar los matices que todo lenguaje requiere.

Por otro lado, esa capacidad de lenguaje incide de manera determinante en nuestras condiciones de existencia, como también en nuestras aptitudes de supervivencia. Gracias a ella logramos convertirnos en seres que adquieren un nivel de "socialidad" que resulta inalcanzable para otros seres vivos, "socialidad" que incide no solo en nuestras condiciones de existencia sino también en las capacidades de transformación que establecen nuevas diferencias con los demás seres vivos.

El despliegue de la neurobiología se encuentra en sus primeras fases de desarrollo, lo que hace prever que podrá enseñarnos muchas cosas más de las que ofrece actualmente. Resulta sorprendente observar en qué forma expande sus conocimientos con el transcurso del tiempo. Pero a pesar de encontrarse en una etapa temprana de desarrollo, ya ha efectuado aportes de innegable valor. Uno de ellos está asociado a una de sus premisas centrales, relacionada con la noción de la plasticidad neuronal o sináptica.

Tal noción nos señala que las sinapsis, a través de las cuales se conectan unas neuronas con otras, no solo se modifican con las experiencias sino que tales modificaciones logran conservarse y permiten transformaciones que nuevamente conservamos, en una dinámica que nos acompaña mientras estemos vivos, aunque su capacidad de cambio disminuya a medida que envejecemos. Esto ha sido reconocido como uno de los fundamentos biológicos más importantes de nuestra capacidad de aprendizaje y de transformación.[62]

Para una ontología que hace de la capacidad de transformación uno de sus ejes fundamentales, esto último representa un aporte innegable. Pero, a la vez, nos conduce a reconocer que el principio de la inmutabilidad del ser que caracteriza a la ontología metafísica no solo es cuestionable desde el punto de vista de sus fundamentos teóricos sino también desde la comprensión biológica del ser humano.

El enfoque sistémico

Otro importante afluente no filosófico que converge en el desarrollo de la nueva ontología proviene del enfoque sistémico. Cabe advertir que Heidegger despliega una fuerte crítica a la cibernética, que representa

---

62 A este respecto —y por estar escrito para un lector sin formación especial— recomiendo el libro del premio Nobel de Medicina del año 2000, Eric R. Kandel, *In Search of Memory: The Emergence of a New Science of Mind*, W.W. Norton & Company, Nueva York, 2006.

una modalidad del desarrollo temprano del enfoque sistémico, relacionado con las contribuciones de Norbert Wiener, uno de sus fundadores y primeros promotores. Esto no debe extrañarnos. Todos somos hijos de nuestra época y los sentidos que en un determinado momento conferimos están sujetos —tal como lo sostiene Derrida— a ser transformados en el futuro. No hay verdades inmutables que, una vez establecidas, nos garanticen su perpetuidad.

El enfoque sistémico tiene el gran mérito de distanciarse del principio de identidad que Aristóteles coloca en el centro de su filosofía. Recordemos que para Aristóteles —como también para santo Tomás de Aquino—, el ser de una determinada entidad es lo que define su comportamiento, a la vez que el carácter de sus relaciones con otras entidades.

El ser, esa sustancia esencial inmutable, se convierte en el principio explicativo supremo de lo que hace la ontología metafísica. El enfoque sistémico enroca los términos involucrados en dicho principio. Sin negar que siempre somos (estamos siendo) de una determinada manera —sujeta a la transformación en el tiempo, que condiciona tanto nuestro actuar como las relaciones que desplegamos con los demás—, simultáneamente acepta la validez de la relación inversa y postula que el carácter de ese actuar y la forma que asumen nuestras relaciones inciden en la forma en que somos y, por lo tanto, transforma y constituye nuestra manera de ser.

Nos interesa, por lo tanto, destacar tres importantes elementos que aporta el enfoque sistémico. En primer lugar, la importancia que asumen las relaciones para definir el carácter de las entidades en ellas involucradas. Somos y devenimos lo que nuestras relaciones habilitan, lo que nos conducen a ser. En segundo lugar, el enfoque sistémico enseña que en esas relaciones con otras entidades no solo el contenido que vehiculizan es importante: también juega un papel decisivo la forma que asumen tales relaciones e interacciones. Esto posee, sin dudas, una reminiscencia pitagórica, dada la importancia que Pitágoras le otorgaba a las formas, lo cual se expresa, por ejemplo, en el uso recurrente que el enfoque sistémico hace de los diagramas, como una manera de ilustrar la importancia de la forma de las relaciones e interacciones. Por último, el enfoque sistémico destaca la importancia del tiempo y la atención a la "dinámica de interacciones", a los flujos que caracterizan los procesos de interacciones, con lo cual nos alejamos de la noción metafísica de la inmutabilidad como criterio dominante.

El objetivo del enfoque sistémico consiste precisamente en develar cómo los sistemas naturales y sociales a los que pertenecemos —así como las dinámicas de interacciones que se producen en su interior y entre sus componentes— ejercen una influencia determinante en nuestra forma de ser, en las posibilidades que se nos abren o se nos cierran, en el carácter del futuro que nos cabe esperar, etc. Desde su aporte, no puede dejar de sentirse cómo la ontología metafísica nos restringe como una suerte de camisa de fuerza. Términos que dentro del enfoque sistémico resultan fundamentales —"punto de inflexión", "punto de palanca", "punto de ruptura", "punto de bifurcación"— son manifestaciones de una mirada radicalmente opuesta a la que despliega la ontología metafísica.

La psicología y la antropología

Uno de los rasgos más importantes de la ontología emergente, tal como hemos examinado, consiste en reconocer que no vemos la realidad como es, sino como somos. De ello se deduce que, para comprender nuestra forma de entender la realidad, primero resulta necesario entender cómo somos. Asumir ese desafío es, como vimos, lo que define la contribución central de Heidegger, lo que no implica que coloquemos al ser humano en el centro del universo sino que lo reconocemos como punto de partida de nuestra mirada sobre el mundo y de nuestras diferentes modalidades de conocimiento.

Pero la filosofía existencial no es la única forma de acercarnos a un mayor conocimiento del fenómeno humano. Hay otras disciplinas que lo hacen procurando someterse a las normas del conocimiento científico, como la psicología y la antropología. El aporte de ambas enriquece la mirada que se despliega desde la nueva ontología y nos invita a abrirnos a estas dos disciplinas.

Examinando lo que ha sido nuestra experiencia, y sin desconocer la posibilidad de otras incursiones, destacamos dos corrientes psicológicas que han sido especialmente enriquecedoras. Nos referimos a la psicología analítica desarrollada inicialmente por Carl Gustav Jung y a la psicología cognitiva. Desarrollemos algunos alcances sobre ambas.

La psicología analítica nos ha sido particularmente útil en la distinción efectuada por Nietzsche entre persona y sombra, y para situar cómo la relación entre ambas despliega una particular dinámica en el transcurso del ciclo de vida. (Este es un tema que abordaremos en un futuro libro.) También nos hemos nutrido, por ejemplo, con la propuesta de Jung —ampliada luego por sus discípulas, Isabel Myers y su madre Katherine Briggs— respecto de los tipos de personalidad. Creemos que esta tipología es útil para distinguir diferencias significativas en la forma de ser de distintos individuos. Por último —y sin que ello agote los aportes de la escuela de Jung— cabe mencionar también su propuesta para interpretar el sentido de los mundos espirituales que desarrollamos los seres humanos.

Respecto de la psicología cognitiva, debemos advertir que nuestra relación con ella arranca con una discrepancia, en tanto consideramos que, en la importancia que le confiere a la razón, carga con residuos de la ontología metafísica. La psicología cognitiva confiere al pensamiento y a sus distintas expresiones, como lo son las creencias y las opiniones, un papel central. Sin embargo apreciamos, por ejemplo, el aporte que ha realizado tanto para comprender los distintos fenómenos emocionales como para intervenir en ellos y permitir alcanzar mayor bienestar y horizontes más expansivos de posibilidades. Vemos en esto una estrecha relación con el aporte que realizaron en su momento los estoicos.

Para poder incorporar los aportes de la psicología cognitiva realizamos lo que llamamos un "proceso de reconstrucción ontológica",[63] que nos permite rearticular, en clave lingüística, lo que en ella se expresa en clave cognitiva. En este caso implica tratar las referencias a creencias y opiniones que acomete la psicología cognitiva y que remiten a la esfera del pensamiento, en términos del acto lingüístico de los "juicios" que nos sitúa en la esfera del lenguaje, en la que el propio pensamiento se sustenta. Eso no implica, por lo tanto, abandonar la esfera del pensamiento sino situarla en un ámbito más amplio. Este es un procedimiento que puede aplicarse frente a múltiples otras contribuciones que, en un primer acercamiento, generan tensión con las premisas de la ontología emergente.

Una relación similar establecemos con la antropología, que también aborda, desde una perspectiva diferente, el fenómeno humano. Su mérito es que, a través de ella, no hay una focalización de tal fenómeno en sus actuales condiciones históricas sino en diferentes etapas y bajo diversas condiciones sociales y materiales. Si lo que nos interesa es avanzar hacia una comprensión genérica del ser humano, esta disciplina permite comprender cómo se ha mostrado este en diversas épocas. De lo contrario corremos el riesgo de proyectar el presente en el pasado y así tergiversar la comprensión que buscamos desarrollar. Acercarnos a las contribuciones de la antropología nos exime de caer en este error.

Mencionemos un ejemplo concreto de lo que puede aportarnos la antropología. A partir de la centralidad que para nosotros posee el lenguaje, es importante reconocer cómo, desde hace ya varias décadas, ha ganado hegemonía la propuesta del destacado lingüista Noam Chomsky. Su concepción ha inspirado las contribuciones de otro importante académico, Steven Pinker. Ambos sostienen que el lenguaje es algo innato en los seres humanos y que se rige por una gramática universal que está presente en todos ellos.

---

63   Sobre el "proceso de reconstrucción ontológica", ver Rafael Echeverría, *Por la senda del pensar ontológico*, J. C. Sáez Editor, Santiago de Chile, 2015.

No fueron pocos, sin embargo, quienes se sintieron incómodos con esta teoría, tanto por su invocación a la dimensión "innata" como por su propuesta de "universalidad" de la gramática. Daniel Everett, lingüista norteamericano, decidió explorar entre diversas tribus de la Amazonía el tipo de lenguaje que hablaban, tal como hacen los antropólogos. Uno de sus hallazgos fue comprobar que el lenguaje de la tribu de los *pirahä* no se adecuaba a la descripción de la gramática universal postulada por Chomsky. Con ello se ponía en cuestión el atributo de universalidad.[64]

Ello devolvía la interpretación del lenguaje a la antigua propuesta antropológica desarrollada por Benjamin Lee Whorf, que había sostenido la existencia de una amplia diversidad de gramáticas posibles que, lejos de ser innatas, están culturalmente condicionadas.[65] Esto ha abierto un debate que dista de haber cerrado. Las conclusiones a las que finalmente se arribe serán, sin dudas, muy importantes en la manera como la ontología emergente conciba el lenguaje, elemento central en ella.

La lingüística

Así como en su momento planteamos la importancia de considerar las distintas contribuciones que abordaron el fenómeno humano e incluíamos a Nietzsche, Heidegger y Buber, la biología, la psicología y la antropología, consideramos que debemos hacer algo equivalente en torno del lenguaje.

Esto último ha incluido hasta ahora la hermenéutica, al mismo Buber, la filosofía del lenguaje, la propia biología, los aportes que nos

---

64   Ver Daniel Everett, *Language: The Cultural Tool, Random House*, Nueva York, 2012; y How Language Began, W.W. Norton & Company, Nueva York, 2017, así como el último libro de Tom Wolfe, *The Kingdom of Speech*, Back Bay Books, 2016.

65   Ello remite no solo a Whorf. Lo vemos también en Giambattista Vico, a inicios del siglo XIX, así como en Isaiah Berlin, *The Crooked Timber of Humanity*, Princeton University Press, Princeton y Oxford, 1990.

entrega la antropología y la contribución filosófica de Derrida. Pero, obviamente, no podemos obviar la mirada que proviene de la lingüística.

Como vimos, la lingüística moderna se inició con la contribución de Ferdinand de Saussure a partir de su obra *Curso de lingüística general*, de 1916. Esta tuvo una importante influencia no solo en el desarrollo de la lingüística del siglo xx sino también en el campo de la antropología estructural, cuyo principal representante fue Claude Lévi-Strauss.

A diferencia de lo que hizo Austin con la filosofía del lenguaje y con su teoría de los actos del habla, Saussure no le presta mayor atención al habla, que remite a acciones individuales, ocupándose más bien del fenómeno general del lenguaje —o lo que él define como la lengua—, concebido como un sistema que permite ser examinado con independencia de los individuos que lo utilizan. De ese enfoque surgen dos consecuencias. La primera es el reconocimiento de que el lenguaje es un fenómeno social que gravita en torno de los individuos y no un fenómeno individual, generalizado en todos (o al menos en gran parte) de los seres humanos. La segunda consecuencia es que, al asumir dicho enfoque, la lingüística de Saussure asume un papel de precursora del enfoque sistémico, que se desarrollará algunas décadas más tarde.

Una de las áreas en las que Saussure se concentra es el estudio del signo lingüístico que, en su opinión, está conformado por la relación entre dos elementos: el significado, que remite al concepto que expresa, y el significante, asociado a su imagen acústica. Cabe destacar que en esta distinción —tal como fue advertido por Derrida— Saussure está privilegiando el lenguaje oral por sobre el lenguaje escrito, vinculado no con una imagen acústica sino con una imagen gráfica. Pero detrás de esta distinción hay también un segundo elemento de importancia: para Saussure, la lengua no da cuenta de una correspondencia entre una palabra y una cosa sino de una entre dos dimensiones ajenas al mundo material: el concepto y la imagen acústica. Ello implica conferirle autonomía a la lengua respecto del mundo al que se refiere. Las palabras, por lo tanto, no remiten tanto a las cosas sino más bien a las propias palabras. En términos de Saussure, el significado se constituye por oposiciones o, si se quiere, por separaciones o distinciones con otros elementos lingüísticos.

En la corriente estructuralista inaugurada por Saussure cabe mencionar a otros dos representantes. El primero es Émile Benveniste, cuya obra más destacada es *Problemas de lingüística general*, publicada en 1966. Una de sus contribuciones más interesantes es su teoría de los pronombres, y muy especialmente del "yo" y del "tú", fundamentales en las relaciones humanas. Según Benveniste, es el lenguaje el que, en el decir "yo", constituye no solo al yo sino también, por oposición, al "tú".[66]

Dejemos hablar a Benveniste:

"[...] el 'Yo' existe en y por medio de decir 'Yo'; el yo no es un sujeto [...] una sustancia preexistente que habla; en cuanto sujeto es un sujeto hablante".

"Uso el término 'Yo' cuando le estoy hablando a alguien que se constituye en un 'Tú' en mi hablar. El diálogo es la condición constitutiva de la persona en la medida [en] que implica una reciprocidad: el 'Yo' deviene un 'Tú' en el hablar del otro que se designa a sí mismo también como un 'Yo'".

El segundo es Roland Barthes, representante también de la escuela de la lingüística estructuralista. Una de sus obras más importantes es *Elementos de semiología*, de 1965. Barthes no se limita al estudio del lenguaje: incursiona además en áreas tan diversas como la filosofía del lenguaje, la crítica literaria e incluso la fotografía.

Una de sus contribuciones consiste en reconocer que el significado de un texto no está solamente abierto a la estructura de la temporalidad (pasado, presente y futuro), como lo plantea Derrida, sino que trasciende a su autor y remite, de igual manera, a una construcción efectuada por el lector. Pero el lector de un texto no es uno solo: se trata por lo general de múltiples lectores, lo cual se traduce en el hecho de que

---

66   Ver Rafael Echeverría, *El observador y su mundo*, J. C. Sáez Editor, Santiago de Chile, 2019, vol. II, pp. 60 y ss.

a un mismo texto se le asignen distintos significados de acuerdo con cada lector e, incluso, en el hecho de que un mismo lector le asigna diferentes significaciones según el momento y el contexto que prevalecen en cada acto de lectura.

Como fotógrafo, Barthes no se limita a los procesos de asignación de sentido que remiten a un texto escrito sino también, de igual forma, a la asignación de sentido de las imágenes, incluyendo entre ellas al cine. Al respecto nos plantea distinguir dos partes en un mismo mensaje. Por un lado, la "denotación", asociada al carácter de la imagen utilizada, y por otro, la "connotación", que remite al significado que el autor procura generar en quien lee el texto o recibe la imagen.

****

Estos son los once afluentes que han alimentado nuestra propuesta. Pero no son los únicos. Como lo señala Barthes, distintas personas, durante diversas fases de su vida y en contextos históricos diferentes, pueden encontrar inspiración e identificar aportes de muchas otras fuentes. Desde el punto de vista cultural, pueden perfectamente provenir de las llamadas ciencias sociales, más allá de la antropología, de las humanidades o de las artes. Pero no menos importantes son también los efectos que surgen de las experiencias vitales, sean individuales o sociales. Esto nos obliga a dejar abiertas las puertas a las fuentes capaces de irrigar el desarrollo de la ontología emergente.

Epílogo

Me parece necesario terminar este libro haciendo una breve recapitulación de lo que he procurado sostener. Se trata de recoger y subrayar algunos puntos centrales de lo que he argumentado. Ello implica que en estas palabras finales el énfasis no estará puesto en introducir alguna idea realmente nueva frente a lo ya expresado de manera embrionaria. El propósito de estas líneas es trazar una línea final, hacer quizás unas aclaraciones adicionales, para luego efectuar las sumas y restas correspondientes a partir de los desarrollos efectuados, y recoger lo que considero el corazón de lo que propongo.

En el primer capítulo —el más importante del texto— articulo el problema que este libro busca abordar. Sostengo que la manera como concebimos la realidad —incluyendo en ella a nosotros mismos— nos impide formular adecuadamente los problemas y desafíos que hoy encaramos y generar la capacidad necesaria para resolverlos.

Señalé que, más allá de los factores concretos y visibles que inciden en ellos, es imprescindible reconocer el papel determinante que en el sustrato de nuestro sentido común asume nuestra concepción subyacente, por lo general inconsciente, que tenemos sobre la realidad, sin que normalmente asumamos las consecuencias que genera en nuestras vidas y en la convivencia con los demás.

A tal concepción sobre el carácter de la realidad la llamamos "ontología". Pero es importante hacer algunas precisiones sobre este término. Etimológicamente ontología significa teoría (*logos*) sobre el ser (*ontos*), bajo el supuesto de que el "ser" es el fundamento de toda realidad. Tal supuesto, como hemos examinado, surge de la noción de que el conocimiento consiste en determinar cómo las cosas "son", lo que equivaldría a develar su "ser".

Para nosotros, el término ontología se aleja de su etimología original y remite al sentido que le confiere la filosofía existencial de Heidegger, que acepta la idea de que los seres humanos no vemos, ni somos capaces de ver, las cosas como "son" sino que lo hacemos de acuerdo a cómo nosotros, los seres humanos, somos. De ello se deduce que para dar cuenta de la manera como vemos la realidad es preciso, antes de dirigirnos a las cosas que nos rodean, indagar en cómo somos. Esta es la tarea fundamental que Heidegger se propone en su obra *Ser y Tiempo* (1927). Para ello lleva a cabo un análisis fenomenológico detallado sobre el carácter de nuestra existencia.

Solo luego de compenetrarnos con lo que Heidegger denomina "la analítica del *Dasein*" –que para evitar la jerga filosófica llamo "las coordenadas genéricas básicas de la existencia humana"– logramos entender la manera como hacemos sentido de la realidad. Esto modifica la noción previa de ontología y distingue dos momentos. En un primer momento nos dedicamos a comprender el carácter de la existencia humana; en un segundo momento, basado en el anterior, indagamos en el carácter que, dado como somos, le conferimos al resto de la realidad.

Esto representa un giro fundamental de nuestra mirada pues implica que, antes de dirigirla al mundo exterior, resulta imprescindible examinar y comprender primero cómo somos, o sea el carácter de la existencia humana. Tal como en un momento le escuchara decir a un líder espiritual hindú, hasta ahora estuvimos apuntando con nuestra linterna hacia el mundo exterior, sin darnos cuenta de que era preciso girar esa linterna de manera que apuntara primero hacia nosotros. Ello redefine el núcleo básico de la reflexión ontológica.

A esto se le suma un factor adicional que posee una alta relevancia. El cambio, la transformación, están presentes de una manera antes inédita en la historia de la humanidad. Los espacios de estabilidad que podíamos reconocer y donde guarecernos, hoy han desaparecido.

Esta evidencia plantea importantes problemas y desafíos que frecuentemente nos superan, sin que podamos hacernos cargo de ellos y resolverlos en forma adecuada. Esto nos suele conducir a pensar que el tipo de ser que somos no puede encararlos como sería necesario. No profundizaremos en esto, dado que fue abordado en su momento.

Lo que importa destacar es que esa primera respuesta es inconducente y solo nos lleva al fatalismo, a la resignación, asegurando situaciones críticas cada vez peores. Por otro lado, tampoco identificamos aquellos límites que definirían lo que nos es posible. ¿Cómo resolver entonces la sensación de impotencia que hoy enfrentamos?

Esta pregunta es la que nos conduce a la propuesta central de este libro. Sostenemos que las dificultades que hoy encaramos apuntan a lo que —acuñando un término que nos permite hacer visibles estas trabas y encontrarles una salida— hemos denominado "obsolescencia ontológica".

En otras palabras, sostenemos que nuestro sentido común está cautivo en una ontología, una determinada concepción sobre el carácter de la realidad, que no se adecua al carácter que hoy en día esa misma realidad exhibe. Existe, por lo tanto, una contradicción entre nuestra concepción subyacente de la mencionada realidad y la propia realidad. Esta contradicción se expresa en múltiples aspectos de nuestra existencia y compromete tanto nuestro vivir cotidiano como nuestra supervivencia como especie. Para ilustrarlo, mencionamos cuatro dominios que nos parecen los más importantes.

En primer lugar, la profunda crisis ecológica que hoy enfrenta la humanidad y que define nuestra relación con el entorno natural. Crisis que, de no resolverla de manera urgente y en el corto plazo, amenaza con sumergirnos en conflictos de una envergadura difícil de imaginar y que, a largo plazo, compromete nuestra subsistencia. Ya estamos viendo importantes señales de ello, en un proceso de manifestaciones que serán cada vez más serias.

En segundo lugar, esta obsolescencia ontológica se manifiesta también a nivel de nuestra convivencia social, en nuestra incapacidad de preservar el orden social necesario requerido para conducir nuestra existencia. Al señalar lo anterior no estoy defendiendo un determinado orden social. Estoy tan solo reconociendo que toda modalidad de convivencia se sustenta en un determinado tipo de orden. Percibimos señales de lo expresado en las crisis de las instituciones que en el pasado nos ayudaban a canalizar nuestra convivencia y en las dificultades que encontramos para sustituirlas por otras nuevas. Basta observar a nuestro alrededor lo que sucede con las instituciones políticas, económicas, educacionales, culturales y religiosas, por mencionar algunas. Lo mismo acontece, por ejemplo, con el sistema democrático, con las nociones de ética y justicia, con los medios de comunicación de masas. El cemento de legitimidad que requiere el orden social pareciera estar perdiendo consistencia.

En tercer lugar hemos apuntado al dominio de nuestras relaciones personales y a las dificultades que encontramos para preservarlas, corregirlas y transformarlas de acuerdo con los cambios que tienen lugar, a partir de las profundas transformaciones tanto de nuestro entorno como de nosotros mismos. Los desafíos que enfrentamos en este terreno parecieran, como lo hemos argumentado, superar nuestra capacidad de readaptación y de aprendizaje. Los seres humanos somos seres sociales y requerimos de los demás para complementar nuestras carencias y conducir nuestra existencia. Pues bien, una y otra vez nos enfrentamos a rigideces que nos impiden efectuar los cambios necesarios para reconstituir y preservar la vigencia de muchas de nuestras relaciones personales, con los correspondientes costos personales involucrados en ello.

En cuarto y último lugar está el dominio de nuestro sentido de vida. Tal como lo hemos expuesto, a los seres humanos no nos basta reproducir las condiciones biológicas en las que se sustenta nuestra existencia. Además requerimos ser capaces de conferirle sentido a nuestras vidas, pues la existencia humana nos enfrenta a carencias y vacíos que suplimos con la generación de sentido. La aceleración del cambio que hoy caracteriza a nuestra época desgasta los sentidos de vida en los que nos apoyábamos y descubrimos que no somos capaces de regenerarlos con la misma velocidad que exhiben las transformaciones.

Parafraseando a Sócrates, descubrimos que una vida sin sentido no merece ser vivida. Esta situación nos conduce a todo tipo de escapismos, a modalidades vicarias e inauténticas de vida, a diversas distracciones y adicciones, a través de las cuales damos la espalda a los problemas que se nos presentan. Sin embargo, tarde o temprano, tal como ya lo argumentáramos, el sinsentido nos alcanza, nos atrapa, comprometiendo nuestra existencia presente, y oscureciendo y luego bloqueando el futuro inmediato. Cuando esto sucede, solemos caer en depresiones, que muchas veces nos conducen a optar por terminar con nuestras vidas. Basta con revisar cómo crecen los índices de depresiones y suicidios.

A todo lo anterior ya me he referido. La tesis central de este libro apunta a señalar que el conjunto de estos problemas remite al fenómeno ya señalado de la obsolescencia ontológica: al hecho de estar atrapados en una concepción subyacente de la realidad, en una ontología, que nos impide articular y formular los problemas que enfrentamos de una manera que nos permita hacernos cargo de ellos y resolverlos.

Todo esto nos obliga, por lo tanto, a hacer visible esa concepción de la realidad de la que no logramos liberarnos, identificar sus elementos constitutivos básicos e iniciar ese giro ontológico, ese cambio de nuestra mirada, ya mencionados. El tipo de observador que hoy somos ha perdido su capacidad de correspondencia con el carácter de los tiempos que vivimos.

Para poder distinguir esa ontología obsoleta en la que estamos cautivos la hemos denominado "ontología metafísica". Sin una distinción que nos permita visualizarla, no lograremos reconocerla. A aquella ontología con la que buscamos sustituir a la anterior la hemos llamado "ontología emergente" y hemos dicho que podemos caracterizarla como "existencial", "hermenéutica" y "lingüística"[67].

Existencial por cuanto el sentido que requerimos para sustentar nuestra existencia no requiere ser buscado en una esfera que nos trasciende, sino en las propias coordenadas genéricas de nuestra existencia. El sentido es algo que los seres humanos conferimos en función de las exigencias que nos plantea la experiencia concreta de nuestra existencia.

Hermenéutica, por cuanto tanto el conocimiento que desarrollamos, como el sentido de vida que conferimos, remite a interpretaciones, que conllevan y generan determinadas emociones. Pues bien, toda interpretación es conjetural y provisoria y está abierta a la transformación histórica. Pero para poder avanzar en esta dirección y acometer ese giro ontológico que los actuales tiempos nos exigen, esto nos obliga a revisar muy profundamente el carácter que hoy le conferimos a nuestras interpretaciones.

Lingüística, pues nuestra modalidad particular de existencia, el orden social que constituimos con otros, las relaciones personales que desarrollamos, las interpretaciones que generamos para producir conocimiento y conferirle sentido a la vida, etc., descansan en nuestra capacidad de lenguaje. El lenguaje humano representa el rasgo quizás más sobresaliente de nuestra modalidad genérica de existencia. Venimos, sin embargo, de una tradición que no supo comprender adecuadamente el carácter del lenguaje y el papel determinante que este juega en nuestras vidas. Afortunadamente, con la emergencia, durante la segunda mitad del siglo pasado, de la filosofía del lenguaje, esta comprensión tradicional del lenguaje ha sido profundamente corregida.

Pues bien, para dar cuenta de esa ontología metafísica que estamos obligados a superar y a comprender, examinamos, primero, el proceso de su gestación, y luego la estructura de premisas básicas en las que se sustenta. Una vez identificadas estas premisas podemos ponerlas en cuestión

---

67   En otros libros la bauticé como "ontología del lenguaje", consciente de que ella poseía los tres rasgos previamente mencionados.

para permitir abrirle paso a una ontología nueva y radicalmente diferente. Ello nos conduce al giro ontológico que he mencionado, a una nueva manera de concebir la realidad, incluyendo el modo como entendemos a los demás y a nosotros mismos.

En el texto he apuntado a múltiples direcciones, a distintos enroques e inversiones en los que debe sostenerse este giro ontológico, este cambio cualitativo de nuestra mirada. No es del caso reiterarlas aquí. Cabe señalar, sin embargo, que gran parte de estos cuestionamientos ya han sido planteados y fundamentados por diversas corrientes de pensamiento. Por lo tanto, gran parte de estos planteamientos están a nuestra disposición y no requieren ser generados. Solo es necesario integrarlos a una interpretación general (siempre conjetural y provisoria) que haga posible desmontar la ontología metafísica, liberar de ella nuestro sentido común, para asentar y lograr apropiarnos del núcleo de esa ontología emergente de la que estamos hablando.

Este nuevo núcleo, por lo tanto, no requiere de mayores desarrollos sino de saber integrar en una nueva mirada aportes diversos que, por lo general, están disponibles, aunque dispersos. Constituir ese núcleo a partir de tales desarrollos y mostrar su oposición a la ontología metafísica es una primera e ineludible tarea.

Pero una vez que dicho núcleo esté constituido y podamos reconocerlo como una manera diametralmente diferente de concebir la realidad, conformando un tipo de observador genérico diferente, resulta indispensable comenzar a trabajar con áreas particulares de la realidad, articulando una mirada distinta de la que nos proporcionaba la ontología metafísica, a fin de poder formular de otra manera los problemas que enfrentamos y avanzar hacia su efectiva resolución. Para lograrlo, debemos utilizar ese nuevo núcleo ontológico, a fin de acometer lo que denominamos una "reconstrucción ontológica" de tales áreas o dominios particulares de la realidad que todavía están articulados en clave metafísica. En otras palabras, es necesario avanzar hacia ese segundo momento de la reflexión ontológica que ya mencionamos.

Sin embargo, de quedarnos en lo dicho corremos el riesgo de ser malentendidos e interpretar lo planteado como algo que pertenece tan solo al dominio del conocimiento y, por lo tanto, de lo cognitivo. Ello tergiversaría el carácter de nuestra propuesta. Uno de los aspectos más destacados de la ontología emergente reside en el dominio de la ética. Con ello apuntamos, siguiendo a Wittgenstein, a dos dimensiones. Por un lado, a la manera de concebir nuestra existencia individual, a aprender a proyectarla hacia el futuro y a conferirle recurrentemente nuevos sentidos. Por otro lado, a concebir y rediseñar de manera muy diferente nuestra convivencia con los demás.

Esta corrección es importante pues coloca sobre la tabla la vocación práctica, pragmática, de la ontología emergente. Esta requiere resolver, como una de sus primeras prioridades, el problema del enclaustramiento que la ontología metafísica hizo y todavía hace de la reflexión ontológica. No basta con articular la ontología emergente en términos de una propuesta conceptual. Su forma de concebir la realidad la conduce a cumplir con el imperativo de transformar esa realidad y de permitirnos vivir y convivir con los demás de manera diferente. Su dimensión pragmática la convoca a expresarse no solo en diferencias cognitivas sino también existenciales concretas; en mostrar que "hace una diferencia" en la manera como nos es posible vivir.

El problema al que apunto, por lo tanto, no remite principalmente al dominio teórico. Es más, la ontología metafísica ya perdió su hegemonía en el dominio de la filosofía. Hoy, el problema principal remite a la estructura de nuestro sentido común, sentido que, como hemos dicho, se manifiesta en modalidades de existencia y de convivencia con los demás; en nuestros modos de actuar y de ser. Este es el terreno que la ontología emergente debe conquistar. Es allí donde está enquistada todavía la ontología metafísica.

Para lograrlo, esta nueva ontología requiere romper con el enclaustramiento académico al que la filosofía fue sometida con el nacimiento de la ontología metafísica y volcarse nuevamente a la calle, dirigirse a la plaza, convocar a los seres humanos corrientes y conquistar el espacio público.

Esto último es parte de su vocación y de un sentido de urgencia que lleva en su interior. La realidad a partir para la ontología emergente no está allí solo para ser contemplada, explicada, justificada, legitimada o enseñada. La realidad, parafraseando esta vez una expresión de Marx, pero apuntando en una dirección muy diferente, requiere ser transformada.

Desde este punto de vista creemos pertinente preguntarnos por el corazón de la ontología metafísica, por aquel aspecto en el que convergen el conjunto de sus premisas básicas y que, de incidir en él, comienza a derrumbarse el conjunto del sistema conceptual en el que se apoya y representa. ¿Existe algo así? Algo que posea las características de lo que en el enfoque sistémico se denomina "puntos de palanca" o *leverage points*. O, si se quiere, ¿blancos estratégicos que, una vez comprometidos, precipitan su derrumbe?

Consideramos, siempre en nuestra interpretación, que ese punto existe y que guarda relación con el concepto metafísico de verdad. En él están presentes el resto de las premisas básicas de la ontología metafísica. La noción de verdad sustentada por la metafísica es concebida como el acceso al "ser" de las cosas y exhibe los atributos de la inmutabilidad, la unicidad y la homogeneidad, con los cuales se caracteriza a dicho ser. De la misma forma, la "verdad" es entendida como el producto de la razón humana y se nos presenta impermeable a las dimensiones emocionales, biológicas y corporales de los seres humanos. En la noción metafísica de verdad está sintetizado, por lo tanto, el núcleo entero de la ontología metafísica. De hacer caer esta noción, el conjunto del edificio metafísico comienza a venirse abajo.

Cabe advertir, sin embargo, que, al cuestionar el concepto metafísico de verdad, que posee diferentes manifestaciones, no estamos oponiéndonos a toda noción de verdad. Tanto la existencia humana individual como la convivencia con los demás requieren de una o incluso de múltiples nociones de verdad. Ambas, tanto la existencia como la convivencia, requieren de soportes, de condiciones de orden, en las que la noción de verdad es uno de ellos.

No podemos, por lo tanto, prescindir de alguna noción de verdad. Es importante advertir lo anterior pues, durante las últimas décadas, a partir del desarrollo de la posmodernidad, se acuñó la noción de la posverdad, que fue muchas veces entendida como una superación de toda noción de verdad y, por lo tanto, como su disolución. El hecho de que la noción metafísica de verdad haya sido cuestionada ha estimulado la idea de que podemos prescindir del criterio de la verdad y que, por lo tanto, toda interpretación es equivalente a cualquier otra.

Encontramos indicios de esta posición muchos antes del movimiento posmoderno. David Hume señalaba, en su célebre argumento de los "cisnes negros", que la afirmación "todos los cisnes son blancos" solo es válida hasta que encontremos un primer cisne negro. Karl Popper nos entrega un planteamiento equivalente, al sostener que en las ciencias la verdad nunca puede ser plenamente invocada, pues siempre cabe la posibilidad de encontrarnos con algo que la desmienta.

Desde un lugar diferente, asociado con el pensamiento marxista, ha surgido una línea de cuestionamiento asociada al concepto de ideología. Esta sostiene que los contenidos de conciencia están determinados por nuestras posiciones en la estructura de clases y por los intereses diferentes y opuestos que en ella se generan. Con ello se termina por sostener, en definitiva, que la verdad es proletaria. Hago presente que, en el pasado, dedicamos algunos años a profundizar en la concepción marxista de la ideología.

Los científicos y los historiadores fueron los primeros en poner en cuestión la idea de rechazar todo criterio de verdad, conscientes de que sus disciplinas no podían prescindir de él para validar o invalidar determinadas conclusiones y concordar en que determinados hechos habían o no habían ocurrido. Como nos señalara el historiador Eric Hobsbawn, si no podemos consensuar afirmaciones como "César cruzó el Rubicón" no es posible desarrollar la historia como disciplina. La distinción que hace la filosofía del lenguaje entre el acto del habla de las afirmaciones, que constata hechos, y el acto de los juicios, que los califica, es un avance importante para hacernos cargo de este problema.

Hoy vemos cómo el relajamiento de todo criterio de verdad está generando efectos destructivos en la convivencia social a través, primero, del resultado contaminante de las *fake news* y de la creencia de que siempre podemos invocar "hechos alternativos". Pero, en segundo lugar, como producto del desarrollo tecnológico en las comunicaciones y el desarrollo de lo que se ha dado en llamar las *echo chambers*, espacios sociales segmentados, en los cuales los miembros que pertenecen a ellos solo se escuchan a sí mismos y validan cualquier tipo de interpretación. Los efectos disruptivos que esto tiene en la convivencia social están a la vista y, de proyectarlos al futuro, resultarán catastróficos.

De aquí podemos concluir que no es la noción de verdad la que debemos poner en cuestión sino la noción metafísica de la verdad. Los aportes de la hermenéutica moderna nos ayudan a este respecto. Esta nos plantea, por ejemplo, que no disponemos de una sino de múltiples nociones de verdad. Distintos dominios de la cultura desarrollan conceptos diferentes de verdad. Gadamer apunta en esta dirección. Los conceptos de verdad que invocan la filosofía, las ciencias, la política, la teología, las artes, son todos muy diferentes y se rigen por criterios de validación distintos.

Asimismo hay otros, como Isaiah Berlin, que han planteado que la verdad no es una sino que, en un mismo dominio, puede ser múltiple. Una pregunta, según Berlin, no tiene una sola respuesta válida, una sola respuesta que puede reivindicar su verdad. Este argumento es importante pues deshace el vínculo entre la noción del ser, caracterizado como unidad, y la idea de la verdad, a la que se la concibe igualmente como una.

A este respecto disponemos de una situación concreta, en un terreno de gran solidez como es la física, en la que percibimos una confrontación entre dos nociones de verdad: una de ellas apegada al criterio de unicidad, la otra al criterio de multiplicidad. Nos referimos a la confrontación que se produce a comienzos del siglo pasado entre dos destacados físicos, ambos merecedores del premio Nobel de Física: Albert Einstein y

Max Born, quienes mantuvieron un gran aprecio recíproco. Examinemos lo que sucede con ellos.

Max Born tuvo un papel destacado en el desarrollo de la mecánica cuántica, que acude en sus explicaciones al análisis probabilístico. Recordemos que la teoría matemática de las probabilidades había sido desarrollada en la primera mitad del siglo XVII por Blaise Pascal, matemático y filósofo francés, que durante su juventud se había dedicado a los juegos de azar. A partir de allí formula la teoría de las probabilidades como una forma de orientar mejor sus apuestas en el juego y anticipar los posibles resultados que cabe esperar de apostar de una o de otra forma[68].

Pues bien, mientras Max Born sustentaba la mecánica cuántica en la teoría de las probabilidades, Einstein había desarrollado la teoría de la relatividad siguiendo una lógica de estricta causalidad. Dos acercamientos muy diferentes que conllevaban conceptos distintos de la "verdad científica". En los intercambios epistolares entre ambos, este será inevitablemente uno de los temas sobresalientes.

En la carta de Einstein a Born del 4 de diciembre de 1926, las diferencias en el concepto de verdad que ambos esgrimen se hacen evidentes. Einstein reconoce los aportes de la mecánica cuántica desarrollada por Born, pero expresa sus reparos con el acercamiento probabilístico a la que esta acude. Es en esta carta que Marx expresa una frase que ha devenido famosa, en la que le hace presente a Born que "Dios no juega a los dados". Aunque Einstein se refiere a Dios, a lo que en rigor apunta es al carácter de la realidad. Cabe advertir que Einstein era un gran admirador de Baruch Spinoza[69], filósofo de la mitad del siglo XVII, quien había sostenido *"Deus sive natura"*, lo que implica afirmar que Dios y la naturaleza son lo mismo.

---

68   Esta reflexión llevará posteriormente a Pascal a desarrollar lo que se ha llamado "el argumento de la apuesta" para afirmar la existencia de Dios. En él, Pascal se plantea frente la disyuntiva de creer o no creer en Dios, de acuerdo a los resultados esperables de cada una de estas opciones.

69   Es importante advertir la gran afinidad que la filosofía de Nietzsche mantiene con la de Spinoza. Ver R. Echeverría, *Mi Nietzsche, la filosofía del devenir y el emprendimiento*, J. C. Sáez Editor, Santiago, 2011.

Cuando se le preguntaba si creía o no en Dios, Einstein solía responder "Creo en el Dios de Spinoza".

Pues bien, cuando Einstein señala que "Dios no juega a los dados" está en rigor sosteniendo, por lo tanto, que la naturaleza no funciona al azar. Lo interesante del caso es que esto no le impide a Einstein reconocer la importante contribución de Born. Esta situación nos permite ver cómo, incluso en la física, se confrontan dos conceptos distintos de verdad.

Esta confrontación entre Einstein y Born en torno de la noción de verdad es algo que impulsará a Born a seguir reflexionando sobre el tema. De allí que, en el discurso que ofreciera en 1954 con motivo de recibir el premio Nobel de Física, señalara:

"Creo que ideas tales como certidumbre absoluta, exactitud absoluta, verdad final, etc. son productos de la imaginación y no debieran ser admitidos en ningún campo científico. Por otro lado, cualquier afirmación de probabilidad es verdadera o falsa según la teoría en la cual está basada. La ausencia de rigidez del pensamiento me parece la mayor de las bendiciones que nos ha brindado la ciencia. La creencia en una verdad única y en ser el poseedor de ella es la raíz de todas las desgracias en el mundo".

Lo interesante de esta cita y muy especialmente de su última frase, es que Born apunta esta vez al concepto metafísico de verdad, a la idea de una verdad única y definitiva. Más interesante incluso es su reconocimiento de los efectos destructivos que tal concepto de verdad ha ejercido y todavía ejerce en la historia de la humanidad. Creer en una verdad única y sentirse poseedor de ella es uno de los rasgos inherentes a la ontología metafísica.

Entre los efectos más devastadores que produce la noción metafísica de la verdad cabe destacar, por un lado, el bloqueo de nuestra capacidad de escucha y el hecho de que nos induce a invalidar, a segregar, a despreciar y a excluir a los demás cuando piensan de manera diferente de lo que nosotros pensamos y damos por verdadero. La noción metafísica de verdad nos conduce a la arrogancia, a la soberbia, a asumir un sentido de superioridad. Ella induce una determinada postura ante la vida y los demás.

Una determinada forma de erguirnos, de encarar la existencia. Ella define nuestra emocionalidad y configura una determinada corporalidad.

Este efecto, como puede deducirse, compromete tanto nuestra convivencia con los demás en el conjunto de la sociedad y termina destruyendo nuestras relaciones personales.

Pero, por otro lado, obstruye también nuestra capacidad de aprendizaje, de superación de nosotros mismos y de comprometernos en la búsqueda de sentidos más elevados que contribuyan a un mayor bienestar y a una plenitud existencial. Cuando entendemos esto, entendemos que no solo estamos hablando de cuestiones teóricas sino que, de acuerdo con la concepción de verdad que adoptemos, estamos de lleno en el dominio de la ética.

Recordemos que cuando se le pidió a Gadamer que sintetizara en una frase aquello en lo que consiste la hermenéutica, su principal contribución, sostuvo: "Saber escuchar a los demás sin descartar que lo que ellos señalan, aunque sea diferente de nuestras posiciones, pudiera tener mayor validez que lo que nosotros pensamos". Esto está en el corazón de la ontología emergente.

Creo importante hacernos una pregunta: ¿existe la verdad? Nuestra respuesta sería "Depende". La pregunta por la existencia muchas veces suele a veces conducirnos por caminos equivocados. Nos inclinamos por sostener que la respuesta debe primeramente reconocer que existen dos ámbitos diferentes de existencia. La ontología metafísica suele situar la verdad en el conjunto del dominio de la realidad. La verdad es el nombre que le conferimos a nuestras explicaciones de cómo las cosas son. Pero desde la ontología emergente postulamos, como lo hemos sostenido reiteradamente, que los seres humanos no tenemos la capacidad para dar cuenta de cómo las cosas son. De ello se deduce que, en la realidad que es independientemente de nosotros, la verdad no existe. Dicho de otra forma, no es un atributo de la realidad en sí.

Pero la noción de verdad existe en el dominio del observador que somos y la podemos reconocer al interior de nuestra mirada. Así como los seres humanos tenemos sueños, aspiraciones, inquietudes, temores, etc.; así como percibimos amenazas, posibilidades y problemas, de la misma forma solemos conferirles a nuestras interpretaciones el carácter de verdaderas o falsas.

La verdad es siempre un juicio realizado por un determinado observador frente a una realidad que, en rigor, él o ella construyen en un espacio de significación socialmente compartido y, al hacerlo, constituyen "mundos". Sin negar la existencia de una realidad exterior a nosotros, los seres humanos nos relacionamos con ella a través de los "mundos" que nosotros mismos construimos. Esos "mundos" son reales, pero su realidad es muy diferente de la realidad exterior en la que nos desenvolvemos.

Algo equivalente sucede con la pregunta sobre la existencia de Dios. Su existencia no es la de la realidad exterior, por cuanto sobre ella no es mucho lo que podemos decir y menos todavía situar allí a Dios. Dios no reside en el universo, así como el paraíso no es un lugar físico. Dios existe en el interior del alma humana. Por lo general equivocamos el lugar de su búsqueda. Es de las condiciones propias de la existencia humana y, muy especialmente, sus carencias, su fragilidad, su vulnerabilidad, su infinita ignorancia, su finitud, que emerge la figura de Dios.

La pregunta por la existencia de Dios, por lo tanto, hemos procurado responderla buscando en el lugar equivocado. La casa de Dios, su iglesia, su catedral incluso, apuntan hacia nosotros mismos. Su realidad es interior. Dios surge a partir del carácter de nuestra propia existencia y del mundo que, dado como somos, nos vemos obligados a construir.

¿Eso acaso niega a Dios? De ninguna forma. Sería como sostener que nuestras aspiraciones y esperanzas, incluso nuestro sufrimiento y nuestro sentido de plenitud en la vida, no existen. Lo que estamos señalando es que lo hemos estado buscando donde no podemos encontrarlo. Los seres humanos no solo habitamos en un espacio físico, espacio poblado por cosas cuyo ser somos incapaces de aprehender completamente. También habitamos en un mundo que posee una geografía muy diferente de la del espacio físico. Una geografía, sin embargo, que nos invita a recorrerla, a profundizar en ella. Una geografía en cuyo territorio habita el misterio. Y solo hay misterio en el dominio de la existencia. Solo hay misterio en el interior del alma humana.

Es en ese mismo espacio donde Dios suele habitar. Es en ese mismo espacio que se despliega el paraíso. Este último tampoco reside en el espacio físico. No es, por lo tanto, un espacio al que podamos físicamente acudir. El paraíso, cuando lo invocamos, está atado a nuestra existencia. Y una vez que nuestra existencia termina, muy posiblemente el paraíso desaparece con ella. ¿Pero quién puede hablar de lo que existe más allá de la existencia? Dios, por lo tanto, existe en cuanto nosotros existimos. Fuera de nuestra existencia, para nosotros nada existe.

Sobre todo esto quisiera profundizar en un libro diferente.

Rafael Echeverría es un influyente sociólogo y filósofo chileno-norteamericano, recibido de la Universidad Católica de Chile y doctor en Filosofía de la Universidad de Londres. Fue elegido miembro de la World Academy of Art and Science (WAAS) en 1995 y distinguido "Doctor Honoris Causa" por la Universidad Empresarial Siglo 21 (Argentina) en 2010.

En 2012 obtuvo el "Reconocimiento de Innovación en Desarrollo Humano", del Instituto de Seguridad del Trabajo (IST), de Chile, por su trabajo en la ejecución de competencias conversacionales en las empresas y organizaciones. En 2020 recibió el "Premio Honorífico" en Expocoaching, Madrid, que reúne a los máximos exponentes mundiales del *coaching*.

Echeverría ha elaborado en torno del fenómeno humano un innovador discurso que lleva el nombre de "ontología del lenguaje" y ha participado en el desarrollo de la disciplina "coaching ontológico", que busca generar aprendizajes transformacionales en distintos dominios de la existencia para lograr resultados diferentes, alcanzar un desempeño más alto, una mejor convivencia entre los seres humanos y entre estos y su entorno.

Es presidente y socio fundador de la empresa internacional Newfield Consulting –fundada en 1996–, a través de la cual desarrolla consultorías y programas de formación gerencial dedicados a la transformación en la educación, el Estado y la empresa. En la Escuela de Coaching de Rafael Echeverría (ECORE) ha formado más de sesenta y ocho generaciones de *coaches* ontológicos profesionales y trece generaciones de *coaches* avanzados de nivel senior.

En el campo de la consultoría, su trabajo se encuentra enfocado en ayudar a mejorar el desempeño de los equipos directivos y miembros de una organización. Como parte de ello, Newfield Consulting ha entrenado a unos diez mil ejecutivos, gerentes y empresarios. Es, además, fundador, primer presidente y miembro honorario de la Federación Internacional de Coaches Ontológicos Profesionales (FICOP).

Rafael Echeverría es autor de numerosas publicaciones:

Ontología del lenguaje (Dolmen, 1994);

La empresa emergente (Granica, 2000);

Raíces de sentido: sobre egipcios, griegos, judíos y cristianos (J. C. Sáez Editor, 2008);

El observador y su mundo, vols. I y II (J. C. Sáez Editor, 2010);

Mi Nietzsche: la filosofía del devenir y el emprendimiento (J. C. Sáez Editor, 2011);

La ciencia presunta de Marx (J. C. Sáez, 2011);

Ética y coaching ontológico (J. C. Sáez, 2015);

Por la senda del pensar ontológico (J. C. Sáez, 2015); entre otras.

Se desempeñó como docente del Programa de Magíster en Ciencias Sociales de la Universidad Católica de Chile, fue miembro del Consejo Superior de dicha Universidad y académico invitado de la Universidad de Stanford. También fue asesor en la formación de directivos y profesores del Instituto Tecnológico de Monterrey, en México.

Durante diez años fue consultor de la Oficina Internacional del Trabajo de las Naciones Unidas, donde realizó, entre otros trabajos, la primera investigación sobre el empleo público en América Latina. Asimismo, participó en programas de formación en la Comisión Nacional de Ciencia y Tecnología (CNPQ) de Brasil. Fue colaborador en el Center for Quality of Management (CQM) en Cambridge, Massachusetts, en el diseño de programas de formación de altos directivos de empresas de los Estados Unidos. Participó como miembro del Comité Directivo Internacional de la Society for Organizational Learning (SOL), dirigida por el Dr. Peter Senge, del MIT.

Esta obra se terminó de imprimir en los
talleres gráficos de Irap Impresores,
el 22 de octubre de 2022, en la ciudad
de Buenos Aires, República Argentina.

TOLLE, LEGE.